零基础学
财务报表分析

袁敏　著

机械工业出版社
CHINA MACHINE PRESS

财务报表在反映经营、投资、筹资等基本商业活动的同时，为决策者提供了有用的信息。然而现实生活中，很多非财务背景的商业人士却被会计假设、会计准则、会计程序、借贷规则等专业门槛所阻，无法高效、有洞察力地从财务报表中读出要点和乐趣。

本书旨在回答什么是财务报表、如何看懂财务报表、如何从财务报表中得出对决策有用的信息等基本问题，从财务报表的生成逻辑入手，结合通用目的分析、投资估值分析、债权人分析、管理者的价值创造及财务人员的基本功等，对财务报表进行分析和解读，以帮助读者了解和掌握财务分析的目标和工具。

本书提供了很多上市或非上市公司的案例，同时结合不同应用场景给出了部分分析工具，可以作为非财务专业人士学习财务报表和会计知识的入门教材，也可以作为财务人员、职业经理人、对财务知识感兴趣的其他人士了解财务报表分析的参考书。

图书在版编目（CIP）数据

零基础学财务报表分析 / 袁敏著 . -- 北京：机械工业出版社, 2025. 2. -- ISBN 978-7-111-77283-5

Ⅰ . F231.5

中国国家版本馆 CIP 数据核字第 2025E5H097 号

机械工业出版社（北京市百万庄大街 22 号　邮政编码 100037）
策划编辑：石美华　　　　　　　　　责任编辑：石美华　刘新艳
责任校对：高凯月　杨　霞　景　飞　　责任印制：李　昂
河北宝昌佳彩印刷有限公司印刷
2025 年 2 月第 1 版第 1 次印刷
170mm × 230mm · 17.25 印张 · 1 插页 · 251 千字
标准书号：ISBN 978-7-111-77283-5
定价：89.00 元

电话服务　　　　　　　　　　　网络服务
客服电话：010-88361066　　　机　工　官　网：www.cmpbook.com
　　　　　010-88379833　　　机　工　官　博：weibo.com/cmp1952
　　　　　010-68326294　　　金　书　网：www.golden-book.com
封底无防伪标均为盗版　　　机工教育服务网：www.cmpedu.com

　　本书是根据上海国家会计学院公开课、上海财经大学商学院 MBA 课程的讲课资料整理完成的。2012 年 7 月我加入上海国家会计学院时，恰逢教务部开设了一门财务报表分析的公开课，我有幸和卢文彬老师一起讲授该门课程，为避免两人授课的内容有所重复，卢老师提前与我沟通了具体的课程细节，其中我将授课的重点聚焦于从债权人的视角来解读财报，并结合评级机构的视角，突出偿债能力和意愿，这也与我博士阶段的学习和研究内容相契合。

　　此外，自 2009 年开始，我接受上海财经大学黄水仁老师的邀请，开始为 MBA 学员讲授"会计学"课程，近年来也多次为不同班级的非财务人员讲授财务报表分析等相关课程。为帮助没有财会专业知识背景的 MBA 学员掌握会计基础知识，我在授课过程中开始尝试结合更多案例的方式，努力将财务专业知识讲得浅显易懂。

　　2021 年，我在澎湃新闻开设"会计江湖"专栏，从大禹开始，将萧何、苏东坡、曾国藩、曹德旺、洛克菲勒等古今中外的人物涉及的"会计"故事用文字表达出来，试图让更多人了解、关注和喜欢会计专业知识。

　　本书立足于帮助具有不同背景的市场参与者来读懂财务报表这一出发点，介绍了财务报表的生成逻辑，进而从通用目的、投资者、债权人、管理者、财务人员等不同视角解读和使用财务报表，最终强调应努力遵循有的放矢、实事求是的原则，以兴趣为引领，以实践为导向，将财务报表作为"作战地图"来解读，以更好地分析数字背后的商业活动。

　　会计作为一门通用的商业语言，在经济生活中扮演着重要的角色。财务报表作为会计的"产成品"，是经过专业人士遵循规范的流程和严格的标准加工而来的，是"有借必有贷，借贷必相等"的产物。虽然数字是冰冷的，但数字背后的故事却值得挖掘，财务报表提供的是"基本原料"，将"原料"加工成决策所需的"信息"，需要时间和实践的沉淀。

　　在此，要感谢机械工业出版社的编辑老师，因为她的推动，让我有机会将零碎的知识和故事整理成书，也是她的鼓励和帮助，才能够让这本书顺利成形。

　　此外，要特别感谢澎湃新闻的编辑老师，正是他的坚持和推动，让我不断地将读到的、关注到的故事记录下来，为本书提供了丰富的写作资料。

　　在写作过程中，受限于本人的知识、能力、视野、水平，谬误或不当之处在所难免，在此希望能够得到专业人士的批评指正。

目　录

第
8
章　**入门容易精通难**
财报的抽象与还原 ··· 228

第 1 章

横看成岭侧成峰
财务分析有门道

1.1 财务分析很简单，保持好奇心

企业家宁高宁是我非常佩服的一位专业人士。他曾先后执掌华润（集团）有限公司、中粮集团有限公司、中国中化集团有限公司、中国化工集团有限公司四家中央企业。他在一次分享中谈及，以前有机会和通用电气前董事长杰克·韦尔奇说起管理会计中一个非常重要的工具——平衡计分卡（Balanced Score Card），韦尔奇竟然表示他不知道，但这似乎并不影响韦尔奇成为一位卓越的首席执行官（CEO）。其实道理也不难理解，知道某个工具也许并不重要，能够把学到的工具运用到实践中来解决现实问题才是更重要的。

从宁高宁的履历来看，他属于会计专业人士，1983 年毕业于山东大学，获经济学学士学位，此后远赴美国匹兹堡大学攻读工商管理硕士学位，主修的也是财务 ○。因此，对他来说，用财务语言说话是驾轻就熟的事情。例如，要评估一家公司的效率，就可以关注净资产收益率；要看看公司的创新能力，则可以参考每亿元研发支出获得的有效专利数或研发经费投入强度。作为企业的掌门人，除了要掌握基础的财务知识，还要有战略思维、学习能力、打造团队等其他能力，宁高宁就曾经明确把杰克·韦尔奇和李嘉诚作为学习的榜样，并号召

○ 资料来源：百度百科。

经理层向这些高手学习。

以韦尔奇为例，他在《商业的本质》[一]中明确提出，财务其实很简单，如果说有哪个财务数据是他最关心的，那么有三个关键指标对做生意是十分有益的：一是员工敬业度，二是客户满意度，三是现金流。当然，他也承认，只看这三个指标是远远不够的，当公司开会集体讨论一项重要的决策时，往往需要用数据说话，例如要不要进入一个市场、是否关闭一条生产线、有无必要开发一个新产品等，这时候你可能需要在会议上向老板、董事或者同事来展示自己的预算方案或投资可行性分析报告，或者对别人提出的方案或报告给出自己的意见，这时候，前述三个指标就不见得有用，或者说无法直接帮助你做出判断。

不可否认，韦尔奇提出的三个指标还是非常有价值的。例如，他重视的第一个指标是"员工敬业度"，这是衡量公司核心竞争力的一个很重要的指标，公司是由"人"组成的，要想取得长期、持续的成功，拥有一支能打胜仗、同舟共济的员工队伍是必要的。在韦尔奇看来，作为一位职业经理人，需要定期评估员工的敬业度，就像体检一样，至少每年进行一次，据此可以探测到员工对公司的战略方向以及他们对自身职业发展前景的看法，通过评估，可以回答"我们公司齐心协力吗？"这样的核心问题。

第二个指标，重要性毋庸讳言，例如，公司是靠客户养活的，客户是否愿意把口袋里的钱掏出来购买公司的产品或服务，可以通过"客户满意度"来进行衡量。当然，客户满意度在严格意义上来说也许只是一个"过渡变量"，但最终却可以转化为公司的业绩增长和现金流入，这也是公司能够长期生存和健康发展的关键所在。当然，对于经理而言，需要对客户进行细分，对客户痛点进行更好的管理，不仅需要考察这些"忠实"的客户，还有必要对订单不稳定或下降的客户进行拜访，通过实地考察可以获得很多额外的信息，并促进公司的产品和服务在将来做得更好。

　　[一]　韦尔奇 J，韦尔奇 S. 商业的本质 [M]. 蒋宗强，译. 北京：中信出版集团，2016.

如果站在财务的角度看，韦尔奇提出的指标中，也许只有第三个"现金流"是真正的财务指标。事实上，公司正是通过对现金的筹集、使用来获得价值增值的，有些人可能喜欢使用净利润或者净收入来衡量公司的获利能力，但由于现有的会计准则及会计制度中存在很多估计、判断或假设，因此现金流也许才是更有效地衡量生意成功与否的指标。它能通过明确的数据来告诉利益相关者，投入了多少钱，收回了多少钱，还留下多少钱，而与现金收支相关的经营活动、投资活动、筹资活动可以直接帮助你了解并预测公司的命运，因为一旦资金链断裂，公司可能直接就陷入破产境地。

当然，财务数据的来源根植于财务报表，而财务报表又通过专业人士按照规范的程序编制而来，对于一个非专业人士来说，看懂财务报表也许并没有那么简单。韦尔奇的观点给大家指明了一个方向，当你对财务分析感兴趣时，不见得需要掌握所有的数据，更没有必要成为数字天才，你需要做的，就是要保持好奇心：这个指标反映公司哪方面的信息？哪个指标能够提供什么样的洞察？最好还能够抓重点，问问自己最感兴趣的是哪方面的数据？用什么指标能把自己关心的事物反映出来？当然，如果一定要进行分析，就可能需要对所关心的关键指标进行分解、比较，并实施"差异分析"，即与已有的计划、预期、标准相比，看看有什么样的差异？造成差异的原因何在？通过对数据的分析，了解公司业务的运营状况、未来的发展方向、存在的问题，并在了解真相的基础上，做出更好的商业决策，这正是财务分析的价值所在。

1.2 财务分析不简单，股神也曾栽跟头

资本市场上，进行财务分析的一个重要参与方是投资者，其目的很简单，即是否以及何时做出买入或卖出的决策。美国的伯克希尔 – 哈撒韦公司主席沃伦·巴菲特，凭借其财务专业知识在全球斩获了"股神"的称号，一度成为美国首富，每年该公司的股东大会更是成为全球投资者的盛宴。巴菲特在 2020 年接受雅虎财经采访时说："年轻人应该懂会计学，会计学就像你掌握的一种语

言，你只有懂得这门语言，你才能读得懂你在读的东西。"在他看来，购买公司的股票，就是购买了公司商业的一部分，而不是图表上的波动，如果投资者足够聪明，选择了一个好商业，那么你不需要自己参与经营，也能够赚钱。换句话说，巴菲特虽然参加过很多专业的学习，但无疑会计学是帮助他取得成功的重要因素之一。他在通过自学、与商学院专业教授交流以及资本市场的实践中，掌握了会计这门商业语言，并将其运用到了自己的投资决策中。会计这门商业语言可以洞察商业活动，也许正是认识到了这一点，让巴菲特成了"聪明的投资者"，并通过数十年的资本市场实践，建立了专业声誉，获得了超额回报，赢得了市场的尊重。

但即便是股神，也在财务分析上栽过跟头。例如，他曾经在 1989 年用 3.58 亿美元的代价，取得了美国航空公司（简称美航）9.25% 的优先股[○]。到了 1994 年 9 月，美航就停止支付分红，至 1994 年底，这笔投资的市场价下跌到了 8 950 万美元，相当于蒸发了 75%，从当时的情形看，投资美航的优先股存在跌到一文不值的可能性。在持有投资的 1990～1994 年间，标的公司美航累计亏损高达 24 亿美元，这个数字可以理解为美航全部普通股的账面净资产几乎被全部抹去，直到 1996 年下半年，美航才扭亏为盈并重新向投资者支付分红。

后来，巴菲特在不同场合对这笔投资进行了反思。例如，他之所以投资美航，是因为喜欢并佩服公司当时的 CEO，但对美航的分析却过于肤浅和失当。一方面他被美航历史上的长期盈利所迷惑；另一方面，他轻信于作为一种安全性更高、收益更有保障的优先股这种高级证券表面上看起来能够提供的保护，而忽略了最应该分析的地方，即美航的经营收入，经营收入会逐渐受到行业政策及竞争格局的影响。例如，当美国政府结束价格管制后，美航将面临非常激烈的市场竞争，但其成本结构（如人工成本占比较高）却很难随市场发生弹性的调整，原因在于很多影响成本的因素（如飞行员时薪是高票价时代的产物）是价格管制年代的决策所带来的，很难改变。

○ 此处数据根据《巴菲特致股东的信》的相关资料整理而来。巴菲特，坎宁安.巴菲特致股东的信：投资者和公司高管教程（原书第 4 版）[M].杨天南，译.北京：机械工业出版社，2018.

举个简单的例子，航空公司的员工，拿着远高于市场平均水平的工资，这在价格管制时代没有大问题，原因在于航空公司受到了价格管制的保护，不会受到市场竞争的压力，机票价格可以定得很高，即使员工薪酬高一点，也可以通过高票价的方式予以转嫁和吸收。然而随着价格管制的取消，开始有一些新的竞争者进入航空业，这些新的竞争者为尽快取得市场，采用了低成本的竞争策略，这在初期对美航造成的威胁也许并不大，因为这些新竞争者的规模还很小，能够承载的运力和提供的服务也有限，不足以对领先者造成足够大的冲击。也就是说对于美航这样的市场领先者而言，高成本的航线上仍然可以维持既有的票价结构，也能够承担较高的员工薪酬。

然而，随着这些低成本类型的航空运输公司规模逐渐做大，尤其是运力的提升，它们所制定的低票价策略就开始发挥威力，从而迫使美航这样因循守旧、成本高昂的航空公司开始降低票价。当航空业处于一个没有价格管制或者说维持自由竞争的市场格局时，航空公司要想生存下来，就需要将成本降低到具有竞争力的水平，或者说与价格相匹配的水平，否则，就可能会面临经营困境甚至破产。当然，美航的时任CEO塞斯是一位优秀的职业经理人，一直以来也非常努力地应对公司的历史问题，并试图调整和优化公司的成本结构，但成效并不显著。当拿着高薪的员工不愿意让步、拒绝任何减薪的提案时，美航的问题就开始逐步积累和爆发，在经营业绩逐步恶化的背景下，公司的有价证券如股票、债券等也随之出现价格大幅下滑的趋势，巴菲特的投资面临价值缩水也就在情理之中。巴菲特曾经在1995年、1996年多次试图将自己持有的美航公司优先股卖出，但因报价问题未能成功。虽然1996年下半年美航开始扭亏为盈，并在当年重新恢复了优先股的分红，但在巴菲特看来，由于公司的成本问题并没有得到根本性解决，其业绩变好很大程度上并不是管理层努力的结果，而是因为行业的景气周期重现，换句话说美航的业绩并没有值得炫耀之处，而是搭上了行业扩张的顺风车。

从投资美航的经历可以看出，即使是股神也有可能面临投资损失的窘境，但股神厉害就厉害在他会懂得反思和自嘲。事实上，在投资之前，媒体曾经报道过维珍航空的老板理查德接受采访的新闻，当被问及"如何成为一名百万富翁"时，理查德的回答很搞笑："实际上这没什么秘诀，你开始是一名亿万富翁，然后买了一家航空公司。"理查德的表态从侧面揭示出航空业蕴含的巨大风险，但巴菲特偏不信邪，结果就是他"仰仗"自己的"专业分析"能力，"成功"验证了理查德的经验之谈，这笔投资也成为让他后悔的案例。从逻辑上说，虽然公司的财务报表可以告诉你经营成果是盈是亏，但可能没有告诉你为什么会是这个结果，以及未来发展的趋势。对于美航而言，公司的业绩不仅仅取决于自己的努力，还取决于行业政策和竞争格局的变化，尤其是在放松管制、竞争加剧、机票价格下滑的背景下，公司的成本却因为过去的决策（比如大量的飞机）或劳工合同（比如与员工签订的长期雇佣合同和高薪承诺）而保持刚性，这就导致公司的经营陷入困境，业绩的糟糕表现自然影响到公司的股价表现，踩点不准的巴菲特遭受投资损失也就在所难免。

1.3　财务分析有门道，以战略为起点

1.3.1　战略是"游戏"，财务是洞察"游戏"的窗口

战略分析通常被视为财务报表分析的一个起点，原因在于，一家公司的价值从财务的角度来说，会被描述为这家公司所实现的资本回报率超过其资本成本率的部分。资本成本率通常由资本市场及公司风险等多种因素决定，而资本回报率则很大程度上由公司的盈利能力决定，这一能力又会受到公司战略选择的重大影响。

财务的英文是 finance，与资金的融通紧密相关，简单说来就是钱从哪里来，用到哪里去，用得怎么样。这些信息通常可以由通用的财务报表一揽子提供，精通财务会计语言的商业人士，可以从财务报表中洞察标的公司的战略、运营、管理、绩效等多方面的信息，并为理性决策提供基础。股东为何愿意投入资本，银行为何愿意提供信贷支持，职业经理人为何愿意为公司鞠躬尽瘁，员工为何

对公司无比忠诚，客户为何愿意为公司的产品和服务支付高价，供应商为何愿意提供账期，这些信息或多或少都可以通过公司定期发布的透明、可比的财务信息来予以一定程度的解释。

站在财务的角度，一家公司的目标通常可以概括为生存、发展、盈利，再往上可能是做大、做强、做优、做久，更进一步可能是追求世界一流或对标世界一流，成为全球行业的领先者。等到这些公司逐渐强大后，就会很容易受到市场参与者的关注，而真正的投资者却可以在这些公司尚未成熟时，就投入资源，如同刘备三顾茅庐之时，诸葛亮之所以放弃隐居而帮助刘备，是因为他"看到"了刘备将来有"三分天下"的潜力。很多人会被刘备"三顾茅庐"的诚意所感动，但更值得关注的是诸葛亮如何通过"隆中对"，尤其是"东连孙吴，北拒曹操"的战略来助力实现"三分天下"的蓝图。

我国财政部发布的《管理会计应用指引第100号——战略管理》中对战略给出了定义，即企业从全局考虑做出全局性和长远性的谋划，一般包括三个层次：一是选择可竞争的经营领域的总体战略，二是某经营领域具体竞争策略的业务单元战略，三是涉及各职能部门的职能战略。但仅仅理解这些定义还远远不够，公司需要将战略的制定、实施和调整运用到具体实践之中，以实现领先优势和核心竞争力，并通过关键业绩指标来展现战略实施的成功。

通用电气（GE）原CEO杰克·韦尔奇在其著作《赢》中对战略给出了自己的定义。在他看来，"战略不过是鲜活的、有呼吸的、完全动态的游戏而已"，本质上是选择了一个努力的方向，然后不顾一切地加以实现。1981年，韦尔奇成为GE的首席执行官后，他首先做的就是对公司的战略予以明晰。尽管很多人认为"公司要在每个业务领域都成为数一数二的领导者，要调整、出售甚至关闭现有达不到标准的业务"是GE的战略，但韦尔奇认为这并不是真正的战略，在他看来，真正的战略在于公司打算如何前进。在多元化战略的前提下，GE将逐渐退出那些已经成为大众化行业的领域。简单来说，在韦尔奇看来，战略至少有两个点应予以强调：一是"大众化"是"糟糕"的产品或服务，要转向能够创造更高价值的技术性产品或销售服务，而不是实物的行业，这才是真正的战略立足点；二是"人才决定一切"，在产品或服务发生变化的背景下，要将战略执行好，公司需要大规模地提升自身的人力资源，关注人才，并关注其培训和发展，这也成为 GE 重要的战略抉择。韦尔奇回忆，GE 当时遭受了来自同行业的日本公司的沉重打击，尽管 GE 在产品、成本、服务上的优势仍然存在，但在日本竞争对手的产品创新和价格攻势面前，GE 已经不堪一击。商场即战场，东芝、日立、松下等竞争对手，从来不会心慈手软。

从字面上看，战略的起点是"战"，首先需要明确的就是和"谁"打，然后需要收集敌情、我情、竞情，分析各自的优势和劣势，并在考虑潜在影响因素的前提下，确定自身独特的、竞争对手无法或很难复制的差异化策略，从而明确打赢对手的具体招数，做到知彼知己、百战不殆。

每个组织、每个人对战略的理解可能都不相同。例如，1985 年，海尔集团（当时还是青岛电冰箱总厂）的首席执行官张瑞敏，抡起大锤将存在质量瑕疵的冰箱砸烂，被认为是"质量第一"的价值观落地，进而树立了以产品为竞争力的战略思路；海底捞则是通过"超预期"建立了市场口碑，这是服务制胜的典型；沃尔玛以"天天平价"打败了以凯马特为代表的竞争对手，这些都是活生生的战略落地案例。从逻辑上说，产品、技术、成本、服务甚至商业模式都可以成为公司战略的抓手，决策者需要考虑做什么不做什么、先做什么后做什么、多做什么少做什么等基本问题，同时还要把制定好的战略落实好，要做到这些并不容易，至少应考虑战略的透明性、一流的业务流程以及高绩效的公司文化。

1.3.2　基本的战略选择：成本领先和差异化

战略分析的内容非常丰富，其通常包括行业分析、竞争战略分析以及公司战略分析等内容。其中，行业分析代表着公司所选择进入的行业；竞争战略分析表示公司在该行业中靠什么方式与其他竞争对手竞争；而公司战略分析则是通过不同的业务来创造价值，并实现协同效应的具体路径。市场参与者更为关注的要点，通常是竞争战略分析。

迈克尔·波特在《竞争战略》[⊖]一书中，将竞争战略描述为采取主动或者防御战略在行业中创造防御地位、成功应对五大竞争力，并为企业带来成功的投资回报，进而提出了总成本领先战略、差异化战略和集中战略三大通用战略。其中，总成本领先战略，主要是通过职能部门的一系列政策来实现企业在行业内的成本领先地位，并成为企业普遍采用的一大战略，通常表现为积极建立大规模的高效设施，通过经验积极降低成本，严格控制成本和管理费用，避开次要客户，在诸如研发、服务、销售团队管理和广告等领域实现成本的最小化等。而差异化战略则是试图提供被全行业认可的独特产品或者服务以赢得客户，实施方法包括独特的设计或者产品形象、技术实力、独特的功能、客户服务、经销商渠道等。集中战略则是集中于特定的买方群体、产品类别或者地域市场的战略，考虑到集中战略也会涉及成本、差异化等特征，因此并不被广泛关注。

以美国福特汽车公司（Ford Motor Company）为例，市场参与者会认为这是一家汽车公司，与此同时会想到其竞争对手，比如通用汽车、凯迪拉克、丰田、大众，甚至特斯拉、比亚迪、小米等。更进一步，我们会想到福特旗下具体有哪些品牌的汽车，这些汽车的市场竞争力体现在哪里。在20世纪初的美国，当汽车生产厂商群雄混战时，福特、通用这样的公司如何战胜对手，就成为理解战略的一个切入口。

福特汽车公司的创始人亨利·福特（Henry Ford）采用了典型的"低成本战略"[⊖]，在他看来，汽车不应该赚取多么惊人的利润，因而主张最好用合理的小额利润，销售大量的汽车，从而让更多的人买得起，并享受使用汽车的乐趣，同时还可以让更多的人就业。在1908年至1916年间，亨利把汽车的价格降低了58%，同时他还大胆采用工人日工资5美元的制度，这一工资标准大约是当时汽车行业标准薪资的两倍，使产业界的同行们又惊又气。

2006年，福特汽车公司的财务报告显示，其年度亏损总额达到126亿美元。

⊖　波特. 竞争战略 [M]. 陈丽芳，译. 北京：中信出版集团，2014.
⊖　福特. 滚雪球 II——福特：商业的秘密 [M]. 陈永年，译. 西安：陕西师范大学出版社，2009.

公司的时任接班人比尔·福特（Bill Ford，即 William Clay Ford, Jr.）从波音公司挖来了新的 CEO 艾伦·穆拉利（Alan Mulally），开始实施"一个福特"的战略，原本属于福特旗下的很多知名品牌，如路虎、沃尔沃、捷豹、阿斯顿马丁等，几乎全部被出售。在董事会和高管眼中，福特是公司最重要的品牌，尽管对出售路虎等知名品牌感到遗憾，但在为这些品牌找到好的主人之后，将资源集中投放在福特和林肯两个品牌上，最终让公司渡过了危机，并在 2009 年实现盈利27 亿美元。

与福特汽车同时代的公司，是杜兰特（William C. Durant）于 1908 年以别克汽车为基础组建的通用汽车。与福特汽车相比，通用汽车的经营有着不同的理念和哲学。尽管当时的汽车行业尚处于发展的初期，但福特和杜兰特都看到了其中蕴含的重大机遇。在当时提供主要资金来源的银行家眼中，汽车只是一种运动，它的定价过高，以至于无人问津，它的机械故障率居高不下，给安全带来了隐患，而优质的公路少之又少，让汽车的行驶受到很大限制。然而，在1908 年整个美国汽车行业仅仅制造了 65 000 台车辆的背景下，杜兰特却盼望着年产 100 万辆汽车时代的到来，而福特则在 T 型车中发现了将这一预言变成现实的途径。[⊖]

根据公开的信息，20 世纪 20 年代，汽车行业的竞争非常激烈，与福特汽车的产品聚焦战略不同，通用汽车实施了产品多元化战略，并通过并购迅速扩大了规模。但杜兰特的管理能力有限，当并购带来规模扩张时，管理层对并购后的公司管控不力，导致通用汽车差点破产。艾尔弗雷德·P. 斯隆（Alfred P. Sloan）毕业于麻省理工学院，1916 年，他经营的汽车轴承厂被通用汽车收购，他以副总裁的身份加入通用汽车，并在 1923 年成为总裁——在 1920 年初的经济衰退中，面临停产的通用汽车被杜邦公司收购，经理人斯隆迎来了自己的机会。他将自己撰写的《组织研究》一书送给了董事会，杜邦公司当时对管理庞大的汽车公司正大伤脑筋，斯隆的观点和经验给没有汽车行业管理经验的杜邦"雪中送炭"。斯隆

⊖ 斯隆. 斯隆自传：我在通用汽车的岁月 [M]. 卢双剑，译. 长春：北方妇女儿童出版社，2017.

的观点很明确，"我们要为每一美元创造更多的价值，只有这样，才能实现我们的最高目标，即在更多的地方，为更多的人提供更多的产品"。○

要实现这个目标，就需要站在客户的角度来思考问题，努力做到为"每一个钱包"生产一辆汽车，为此斯隆设计并执行了一种新的组织架构——事业部制，通过建立一种多部门制，为不同的消费者提供差异化的服务，并由不同级别的经理人员共同管理公司。各个分部通过规范化的会计核算机制，履行受托责任。上层管理者负责制定目标和战略，尽量避免将大量精力投入到公司的日常管理，或者参与每个决策的细节。斯隆作为分权制的倡导者，其观点在当时世界和美国商业实践中都是非常具有创新精神的，也许正是这种创新，让通用汽车在短短五年时间内就摆脱了破产困境，并发展为当时世界第一大汽车公司。通用汽车旗下产品线丰富，雪佛兰汽车针对的是普通消费者；凯迪拉克（当时也在通用旗下）给有钱人开；奥兹莫比尔是给手头宽裕、但个性谨慎者准备的；别克卖给力争上游的人；庞蒂克卖给没钱却爱摆阔的人。通用汽车的产品定价覆盖了从 795 美元（雪佛兰）至 5 690 美元（凯迪拉克）的广泛区域，在斯隆眼中，公司及公司盈利能力的未来完全取决于能否以最小的成本设计和制造功能最齐全的汽车，并将产品定价接近每个价格区间的上限，在保证产品质量能够吸引这一价格区间的目标客户的同时，让客户愿意支付多一点的钱来享受通用汽车的优秀品质；对于临近更高价格区间的消费者，使其愿意在质量差不多的情况下少花钱来购买通用汽车的产品。换句话说，在同一价格区间通过质量竞争，在相邻价格区间展开价格竞争。通用汽车的产品多样化，针对的是福特汽车的单一 T 型车，当消费者的需求出现差异化时，通用汽车打败福特汽车也就是时间问题了。

如果将公司的战略简单地划分为低成本战略和差异化战略，并以福特汽车和通用汽车为例，那么两种不同战略在采购、生产、销售等经营环节上，以及经营管理的理念上均会存在很大的差异，如表 1-1 所示。

○　中央电视台十集大型电视纪录片《公司的力量》第六集"谁执权杖"。

表1-1 不同战略的经营环节管理要点

经营环节	低成本战略	差异化战略
研发	进行提高生产效率的研究，对产品的革新研究相对较少	不断推出符合市场需求的最新、最优产品
采购	获取尽可能廉价的原材料，并通过一次性大量购买的方式，努力获得批量采购优惠	尽可能购买质量好的原材料，并通过良好的仓储设备和高效的措施来保障原材料的质量
生产	通过提升效率和发挥规模效应来降低成本，或者通过提高劳动生产率来降低成本	注重优化生产工艺，以提升产品的质量，并通过严格的质量管理体系追求产品质量的精益求精
销售	尽可能不做广告，或少量进行促销活动	注重广告和促销活动
人力资源	尽可能使用临时工；甚至通过人力资源外包来降低成本	用具有竞争力的薪酬策略来吸引、培养、保留优秀的员工
财务	采用成本最低的融资方式	站在投资回报的角度，更多关注的是能够合理保证研发、促销等资金需求
⋮	⋮	⋮

当然，低成本战略与差异化战略并非完全不同的两种选择。在差异化战略下，公司也会考虑努力降低成本来赢得客户；在低成本战略下，公司也会考虑成本的战略特征，通过客户的多付费来弥补成本的增加。做出这些战略选择或决策的出发点，往往是以客户需求为核心，以赢得客户的信任为重心。

1.3.3 战略的分析与描述

理论上有很多的工具或模型可用于战略分析，比如态势分析法（SWOT）、波特五力模型和波士顿矩阵等。这些工具或模型通过对内外部环境的分析，揭示公司的发展机会和竞争力，以及识别各业务流程在价值创造中的优势和劣势，并对每一业务流程按其强弱进行等级划分，进而为制定战略目标奠定基础。如果把战略定义为"公司如何创造价值"，那么分析的要点就需要将价值链、竞争优势、业务风险以及如何管理业务风险等结合起来。尤其是在对内部环境的分析中，与公司的财务报表有密不可分的关系，例如公司拥有的资本、资本所配置的资产及其质量、现金、设备、产权、专利等分布情况及竞争力等；再如公司员工的知识、技能、工作态度、人际关系、价值观等，以及公司的薪酬和激励制度等，都会体现在财务报表中，会涉及货币资金、固定资产、无形资产、应付职工薪酬、股份支付等科目。

在亚历山大·奥斯特瓦德和伊夫·皮尼厄所著的《商业模式新生代》⊖一书中，作者采用商业模式画布来描述战略，该模式涵盖了客户关系、客户细分、价值主张、渠道通路、收入来源、关键业务、重要合作、核心资源和成本结构九个方面。其中，收入来源、成本结构是典型的会计语言，而收入的实现需要赢得客户的信任，价值主张则在于解决客户的问题并满足客户的需求，成本结构则描述了一个公司在运营其商业模式时所发生的全部成本，这些成本发生在创造及传递价值、维护客户关系、创造收益的各个环节，决策者需要了解公司商业模式中最重要的固有成本是什么？最贵的核心资源是什么？最贵的关键业务是什么等问题。

在具体的实践中，公司通常会从使命、价值观和愿景等角度来描述战略。举个简单的例子，阿里巴巴将"让天下没有难做的生意"作为公司的使命，于是为中小微企业提供服务就成为公司的努力方向，这些客户没有网站，阿里巴巴就帮助它们搭建网站；交易双方彼此间没有信任，阿里巴巴就推出支付宝，为交易提供担保，可以说公司的整个生态系统，就是围绕着为客户服务展开的。2019年，阿里巴巴在中国香港联合交易所发布的招股说明书中，明确为商家、品牌及其他企业提供技术基础设施以及营销平台，帮助其借助新技术的力量与用户和客户进行互动，并更高效地进行经营。

使命、价值观和愿景往往是比较虚的东西，将其做实是一项挑战。以国际商业机器公司⊖（IBM）为例，20世纪传奇CEO郭士纳在1993年加入陷入巨额

⊖ 奥斯特瓦德，皮尼厄.商业模式新生代 [M].黄涛，郁婧，译.北京：机械工业出版社，2016.
⊜ 郭士纳.谁说大象不能跳舞：IBM董事长郭士纳自传 [M].张秀琴，音正权，译.北京：中信出版社，2004.

亏损的 IBM，其分析得出的最基本的结论是"公司正在大出血"，即公司正陷入经营巨额亏损、现金流不断短缺的双重困境，核心问题出在"S/390 主机"上。具体表现为主机销量急剧下滑，且过去 15 个月内主机的市场份额也显著减少，原因在于竞争对手日立公司、富士通公司以及阿姆达尔公司同类产品的价格已经比 IBM 类似产品低 30%～40%。客户的反馈也明确指出，IBM 的产品品质很好，就是价格太贵。

　　这些信息透露出一个清晰的信号，就是 IBM 应该主动降价，以应对竞争对手的挑战。但从财务报表上看，公司已经陷入巨额亏损；同时，股价表现也萎靡不振。如果此时决定在主机产品上降价，将导致公司在最需要利润的时候丧失更多的收入和利润，对公司造成雪上加霜的损害。从短期看，如果客户无法在最近几年就转向竞争对手的电脑产品，那么就有机会让 S/390 主机持续保持高价，这样做的好处是每年仍然可以获得数额可观的主机销售收入，从而在短期内为公司的重建提供强有力的支撑，然而，问题是这样做也会给客户带来困扰，且与公司"客户第一"的价值主张相悖。从长期看，公司的理性决策是给主机产品降价，但这个决心很难下，原因是要把当时能够给公司带来主要利润的产品价格大幅下调。那么如何在满足客户需求和维持利润水平之间取得平衡就成为很大的挑战。IBM 的 S/390 事业部技术团队，通过采用全新技术，把原来的双极技术转向 CMOS 技术，从而使得 S/390 主机的价格大幅下降，同时不会造成利润的丧失，还能够大幅提升 S/390 主机在同类产品中的竞争力。但 CMOS 技术存在一定的不确定性，而且在未来四年内需要超过 10 亿美元的投入。庆幸的是，在郭士纳加入 IBM 之前，进行技术改造的决策就已经做出，郭士纳需要做的，就是重申该项决策，并尽量保证资金投入不会中断。更庆幸的是，因为双极系统涉及的技术耗资巨大，竞争对手最终被迫退出该业务领域，而 IBM 的坚持投入不仅没有失败，还取得了可观的回报，2001 年底，投资 10 亿美元的项目，回报就已经达到了 190 亿美元。

　　这也许是郭士纳上任后力图扭亏为盈的关键决策之一。公开数据显示，在召开客户论坛的基础上，郭士纳做出了一系列的规划，例如重组 IBM，以客户为导向实施公司的优先性战略；赋予实验室研究人员更多自由，让他们放开手脚进行和实施以客户为导向的研究方案；更加注重产品的品质，重塑 IBM 在行业中的领导地位等。很快，IBM 宣布主机价格快速下调的决定，一个 IBM 主机处理单元的价格从 1993 年的 6.3 万美元，持续下调到 7 年后的不足 2 500 美元，相当于下降了 96%。1993 年，IBM 发送给客户的主机数量下降了 15%，伴随着价格下调、技术改善、产品竞争力提升，1994～2001 年，IBM 发送给客户的主机数量恢复了上涨态势，其中，1994 年上升 41%，1995 年上升 60%，1996 年上升 47%，并最终帮助 IBM 起死回生，郭士纳也在职业经理人市场赢得了丰厚的声誉。

1.3.4　通过财务报表来了解战略

财务报表是透视一个公司的窗口，报表使用者通过一系列指标或数据可以适当了解公司的战略。例如，资产负债表反映的是资源配置战略，利润表反映的是产品竞争战略，现金流量表反映的是投融资战略等。反过来，公司的战略决定了公司财务报表的表现。如果把战略作为财务分析的起点，那么分析人员须对公司所处的行业结构和盈利能力有一个基本的把握，着眼点通常集中于该行业现有和潜在的竞争程度、客户及供应商的议价能力，以及公司的战略定位和核心竞争力等。

以我国著名企业华为为例，华为在 2022 年年报中描述愿景、使命和战略时，明确提出致力于"把数字世界带入每个人、每个家庭、每个组织，构建万物互联的智能世界"，同时将无处不在的联接、无所不及的智能、个性化体验、数字平台作为战略的四个支柱。为体现华为数字化转型的全面深化，华为在年报中开始披露产业视角的分部信息，例如除了披露传统的 ICT 基础设施业务和终端业务，还增加了云计算业务、数字能源业务、智能汽车解决方案业务，以帮助报表使用者更好地了解公司的战略如何与业务连接。

1998 年《华为基本法》中对战略的描述可能更为大家所熟悉，即"以客户为中心、以奋斗者为本，长期艰苦奋斗"。客户意味着要关注外部的市场需求；奋斗者则强调要关注内部的员工。如何体现以客户为中心，可能就表现为以极低的成本、极高的质量、极优的体验为客户提供基础设施服务；如何体现以奋斗者为本，可能就表现为在报酬的分配上更多地倾向于一线人员。5G 技术的先进性，员工的高收入，这是华为给市场的印象，这些可以通过华为的研发投入、薪酬开支等数据体现，但真正的战略还需要超越短期报表才能更完整地呈现。例如华为的首席财务官（CFO）孟晚舟在 2021 年年报说明会上就明确指出，华为最大的财富不在报表上，而是在长期研发上的投资所积淀和积累起来的研发能力、研发队伍、研发平台，这也是华为用以构建长期、可持续发展能力的核心所在。

事实上，华为的年报在一定程度上反映了公司的战略。查阅公司历年的年报，2021 年华为的研发总投入达到 1 427 亿元，这是什么概念？占当年收入总额的 22.4%，无论是绝对数，还是相对数，都创下了华为的历史记录，尤其是在华为遭受外部打压和不确定增长的大背景下，这种投入力度是非常难得的，在全球范围内也屈指可数。以《2021 年欧盟产业研发投入记分牌》排名为例，华为排名全球第二，仅次于谷歌的母公司 Alphabet，而且研发投入的差距也不大，仅仅在 50 亿欧元左右。事实上，华为过去十年的研发总投入接近万亿元，换句话说，公司把钱花在了未来，花在了增加土壤肥力上。表 1-2 列示了华为近年来的研发投入，这可能也是华为能够建立自身竞争优势的原因所在。

表1-2   华为近年来研发投入情况   （单位：亿元）

年度	研发投入	销售收入	研发投入占比	年度	研发投入	销售收入	研发投入占比
2013	316	2 390	13%	2019	1 317	8 588	15%
2014	408	2 882	14%	2020	1 419	8 914	16%
2015	596	3 950	15%	2021	1 427	6 368	22%
2016	764	5 216	15%	2022	1 615	6 423	25%
2017	897	6 036	15%	2023	1 647	7 042	23%
2018	1 015	7 212	14%	合计	11 421	65 021	18%

资料来源：根据华为年报整理。

从表1-2可以看出，华为近年来的研发投入总额高达11 421亿元，占同期销售收入总额的近18%，其中任何一年研发投入占销售收入的比例均超过10%的基准水平，甚至在2021年遭受美国政府打压之后，研发投入的力度仍然在加大。华为的技术领先来自研发的持续且高强度的投入，而且多数情况下研发投入的增长超过了销售收入的增长，这是华为成为高科技公司的重要因素。报表阅读者仅通过研发投入这一个指标，就可以在一定程度上了解华为的战略，还可以通过与其他公司的比较，发现华为的竞争优势。

华为最花钱的地方还不是研发。同样以2021年年报为例，公司支付的雇员费用高达1 645亿元，以19.5万名员工计算，平均年薪84万元，这一数字真正体现了"以奋斗者为本"的理念。也就是说，通过公司年报，你可以认为，华为的战略竞争力主要体现在技术和人才上，即使在艰难的情况下，公司的研发投入和雇员投入仍然呈现增长态势，从侧面体现了公司的战略定力和核心能力。

1.4 财务分析是入口，了解公司全景

公司是一个复杂的主体，也是一个虚拟的存在。我们了解一家公司，可能从产品入手，也可能从公司的创始人或管理团队开始，但这些正如"盲人摸象"一般，往往看到的仅是公司的某一个侧面，而财务报告提供了一个相对全面、客观的视角，尤其是各国监管部门往往将信息披露作为监管的抓手，并对财务报告的格式和内容进行统一规范，这为利益相关者的分析提供了很好的基础。

从基本的逻辑上看，作为受托人，公司的管理层负责从公开市场筹集财务资源，将这些资源转变为实物资产，并通过人、财、物的高效组合来创造价值，进而将这些价值按照约定分配给资源的提供方。站在财务的角度看，一个直观的判断基准，就是公司的利润率是否超过了资金成本率，这也是决定资源配置效率和评价管理层绩效的重要指标。当然，公司首先要做的，就是基于对经济

环境的分析，确定自身的竞争战略，并在此基础上转变为具体的经济业务活动，逐步形成自身的竞争优势。

当然，财务报表是综合反映一家公司竞争战略是否有效实施的重要载体。要获得市场参与者的认可，公司就有必要通过规范的会计程序，将其已经发生的经济业务活动按照会计准则和监管制度的要求转化为格式化的财务报表，以便于报表使用者做出理性的经济决策。

以我国上市公司为例，年报内容往往会涉及董事长致辞、公司简介和主要财务指标、董事会报告、管理层讨论与分析、公司治理及企业管制报告、环境和社会责任、重要事项、股份变动及股东情况、债券相关情况、财务报告等多项内容，信息非常丰富，不同利益相关者可以从中获得公司战略、运营、管理、绩效、财务等各个方面的信息，并通过独立分析为自己的决策提供更好的洞察。即使是对公司不太熟悉的投资者，也可以通过一些关键信息或重要提示，例如董事长致辞、管理层讨论与分析等对公司有一个初步的了解。

为帮助报表阅读者更好地了解公司，董事会往往会委托董事长呈报一份"给股东的信"或"董事长致辞"，来提供有关公司全貌的增量信息。以福耀玻璃工业集团股份有限公司（600660.SH，福耀玻璃）2022年年度报告为例，公司董事长曹德旺先生在"董事长致辞"部分简单回顾了公司现状，并从营业收入、利润总额、归属于上市公司股东的净利润以及每股收益等方面描述了公司的经营成果，这让报表阅读者很容易抓住重点。由于这份致辞的对象是股东，而股东关注的往往是回报，因此公司有没有赚钱、股本有没有增值、股价是不是上涨、上市公司是否会分红这些信息就显得尤为重要。当然，股东还会关注公司的可持续发展能力，因此，曹德旺还对福耀玻璃的未来进行了展望，强调"从更高、更深、更远的角度去考虑未来"，要"继续树立高度危机意识，保持健康的财务状况"。显然，在他看来，反映公司财务状况的资产负债表，应该是股东关注的重点。

市场参与者可以自行阅读财务报告，必要的时候对财务报告进行简要的分析，也可以对公司进行全景扫描。例如，福耀玻璃注册地位于福建省福清市，是一家以生产汽车玻璃为主要产品的工业企业，公司在上海证券交易所和香港联交所上市，并在境内聘请普华永道中天会计师事务所、境外聘请罗兵咸永道会计师事务所对年报进行审计。

在过去三年，公司主营业务收入连年增长，2022年达到了近281亿元的收入规模，归属于上市公司股东的净利润为47.56亿元，经营活动产生的现金流量净额为58.93亿元。2022年末公司总资产达到507.67亿元，归属于上市公司股东的净资产为290.03亿元。

从财务指标看，公司的基本每股收益从2020年的1.04元／股增至2022年的1.82元／股，加权平均净资产收益率也在同期从12.06%上升至17.65%。显然，公司经营业务基本没有受到外部环境变化的不利影响，从收入及利润指标看，公司盈利能力在逐年增长；从经营活动产生的现金流量与利润的比较看，公司盈利质量也非常高；2022年公司的资产负债率仅为42.90%，远低于制造业70%的预警线，即使与我国国务院国有资产监督管理委员会对中央企业的考核基准65%相比，也非常安全。

财务反映的是业务。为了让报表阅读者更清晰地了解公司业务的发展、表现或状况，福耀玻璃还提供了截至12月31日的三年财务指标一览表，列示了收入增长率、净利润增长率、毛利率、利息和税前净利润率、净利润率、加权平均净资产收益率、总资产收益率、资产负债率、应收账款周转天数、存货周转天数10个指标的计算结果（见表1-3）。同时强调从盈利能力、营运能力和偿债能力三个维度中选择有代表性的财务指标，以分析公司的成长能力。例如，2022年公司收入同比增长19.05%，净利润同比增长51.22%，也就是说净利润增长的速度超过了收入增长的速度，说明公司盈利能力在持续加强；2022年公司的应收账款周转天数、存货周转天数分别为62天和95天，说明公司的营运周期大约在157天，这个数字与2021年的153天和2020年的160天基本持平，说明公司保持着正常的周转效率水平；2022年公司的资产负债率为42.90%，与2020年的43.81%、2021年的41.29%相比也基本持平，说明公司的杠杆水平保持稳定，保持着较强的偿债能力。

表1-3   反映福耀玻璃业务的发展、表现或状况的部分财务指标

财务指标	2022-12-31	2021-12-31	2020-12-31
收入增长率	19.05%	18.57%	−5.67%
净利润增长率	51.22%	20.96%	−10.34%
毛利率	34.03%	35.90%	36.50%
利息和税前净利润率	20.88%	17.53%	17.40%
净利润率	16.91%	13.32%	13.05%
加权平均净资产收益率	17.65%	12.96%	12.06%
总资产收益率	9.36%	7.02%	6.76%
资产负债率	42.90%	41.29%	43.81%
应收账款周转天数（天）	62	62	66
存货周转天数（天）	95	91	94

资料来源：摘自上市公司年报。

除了财务指标，报表阅读者还可以从年报中获得很多增量信息，例如，福耀玻璃的发展战略为："以技术和创新的文化和人才，系统打造'福耀'可持续的竞争优势和盈利能力，成为一家让客户、股东、员工、供应商、政府、经销商、社会长期依赖的透明公司"。

将战略落地，公司需要明确规划、面临的机遇和挑战，还要制订具体的经营计划，并在此基础上预计公司未来的资金需求，通过强化全面预算管理、确保货款回收效率、严控汇率风险等一系列措施，使得资金管理安全、高效。

从客户角度看，公司的汽车玻璃出售给美国、英国、德国、日本、中国香港等多个国家和地区，配套了全球前二十大汽车生产商及中国前十大乘用车生产商，其中，2022年，集团公司的收入中，汽车玻璃占比超过92%，国外收入占比接近46.42%，前五大客户的销售收入为49.88亿元，占集团收入的17.75%，集团与主要客户关系良好，与最大客户的合作关系保持20年以上。

从供应商角度看，福耀玻璃分别在俄罗斯、德国及美国的子公司设立采购部门，与主要供应商订立为期一年的采购合同，所订立的合同会明确各种原材料的数量、价格、质量规格、付款条件及质保期等，2022年，福耀玻璃前五大

供应商采购金额为 20.15 亿元，占福耀玻璃购货额的 16.84%。

从员工角度看，截至 2022 年，福耀玻璃的员工总数为 28 982 人，其中研发人员为 4 258 人，全年研发投入 12.49 亿元，研发投入占营业收入的比例为 4.44%。

从股东角度看，福耀玻璃制定了清晰的现金分红政策，在公司当年盈利且累计未分配利润为正数的前提下，福耀玻璃每年度至少进行一次利润分配；现金分红的具体条件及最低现金分红比例为，在保证公司能够持续经营和长期发展的前提下，如公司无重大投资计划或重大资金支出等事项（募集资金投资项目除外）发生，在公司当年盈利且累计未分配利润为正数的前提下，公司应采取现金分红的方式分配股利；公司每年以现金方式分配的利润应不少于当年实现的可分配利润的 20% 等。从实际情况看，福耀玻璃 2022 年分红32.62 亿元，占当年合并报表中归属于上市公司普通股股东净利润 47.56 亿元的 68.59%。

从环境与社会责任看，福耀玻璃建立了环境保护相关机制，坚持企业发展与环境并重，并在环保资金上坚持投入，以减少污染物排放量，改善空气质量，同时参照重点排污单位披露相关的环境信息，采取减碳措施以降低二氧化碳的排放量，2022 年减少排放二氧化碳当量 111 431 吨。此外，福耀玻璃每年坚持对外捐赠和公益项目方面的投入，以履行公司的社会责任。从这点上看，福耀玻璃已经在年报中披露有关 ESG（环境、社会和公司治理）方面的信息，在一定程度上展示出公司的可持续发展能力。

作为一家上市公司，福耀玻璃全面、及时、透明的信息披露，有利于利益相关者更好地了解公司并建立信任。如果把公司看作一系列契约的集合，那么财务报告中所提供的信息将有助于利益相关者达成契约，一些关键的财务指标也成为这些契约的基础。股东关注长期回报，债权人关心偿债能力，客户关心产品和服务质量，供应商关心账期和合作关系的稳健性，员工关心工资奖金福利的及时足额发放，社会公众关注的是企业潜在的环境或社区影响等。管理层通过编制财务报告来履行受托责任，股东等利益相关者则可通过财务报告，获取自己关心的信息，通过特定的财务指标来评估公司履行各项契约的情况，并在此基础上做出理性决策。时至今日，利益相关者不仅仅关注财务绩效，还关注 ESG 等非财务绩效，按照规定格式、内容、时间公布的公司年报，为利益相关者提供了一个窗口。通过财务会计这门商业语言看懂公司，并通过具有洞察力的指标分析，对公司的战略、风险、运营、管理、绩效和合规等进行一个全方位的扫描，也对公司的盈利能力、营运能力、偿债能力、成长能力、可持续发展能力有一个初步的了解。

第2章

财务报表的生成逻辑
如实反映公司的经济业务

　　无论是个人、家庭、公司还是国家，都需要花钱做事。钱从哪里来，用到哪里去，用得怎么样？这就是财务报表需要回答的问题。以公司为例，其实力怎么样，有没有底气，能不能抗风险？通常可以从资产负债表中看出；赚不赚钱，靠什么赚钱，赚钱的能力大小、可持续性怎么样？这可以从利润表中得出结论；有没有活力，赚到的是不是真金白银，与资金有关的经营活动是否健康？这可以看看现金流量表。利益相关者基于这些信息做出决策、公司据此开展投融资及经营活动，有专业胜任能力和职业道德的会计人员通过程序和规则将经济业务如实反映，编制财务报告来评价决策者的决策是否科学合理，就形成了逻辑闭环。在此过程中的一个核心环节，就是会计这门通用的商业语言发挥了将决策者及其决策后果联系起来的作用，从而为包括股东及债权人在内的利益相关者提供一个窗口，帮助其更好地了解公司。

　　从逻辑上讲，一家公司首先要做的是注册成立，正如一个孩子出生，需要登记户口一样。这家公司的组织形式是合伙制、有限责任还是股份有限公司？注册资本是多少？股东是什么性质？经营范围如何？需要按照什么资料来完成注册等，都是一家公司开展正常经营业务之前就需要考虑的事项。只有完成这些基本的程序之后，公司才能成为一家法人实体。公司在合法合规的基础上制定公司章程，股东会、董事会、经理层各司其职，通过完善治理和决策流程，建立健全内部控制和风险管理体系，开展投融资和经营活动，并通过规范的财务报告向利益相关者提供决策所需要的信息。

（1）相关法律的规定。

在实践中，很多法律法规会对财务会计工作做出明确的要求，如《中华人民共和国会计法》（简称会计法）、《中华人民共和国公司法》（简称公司法）等。

根据我国会计法的规定，各单位必须根据实际发生的经济业务事项进行会计核算，填制会计凭证，登记会计账簿，编制财务会计报告。这里面会涉及四个关键词：一是经济业务事项，二是会计凭证，三是会计账簿，四是财务会计报告。简单来说，财务会计报告是一份"产成品"，是各家单位根据实际发生的各项经济业务，通过会计语言和程序"生产出来"的。举个简单的例子，某家公司与股东达成协议，由股东投入了一笔 100 万元的资本金，站在公司的角度，就要根据股东实际缴入的股本以及与之相关的银行入账凭证填制"记账凭证"，如实反映这笔融资业务，即银行存款增加了 100 万元，与此同时，股本增加了 100 万元；在会计账簿中，分别在"货币资金""股本"科目下计入这 100 万元的增加。如果当期只发生这一笔业务，那么编制的财务会计报告中就会显示一张左右平衡的资产负债表。

根据我国公司法的规定，公司应该依照法律、行政法规和国务院财政部门的规定建立本公司的财务、会计制度，在每一会计年度终了时编制财务会计报告，并依法经会计师事务所审计。与此同时，公司分配当年税后利润时，应当提取利润的百分之十列入公司法定公积金。公司法定公积金累计额为公司注册资本的百分之五十以上的，可以不再提取；公司的法定盈余公积金不足以弥补以前年度亏损的，在依照规定提取法定公积金之前，应当先用当年利润弥补亏损。以福耀玻璃为例，公司 2022 年利润表显示净利润为 4 015 450 379 元，根据公司法及福耀玻璃的章程，公司按年度净利润的 10% 提取法定盈余公积。年报披露，经董事会审议，福耀玻璃 2022 年按净利润的 10% 提取法定盈余公积，使公司所有者权益部分当年新增法定盈余公积 401 545 038 元，由于期初法定盈余公积的余额为 3 180 340 261 元，加上这笔新增的盈余公积，2022 年 12 月 31 日，公司盈余公积的期末余额为 3 581 885 299 元。

从相关法律的条款可以看出，公司作为自主经营、自负盈亏的经济主体，需要向股东提供财务会计报告，前提是需要建立本公司的财务、会计制度；有胜任能力和职业道德的会计人员在规范化制度的基础上进行会计核算、结算并定期（通常是每一会计年度终了时）编制财务会计报告。在中华人民共和国境内注册的公司，每一会计年度通常就是日历年度，即每年的 1 月 1 日至 12 月 31 日。在实务中，公司也会根据监管的要求或自身管理的需要，编制季度、月度报告，这些报告也要符合财务、会计制度的要求，做到合法合规。作为最重要的财经文件，公司的年度报告需由具备资质的会计师事务所进行审计。如果是上市公司，提供审计服务的会计师事务所需要依法取得监管部门的执业资格，在我国，由事务所向财政部或证监会备案；在美国，由事务所向公众公司会计监督委员会（PCAOB）注册。

当然，公司往往是以盈利为目标，决策者需要面对激烈的市场竞争并明确自身的战略定位，以客户为中心，通过研发、采购、生产、销售、配送、售后服务等一系列流程，实现融资、投资、经营、分配的闭环，实现资本的保值增值。当财务报告显示公司经营活动实现了赚钱的目标时，股东、管理层是无法直接把这些钱装进自己的口袋的，而是需要按照法律法规的要求进行利润分配，比如需要计提法定公积金和任意公积金，剩余的利润分不分配、分配多少，往往还需要考虑公司战略、经营、再融资的要求，统筹安全与发展（既要留有足够的资本以应对未来可能的风险，也要在面临潜在的机会时有足够的资源保证投入），即使决定进行利润分配，也需要经过董事会提议、股东会批准等程序，才能具体实施。

（2）经济业务的会计处理。

作为一家合法注册的公司，日常发生的经济业务事项会涉及多个方面，比如与投资人进行谈判，向银行申请贷款，购建厂房设备，聘请工作人员，租赁办公场所，接受客户订单，采购原材料，组织生产，交付商品或劳务，处理客户投诉等。在会计上，通常会按性质将这些事项归集为经营活动、投资活动、筹资活动。会计专业人员需要针对发生的经济业务事项，取得相应的凭证，办理相应的审批手续，进行规范的会计处理。

哪些经济业务事项需要进行会计处理，一方面需要遵守相关的法律法规，另一方面则需要运用职业判断。常见的需要进行会计处理的经济业务事项包括但不限于下列内容：款项和有价证券的收入；财物的收发、增减和使用；债权债务的发生和结算；资本、基金的增减；收入、支出、费用、成本的计算；财务成果的计算和处理等。在新经济的背景下，近年来还出现了数据资产入表、碳排放权核算及披露等新事项，公司需要根据相关的法律法规进行财务会计制度的更新，并按法律法规的要求及时进行会计处理及充分的披露。

怎样进行会计处理呢？通常会涉及《会计法》《企业会计制度》《企业会计准则》《会计基础工作规范》《会计档案管理办法》《代理记账管理办法》等一系列法律法规。公司根据这些法律法规的要求，结合自身的实际，招聘具有胜任能力和职业道德的会计人员，对经济业务事项进行如实反映，或者通过代理记账的方式来实现目标。在进行会计处理的过程中，会涉及会计凭证、会计账簿和财务会计报告等核心要素。

会计凭证包括原始凭证和记账凭证。如果公司发生了相关的经济业务事项，必须填制或者取得原始凭证并及时送交会计机构。举个简单的例子，公司采购了一批原材料，就需要取得供应商提供的增值税发票。采购人员取得的发票即为原始凭证，应及时送交会计机构。会计机构、会计人员对发票进行审核，在此基础上编制记账凭证，登记会计账簿。对于生产领料、内部结算、期末调账等业务，公司还需要自制原始凭证进行会计处理。

会计账簿包括总账、明细账、日记账和其他辅助性账簿。比如一家汽车制造企业，投资者能在报表上看到的总账有货币资金、存货等，存货可能包括发动机、车厢、传动轴等，也可能包括整车、零部件等，这时候会计人员有必要在存货总账下设置相应的明细账，以反映不同的存货项目，比如为每种车型、每个零部件都设置一个明细账，以反映其增减变动情况。对于一些比较重要的经济业务事项，比如现金收付、销售业务等，公司还会设置日记账进行序时逐笔登记，以更好地控制业务的风险。对于一些空白的票据如支票、重要的资产业务、应收账款的坏账注销、低值易耗品的摊销等，公司会设置备查账以追溯经济事项的全过程。

财务会计报告是由会计人员在经过审核的会计账簿记录和相关资料的基础上编制而成的，需要符合会计法和国家统一会计制度关于财务会计报告的编制要求，如果采用信息化的手段生成报告，相关软件还需要通过认证程序。通常境况下，财务会计报告由会计报表、会计报表附注和财务情况说明书组成。无论向何种报表使用者提供报告，财务会计报告的编制基础都应当一致。

上市公司的信息披露往往面临更为严格的监管。例如，我国1998年发布、2019年修订的《中华人民共和国证券法》（简称证券法）第七十九条明确规定："上市公司、公司债券上市交易的公司、股票在国务院批准的其他全国性证券交易场所交易的公司，应当按照国务院证券监督管理机构和证券交易场所规定的内容和格式编制定期报告，并按照以下规定报送和公告：（一）在每一会计年度结束之日起四个月内，报送并公告年度报告，其中的年度财务会计报告应当经符合本法规定的会计师事务所审计；（二）在每一会计年度的上半年结束之日起二个月内，报送并公告中期报告。"

在实务中，利益相关者往往关注的是年度报告。而根据现有的证券法规定，上市公司的年度报告需要在每一会计年度结束之日起四个月内报送并公告，公司董事、监事、高管等需签署声明确保年度报告内容的真实性、准确性和完整性，且年度报告需要经过有资质的会计师事务所审计。通常情况下，报告阅读者会关注上市公司聘请的会计师事务所是哪家，其出具的审计意见类型如何，公司的董事、监事、高管是否对年度报告内容的真实性、准确性、完整性进行背书。不同的会计师事务所的市场声誉、收费标准不同，与之相关的信任水平也会有所差异。以我国为例，中国注册会计师协会每年在官网上会发布"百强事务所"排名，一般来说，排名靠前的会计师事务所会被认为审计质量较高；而经过"排名前四大"或"排名前十大"会计师事务所审计的上市公司年报，相对也会更容易得到投资者的信任。

以我国上市公司福耀玻璃为例，2022年的年报经普华永道中天会计师事务所（特殊普通合伙）审计，且出具了标准无保留意见的审计报告，公司的董事局、监事会及董事、监事、高级管理人员保证年度报告内容的真实性、准确性、完整性，公司负责人曹德旺、主管会计工作的负责人陈向明及会计机构负责人（会计主管人员）丘永年声明：保证年度报告中财务报告的真实、准确、完整。

根据中国注册会计师协会官方网站发布的《2022年度会计师事务所综合评价百家排名信息（公示稿）》，普华永道中天会计师事务所（特殊普通合伙）以业务收入792 470.50万元在境内排名第一位，且连续为福耀玻璃提供审计服务的年限已有21年，据此可以认为福耀玻璃的审计质量相对较高，这也为报告阅读者开展财务分析工作提供了一个较为坚实的基础。当然，一旦某家会计师事务所发生审计失败，上市公司则会通过法定程序更换会计师事务所，以规避潜在的不良影响。

（3）基本的财务报表。

以福耀玻璃为例，2022年年度报告显示，公司披露了包括董事长致辞、公司简介和主要财务指标、董事局报告、管理层讨论与分析等在内的十二节内容，篇幅多达178页。在这份年报中，最核心的内容是第十一节"财务报告"，从年报第79页至第177页，占整个年报篇幅的55%以上，而其他内容也会结合财务报告或与之相关的指标、指标反映的经济业务进行阐释和解读。

从财务报告的具体组成看，通常由审计报告、财务报表、公司基本情况、财务报表的编制基础、重要会计政策及会计估计、合并财务报表项目注释等内容组成。因此，可以将财务报表看作财务报告的组成部分，将财务报告视为年报的组成部分。在公开、透明的披露要求下，公司还可能与财务报告一起披露内部控制报告、社会责任报告、ESG报告（环境、社会及公司治理报告）等其他信息，为利益相关者提供增量信息。

单独就财务报表而言，通常包括4张报表，分别是资产负债表、利润表、现金流量表以及所有者权益变动表。其中，资产负债表反映公司在某一特定时点（通常是报表日如 12 月 31 日）的财务状况，包括资产、负债、所有者权益三个会计要素的金额及其变化。以福耀玻璃为例，2022 年年报中包含了合并资产负债表和母公司资产负债表，在一般的分析中，通常以合并报表作为分析的对象，但合并报表是以纳入合并范围的公司的数据编制而成，其中，合并财务报表项目注释显示 2022 年构成企业集团的子公司数量高达 56 家，不仅包括在上海、广州、福清等地的国内子公司，而且包括福耀北美、福耀美国、福耀欧洲、福耀日本、福耀俄罗斯等海外子公司，福耀美国又包括商贸、生产等多种形态的企业。此外，福耀玻璃还在一些合营企业或联营企业中拥有重要权益。截至 2022 年 12 月 31 日，福耀玻璃合并资产负债表中披露的总资产为 507.67 亿元，总负债为 217.79 亿元，所有者权益为 289.89 亿元。

利润表反映的是公司某一会计期间（如一年）的收入、费用及利润情况。公开披露的财务报表显示，2022 年福耀玻璃的合并利润表中营业总收入为 280.99 亿元，营业总成本为 224.92 亿元，再加上营业外收支并扣除所得税费用，当年福耀玻璃实现净利润 47.53 亿元，比上年增长超过 50%。公司赚取了利润，不仅显示出公司产品具有市场竞争力，还为扩大再生产、利润分配等一系列活动提供资金支持，让公司进入良性循环的轨道。

现金流量表反映的是公司在某一会计期间现金的增减变动情况，可以视为对资产负债表中"货币资金"科目余额变动的解释。当然，现金流量表通常反映的是"现金及现金等价物"的增减变动，而不同公司对"现金及现金等价物"的定义并不相同，从而导致报表中的数据难以得到清晰的解释。以福耀玻璃 2022 年年报为例，公司的现金流量表附注显示，现金及现金等价物由库存现金 45 100 元和可随时用于支付的银行存款 12 237 816 455 元构成，因此期末现金及现金等价物余额为 12 237 861 555 元，这个数字与合并资产负债表中 2022 年末"货币资金"科目的余额 17 019 655 848 元存在近 48 亿元的差异，主要原因可能是公司银行存款 16 980 629 664 元中有一些存款受限，另外受限制的其他货币资金 38 981 084 元也未计入现金及现金等价物的范畴。这种差异可能会给报告阅读者带来一定的疑惑，如果信息披露不够完备，则报告阅读者较难印证相关数据之间的勾稽关系。

所有者权益变动表反映的是公司在年度内所有者权益变动情况，也可以视为资产负债表的一张附表。以福耀玻璃 2022 年为例，在合并所有者权益变动表中，其他综合收益科目本期增加了 551 141 724 元，盈余公积科目增加了 401 545 038 元，未分配利润科目增加了 1 744 306 971 元。其中，盈余公积是按照公司法及公司章程等规定，以母公司实现的净利润的 10% 计提而来；未分配利润则根据综合收益总额 4 755 595 541 元，扣除利润分配 3 011 288 570 元计算而来，福耀玻璃 2022 年未分配利润增减变动如表 2-1 所示。

表2-1　福耀玻璃2022年未分配利润增减变动　　　　（单位：元）

项目	2022年
一、上年年末金额	11 245 487 054
二、本年年初余额	11 245 487 054
三、本期增减变动金额（减少以"-"号填列）	1 744 306 971
（一）综合收益总额	4 755 595 541
（二）所有者投入和减少资本	0
（三）利润分配	-3 011 288 570
1、提取盈余公积	-401 545 038
2、对所有者（或股东）的分配	-2 609 743 532
⋮	⋮
四、本期期末余额	12 989 794 025

资料来源：根据福耀玻璃2022年年报整理。其中，提取盈余公积401 545 038元是根据2022年净利润计算的；对所有者（或股东）的分配2 609 743 532元是根据2022年分配的2021年净利润计算的。

（4）财务报表的生成逻辑。

从本质上看，会计是"过程的控制和观念的总结"。所谓过程的控制，即公司注册成立的那一天就已经有了注册资本或股本，通常以货币资金的形式体现。在董事会的授权下，职业经理人运用其专业知识与能力，将钱（即股东投入的钱，或称旧钱）变成货，再将货变成钱（即客户购买货物支付的钱，也被称为新钱），旧钱变成新钱的过程就是公司经营的"过程"，用会计的语言将其如实反映出来，就是"过程的控制"。但有时候，股东可能是以房屋、设备甚至技术入股，虽然也是"注册资本或股本"，但体现的却是一系列资产，这些资产用货币加以计量，就可以简单地理解为"观念的总结"。以福耀玻璃 2022 年的年报为例，公司当年的存货周转天数为 95 天，也就意味着货物从买进到出售经历了95 天；应收账款周转天数 62 天，意味着客户从拿到货到付款经历了 62 天；存货周转天数与应收账款周转天数之和为 157 天，可以简单地理解为，福耀玻璃的旧钱变成新钱的经营周期为 157 天。通常而言，经营周期越短，意味着公司的经营效率越高、风险越小。

当然，现实生活中的经济业务要复杂得多，通常遵循的基本逻辑是战略催生业务，业务产生数据，数据生成报表，报表提供信息。报表使用者通过阅读报表，能够在直观上得出一些与公司经营、投资和筹资活动相关的信息，并能够对公司的业务、管理、绩效甚至战略做出评价和优化。

举个简单的例子，老王为了养家糊口，2023 年决定开设一家超市，投入本金 50 万元，找亲戚朋友借款 50 万元，其中 30 万元对超市进行了装修，同时又用 50 万元进了一批货物。过了一段时间，因为生意不好，老王决定将超市出租，相关的货物折价 40 万元，同时约定承租方在 2023 年剩余期间支付超市租金 10 万元，承租方希望在货物卖完之后，将存货折价及租金费用一并支付。等到年底，老王再找承租方，发现对方已经消失，并把超市所有的存货搬空。由于这些业务都发生在 2023 年，可以视为一个经营周期，据此请问老王亏了多少？要回答这个问题，用会计语言是一个必然选择。例如，把老王视为一个会计主体，就可以通过简单的财务报表来反映其财务状况、经营成果和现金流量。

第一步，先计算资金的增减变动情况。根据前述资料，老王期初有 100 万元（视为筹资活动），花了 50 万元购买存货（视为经营活动），花了 30 万元装修超市（视为投资活动）。经计算，老王手中现金还有 20 万元。编制的简式现金流量表，如表 2-2 所示。

表2-2　老王2023年的现金流量表　　　　（单位：万元）

项目	2023年
一、经营活动产生的现金流量净额	−50
二、投资活动产生的现金流量净额	−30
三、筹资活动产生的现金流量净额	100
四、现金及现金等价物净增加额	20

简单来说，等到年底结账，老王账上还有现金 20 万元，其中有筹资活动带来的本金 100 万元，花费 30 万元装修形成了固定资产，花费 50 万元采购形成了存货，表明老王在该期间主要的现金流来自筹资活动。

第二步，计算老王的盈亏。首先，老王与承租方签订了一份协议，以 50 万元的价格转让超市，按照如实反映的原则，这笔 50 万元的交易收入可以分为两部分，一是存货抵价收入 40 万元（营业收入），二是超市出租的租金收入 10 万元（其他业务收入）。问题是承租方消失，存货和租金均未收回。其中，存货收入 40 万元（转让给承租方时的抵价），存货成本 50 万元（存货进货时的历史成本），相当于经营损失 10 万元；其他业务收入 10 万元（超市出租，不考虑超市的折旧），营业外支出 50 万元（承租方消失带来的损失），体现在利润表上如表 2-3 所示。

表2-3　老王2023年的利润表　　　　（单位：万元）

项目	2023年
一、营业收入	40
二、营业成本	50
三、其他业务收入	10
四、营业利润	0
减：营业外支出	−50
五、利润总额	−50

从表 2-3 中可以看出，老王经过这一折腾，相当于在 2023 年损失了 50 万

元，其中，存货抵价转让损失了 10 万元，租金收入 10 万元与损失相抵，相当于经营利润为零。但因为承租方消失导致老王被骗，抵价的 40 万元存货及 10 万元租金这两项收入均无法收回，导致营业外支出 50 万元。

第三步，看看老王的财务状况，由于所有业务都在同一年发生，假设 1 月 1 日（期初）就已经拿到了筹资的钱，在 12 月 31 日（期末）一次性对相关业务进行账务处理，那么老王的财务状况如表 2-4 所示。

表2-4　老王2023年的资产负债表　　　　　（单位：万元）

项目	期初余额	期末余额	项目	期初余额	期末余额
货币资金	100	20	负债	50	50
存货	0	0	股本	50	50
固定资产	0	30	未分配利润	0	−50
资产总计	100	50	负债和权益合计	100	50

显然，老王经过一番操作，财务状况变差了，主要是发生了 50 万元的亏损，尽管可以分解为买货、存货积压、存货抵价、超市转租等多项业务，但归根结底是因为对承租方的管理不严造成的，导致出现营业外支出。这也从侧面说明内部控制的重要性。从报表上看，这一年，老王已经把 50 万的资本金折腾完，这还没有考虑税费相关的影响。

需要说明的是，虽然报表中存货的期初、期末余额均为零，但事实上已经经历了一个由零变成 50 万元，再由 50 万元变成零的过程。如果对会计语言不熟悉，可能就无法理解期初、期末余额变化的原因及合理性。此外，从利润表可以看出，公司主营业务的亏损 10 万元，本来以为可以通过超市出租来弥补，但因为承租方消失、相关存货被搬空而导致营业外支出高达 50 万元，这说明老王真正的损失是识人不明，导致被骗，这可能与信用管理、法律环境等其他因素有关。从理论上看，老王还可以通过诉讼，追回被骗的损失，是否需要将被骗的 50 万元一次确认损失，还可以商榷，但从本质上说，即使追回损失可能也是下一个会计期间的业务了。

2.1 财务报表的基本构成：攻守平衡

在不同国家、地区，公司的财务报表构成基本类似。以福耀玻璃为例，普华永道中天出具的审计报告（审字 2023 第 10019 号）中的财务报表，其构成包含 2022 年的合并资产负债表及母公司资产负债表、合并利润表及母公司利润表、合并现金流量表及母公司现金流量表、合并所有者权益变动表及母公司所有者权益变动表以及财务报表附注。

显然，作为一家中国的上市公司，福耀玻璃的财务报表可以被视为"四张报表"加上"一个附注"，这也是利益相关者可以用来分析的基础。通常，资产负债表被视作一张"防守"报表，利润表被视作一张"进攻"报表。如果把一家公司看作一个活跃的市场经济主体，那么公司应努力做到攻守平衡，以应对市场经济的残酷竞争。在此基础上，公司还要尽力做到有利润的收入和有现金流的利润，在保障现金流健康的同时，努力实现股东价值增值。

为了较好地理解财务报表及其生成过程，可以模拟一家简单的公司来了解其经济业务如何通过会计的语言，最终变成格式规范的财务报表。

假设张三决定自行创业，在 2023 年 1 月 20 日，他和朋友投入了 80 万元成立了一家名为"张氏汽修服务股份有限公司"（简称张氏公司）的服务店，为附近小区的车主提供洗车、维修及上门服务等多项汽修服务。按照公司法的规定，张氏公司以股份有限公司的形式进行了注册登记，总股份数量为 80 万股，每股面值 1 元。据此，张氏公司就是一家合法成立的经济主体，也是进行账务处理的"会计主体"。在理论上，张氏公司在进行账务处理时，需要与张三及他的朋友的个人事务加以区分。

在张三及他的朋友看来，虽然 80 万元是自己的，但此时已经成为张氏公司的注册资本，他们只能行使股东的权利；对张氏公司而言，这是一笔筹资业务，是从股东张三等人手中筹集而来，是作为公司的"本钱"存在的。会计上会设置相应的科目来反映这笔业务，比如设置"银行存款""股本"来反映这笔 80 万元资金的来龙去脉。其中，银行存款属于资产类科目，股本属于所有者权益类科目。

1月21日，张氏公司购买了一个商品房店面作为开展业务的基地，花费了52万元，这时候银行存款减少了52万元，同时，固定资产增加了52万元。站在会计的角度，这属于投资业务。

1月22日，张氏公司又购买了电机、洗车机等设备，总价款36万元。这时候，公司面临资金紧张的问题，股东仅投入了80万元，买商品房店面已经花了52万元，还需要留一部分流动资金以备日常开支，导致该批设备已经无法全部用现金支付。于是张氏公司支付了现金6万元，余款30万元则开具了票据。这样机器设备（一项固定资产）增加了36万元，现金（一项流动资产）减少了6万元，同时，应付票据（一项流动负债）增加了30万元。

1月23日，张氏公司又购买了不同品牌的轮胎、玻璃等修理用备件（以存货科目列示），总金额13.8万元，通过与供应商谈判，这笔钱会采取赊账方式，并承诺在60天内支付。这属于日常的经营业务，一方面，修理用备件的资产增加了13.8万元，另一方面，应付供应商的货款增加了13.8万元。

1月26日，张氏公司认为修理用备件买多了，既占用空间，又造成不必要的资金积压，于是将修理备件以进价3.8万元卖给一家五金店李氏公司，但这笔钱（以应收账款列示）需要45天才能收回。

张氏公司自开业以来，由于服务态度很好，且提供包括上门维修在内的多种服务，得到附近小区居民的认可，生意还不错，仅仅一周就实现了服务收入22 000元（结转至资产负债表中"未分配利润"的贷方），且全部以现金形式收取。

1月31日，张氏公司进行了一些结账业务活动，支付了水电费、工人服务费等总计1.4万元（结转至资产负债表中"未分配利润"的借方）。

这时候，张氏公司可以编制一份简单的试算平衡表，如表2-5所示。这份试算平衡表是编制财务报表的工作底稿，可以很轻易地验证"有借必有贷、借贷必相等"的会计记账原则的正确性。

从表中可以看出，张氏公司自1月20日开张至月底短短10天的时间，公司的总资产达到了 124.6 万元，相当于资产规模增加了 55.75%；与之对应的是负债增加了 43.8 万元，股东权益为 80.8 万元，这一结果符合会计等式"资产 = 负债 + 所有者权益"，同时反映出公司的规模扩张主要是通过负债来实现的。

显然，在"张氏公司"这一会计主体下，公司需要设置诸如货币资金、应收账款、存货、固定资产、应付票据、应付账款、股本、未分配利润等各类账户，来如实反映会计期间内发生的经济业务。等到期末，对每个账户中已经发生的交易金额进行汇总，就得到了资产负债表上列报科目的期末余额。

表2-5　张氏公司2023年1月试算平衡表　　（单位：万元）

	资产					=	负债		+	所有者权益	
	货币资金	应收账款	存货	固定资产（商品房店面）	固定资产（设备）	=	应付票据	应付账款	+	股本	未分配利润
1月20日	80									80	
余额	80									80	
1月21日	−52			+52							
余额	28			52						80	
1月22日	−6				+36		+30				
余额	22			52	36		30			80	
1月23日			13.8					13.8			
余额	22		13.8	52	36		30	13.8		80	
1月26日		+3.8	−3.8								
余额	22	3.8	10	52	36		30	13.8		80	
1月31日	+2.2										+2.2
1月31日	−1.4										−1.4
余额	22.8	3.8	10	52	36		30	13.8		80	0.8

如果不考虑缴纳税金、计提折旧、确认资产减值损失等调账业务，那么把表 2-5 中列示的会计科目的最后一行的"余额"进行汇总，就可以得到资产负债表的雏形（见表 2-6）。

表2-6　张氏公司2023年1月31日资产负债表　（单位：万元）

项目	2023-1-31	项目	2023-1-31
货币资金	22.8	负债：	
应收账款	3.8	应付票据	30.0
存货	10.0	应付账款	13.8
固定资产	88.0	负债合计	43.8
		所有者权益：	
		股本	80.0
		未分配利润	0.8
		所有者权益合计	80.8
资产总计	124.6	负债和所有者权益总计	124.6

从资产负债表看，公司开局良好，所有者权益实现了增值，但相对于资产规模从 80 万元增至 124.6 万元，负债的增长更快，这意味着公司的财务风险有所增加。考虑到应付票据、应付账款的支付期限均较短，而对应的资产则积压在商品房店面和设备上，资产和负债的期限匹配性并不好，张氏公司在短期内面临较大的流动性风险，如果债权人要求即时兑付，可能立即陷入流动性风险之中，防守效果可能不尽如人意。

通过对表 2-5 中"未分配利润"科目下的收支结算进行汇总，就形成了简要的利润表初稿（见表 2-7）。当然，这种报表显示的是一张非常简化的结果，比如没有考虑固定资产的折旧，也没有考虑所得税费用等，但即便如此，通过阅读报表仍可以简单评价张氏公司的盈利能力。

表2-7　张氏公司2023年1月利润表　（单位：万元）

项目	2023年1月
一、营业总收入	2.2
二、营业总成本	1.4
三、营业利润	0.8

从利润表看，张氏公司刚开张仅仅赚了 8 000 元，不考虑各项税收及其他调整，对于 80 万元的原始投资而言，相当于赚取了 1% 的回报，注意，这仅仅是

10 天的回报。如果不考虑季节性因素，简单换算成一年的回报率，张氏公司的年回报率可能超过 30%，显著高于银行存款利率，这表明公司的进攻有一定的效果。当然，这个数字并没有考虑固定资产的折旧、相关的税金开支等，也没有与行业进行比较，进攻的效率和业务的可持续性还有待进一步的观察。

相对应地，从货币资金的角度看，公司成立之初收到了张三和朋友投入的股本 80 万元，经过近两周的业务运营，货币资金的期末余额为 22.8 万元，大量资金变成了商品房店面及机器设备等重资产。站在会计的角度，表 2-5 中第一列货币资金的增减变动情况，就可以成为现金流量表的编制基础（见表 2-8）。

表2-8　张氏公司2023年1月现金流量表　　　　　（单位：万元）

项目	2023年1月
一、经营活动产生的现金流量	0.8
二、投资活动产生的现金流量	−58.0
三、筹资活动产生的现金流量	80.0
四、期末现金及现金等价物余额	22.8

综合来看，张氏公司的报表可能从短期看来攻守尚不平衡，尤其是在防守方面有所欠缺，需要在资产负债表管理方面下一点功夫。当然，"进攻是最好的防守"，如果张氏公司能够在以后经营期间不断建立良好的服务声誉，并与消费者建立足够的信任，就可以在经营模式上有所创新，例如，考虑推出"预充值"服务，针对不同的充值金额提供不同的服务折扣，增加现金流入，从而在一定程度上缓解流动性方面的压力。

2.2　资产负债表：实力的象征

资产负债表，也称为财务状况表，是描述某个会计主体在某个特定的时点的财务状况。通常情况下，这个会计主体是一家公司，也可以是一个集团，而资产负债表的编制时间，则取决于管理层和外部使用者的需求，可以是月度报表、季度报表或年度报表，在信息化程度比较高的公司，可以满足利益相关者实时、动态、在线提供信息的需求。表2-9列示了福耀玻璃2022年年报中披露的合并资产负债表。

表2-9 合并资产负债表⊖

编制单位：福耀玻璃工业集团股份有限公司

（单位：亿元 币种：人民币）

资产			负债及所有者权益（或股东权益）		
项目	2022-12-31	2021-12-31	项目	2022-12-31	2021-12-31
流动资产：			流动负债：		
货币资金	170.20	143.27	短期借款	60.77	59.26
交易性金融资产	0.07	0.06	应付票据	21.28	16.23
应收票据	2.04	0.39	应付账款	20.25	15.25
应收账款	52.58	43.11	合同负债	9.32	8.64
应收账款融资	11.38	11.14	应付职工薪酬	6.60	5.30
预付款项	2.36	2.39	应交税费	4.05	3.20
其他应收款	1.38	1.61	其他应付款	16.82	14.97
存货	54.03	43.27	预收款项	0.00	0.00
一年内到期的非流动资产	0.00	0.00	一年内到期的非流动负债	21.45	16.28
其他流动资产	2.73	1.59	其他流动负债	13.06	8.07
流动资产合计	296.78	246.83	流动负债合计	173.60	147.19
非流动资产：			非流动负债：		
债权投资	0.00	0.00	长期借款	30.07	11.39
长期应收款	3.16	4.62	应付债券	0.00	11.99
长期股权投资	2.50	2.29	租赁负债	4.77	5.08
其他权益工具投资	0.78	0.69	长期应付款	0.64	0.69
投资性房地产	0.00	0.00	递延收益	6.71	6.78
固定资产	144.46	145.02	递延所得税负债	1.99	1.79
在建工程	31.33	19.77	其他非流动负债	0.00	0.00

⊖ 由于四舍五入，表中数据与实际计算有出入。本书余同。

（续）

资产			负债及所有者权益（或股东权益）		
项目	2022-12-31	2021-12-31	项目	2022-12-31	2021-12-31
使用权资产	5.75	5.95	非流动负债合计	44.19	37.72
无形资产	12.45	12.35	负债合计	217.79	184.91
商誉	1.55	1.55	所有者权益（或股东权益）：		
长期待摊费用	4.84	4.45	实收资本（或股本）	26.10	26.10
递延所得税资产	4.06	4.33	资本公积	97.00	97.00
其他非流动资产	0.00	0.00	其他综合收益	1.21	−4.30
非流动资产合计	210.90	201.02	盈余公积	35.82	31.80
			未分配利润	129.90	112.45
			归属于母公司所有者权益（或股东权益）	290.03	263.06
			少数股东权益	−0.15	−0.12
			所有者权益（或股东权益）合计	289.88	262.94
资产总计	507.67	447.85	负债和所有者权益（或股东权益）总计	507.67	447.85

资料来源：根据上市公司的年报整理。

　　从表中可以看出，福耀玻璃 2022 年末流动资产为 296.78 亿元，远超同期 173.60 亿元的流动负债。总资产 507.67 亿元，比上年同期增长 13.36%，其中，负债规模增长 17.78%，所有者权益（或股东权益）规模增长 10.25%，资产负债结构导致公司的资产负债率从上期的 41.29% 增长至本期的 42.9%。此外，福耀玻璃 2022 年末的未分配利润的余额为 129.90 亿元，这与表 2-1 计算出来的结果保持一致，从侧面表明财务报表数字之间存在一定的勾稽关系。报表中所列示的每个会计科目的数字增减变动，不仅有真实的经济业务支撑，还可以彼此之间印证，以避免出现错报。

在表 2-9 中，资产负债表的左边"资产总计"与右边"负债和所有者权益（或股东权益）总计"是一个永远的恒等式。资产是一个会计要素，也是公司实力的重要体现，它是"过去"的交易或事项形成的，由企业拥有或控制的，预期会给公司带来经济利益的资源。过去的交易或事项包括购买、生产、建造等行为或其他交易或事项，例如为满足生产需求所采购的原材料，为进行信用销售产生的应收账款，为组织生产所建造的厂房设备等，都属于企业的资产。在会计处理上，需要设置诸如存货、应收账款、固定资产之类的账户来反映这些资产的取得、使用和处置情况。

资产负债表的左边代表的是一个会计主体在某一时点所拥有的经济资源，右边就代表着这些经济资源从哪里来，谁对这些经济资源具有要求权。站在会计的角度，拥有这些资源的主体有两个：债权人和股东。以福耀玻璃为例，包括曹德旺在内的诸多投资者均为股东，他们首先要投入本钱，然后用这些本钱来赚取利润实现资本增值。但在实际开展业务的过程中，几乎没有公司完全可以靠自己的本钱来维持公司日常运作，无论是张氏公司还是福耀玻璃，都会在报表中或多或少列报负债，比如会向银行借款、向供应商赊账、支付员工的薪酬等，意味着银行、供应商、员工都可以视为公司的债权人。一旦公司出现资不抵债的情况，也就是报告日资产总计小于负债总计，那么公司就有可能陷入财务危机，甚至面临资产重组或破产。

曾经有一家公司的创始人被媒体记者当面质疑公司的实力不够，甚至称其"首富"实际是"首负"，原因在于公司的负债超过 4 000 亿元。该创始人立即反驳称，"你根本不懂会计"，该创始人做了较为专业的解释：第一，这个负债不是创始人个人的债务，而是公司的债务，在所有权和经营权分离的情况下，创始人个人与其公司是独立的会计主体，两者不能混为一谈；第二，记者仅仅关注到了负债，没有关注资产，在同一时点，公司的资产总额超过 6 000 亿元；第三，公司在过去一段时间经营状况良好，每年还能够产生很多的经营利润，能够增厚公司的所有者权益。但记者的质疑，也从一个侧面反映出，资产负债表是一个整体，报表阅读者不能够仅仅关注资产方，还需要关注这些资产从哪里来，谁对这些资产有要求权。以该创始人所在的公司为例，在记者质疑的时点，公司的资产总额为6 000亿元，但与此同时，超过4 000亿元是债权人所拥有的，净资产（所有者权益）不足2 000亿元。

从中可以看出，资产负债表实质上是一家公司的实力体现，而所有者权益通常可以被视为该公司的"家底"，也是预防公司发生风险的"垫子"，一旦这个家底被耗尽，公司就可能陷入"资不抵债"的窘境。

在实务中，有人关注资产规模所体现出来的"实力"，也有人关注所有者权益所展现出的"底子"，还有人关注负债可能带来的流动性风险，可谓"横看成岭侧成峰，远近高低各不同"。

硅谷银行破产案例

2023年3月10日，被誉为"创新经济金融伙伴"的美国硅谷银行（Silicon Valley Bank，SVB）宣告破产，引起市场巨震和媒体广泛关注。从公开信息看，这是一家好公司，1983年成立，1988年在美国纳斯达克首发上市，一路攻城拔寨，在以色列、英国、爱尔兰、德国、加拿大、丹麦等多个国家设有办事处，在印度有全球配送中心，在中国有合资银行，设定目标在2025年达到碳中和，2022年已经公开的财务数据显示，公司的净资产回报率为12.14%，属于行业翘楚。

声誉也不错，根据硅谷银行官网披露的信息，公司被《福布斯》评为2022年美国最佳银行，被《新闻周刊》评为美国最负责任公司，被彭博社评为2022年性别平等指数成分股，进入美国最公正公司榜单，此外还有领英评选的金融服务业最佳25家公司等殊荣。

然而就是这样一家"看起来"经营成果不错、有很好市场声誉的"好"银行，破产起来仅仅用了不到两天的时间。公开信息显示，破产48小时前的3月8日，公司还披露一切正常，准备公开向市场发行12.5亿美元的普通股，向美

⊖ 此处资料根据公开信息整理，具体参见：澎湃新闻·澎湃商学院，2023年3月19日，袁敏，硅谷银行破产：资产负债表的祸；袁敏.资产负债表风险管理：以硅谷银行为例[J].新会计，2023（7）：23-27.

国泛太平洋投资集团发行 5 亿美元的限制性股票，再加上拟单独发行 5 亿美元的可转换优先股，筹资总额达到 22.5 亿美元。

问题就出现在了公司的资产负债表上。从年报披露的数据看，硅谷银行所在的集团公司 2022 年年底总资产的金额为 2 117.93 亿美元，权益为 162.95 亿美元（见表 2-10）。什么意思？也就是说仅仅从静态的财务状况看，公司的资产负债率高达 92.31%，简单理解为 100 元的资产，92.31 元都是人家的，只有 7.69 元是属于自己的。

表2-10 SVB合并资产负债表 （单位：亿美元）

项目	2022-12-31	2021-12-31	项目	2022-12-31	2021-12-31
现金及现金等价物	138.03	145.86	不带息存款	807.53	1 258.51
可供出售证券	260.69	272.21	带息存款	923.56	633.52
持有至到期证券	913.21	981.95	短期借款	135.65	0.71
非流通及其他权益证券	26.64	25.43	租赁负债	4.13	3.88
贷款	742.50	662.76	其他负债	30.41	24.67
信用损失准备：贷款	6.36	4.22	长期负债	53.70	25.70
贷款净额	736.14	658.54	负债合计	1 954.98	1 946.99
设备等	3.94	2.70	股东权益：		
商誉	3.75	3.75	股本	36.46	36.46
其他无形资产净额	1.36	1.60	资本公积	53.18	51.57
租赁使用权资产	3.35	3.13	留存收益	89.51	74.42
应计利息及其他资产	30.82	17.91	累积其他综合收益（损失）	19.11	0.09
			股东权益合计	160.04	162.36
			少数股东权益	2.91	3.73
			权益合计	162.95	166.09
资产总计	2 117.93	2 113.08	负债和权益总计	2 117.93	2 113.08

资料来源：根据上市公司年报整理。

再看看资产负债的结构，2022 年年底，集团的总负债为 1 954.98 亿美元，其中客户的总存款（带息和不带息存款合计）为 1 731.09 亿美元。要知道硅谷银行是一家商业银行，其业务主要集中在对关键创新市场中的商业客户提供产品和服务，通过信用、财富管理、外汇、贸易融资等业务为客户的融资需求提供解决方案，其客户主要来自健康医疗、科技行业、私人权益和风险资本公司。

如果把公司看作一个活生生的"人"，从人的生长阶段看，硅谷银行的这些客户属于"婴幼儿期"，需要大量烧钱来培育自己的竞争力，往往被称为"行走中的消金兽"，这 1 731.09 亿美元对硅谷银行来说是一项负债，随时都会被客户提走。

再看看资产端。硅谷银行 2022 年 12 月 31 日的资产主要集中在三个部分，一是现金及现金等价物，138.03 亿美元；二是贷款，742.5 亿美元（减去信用损失准备 6.36 亿美元后的余额为 736.14 亿美元）；三是证券投资，1 200.54 亿美元，这三部分资产加起来，占到该时点公司资产总额的 98% 左右。

问题来了，欠人家 1 731.09 亿美元，人家现在就要，公司能给多少呢？能够立即偿付的是 138.03 亿美元，相当于人家存了 100 元，现在就要的话，银行只能兑付 8 元。你说还有给客户的贷款呢？贷款不是说收回来就能收回来的，通常会有合同的约束，而且可能是 A 客户存在银行的钱，被贷给了 B 客户，你不能直接把存款和贷款进行对冲。你说还有证券投资呢，1 200.54 亿美元，问题是这些证券投资的构成也比较复杂，会计上把其分为"可供出售证券""持有至到期证券"以及非流通及其他权益证券共三类。其中第一类可以随时在市场上变现，大约有 260.69 亿美元；第二类金额占比最大，是按照扣除信用损失之后的"摊余成本"计价，大概有 913.21 亿美元；第三类则是硅谷银行针对自身客户进行股权投资形成的资产，金额占比最小，仅为 26.64 亿美元。

伴随着美联储的加息，市场上短期贷款利率持续攀升，至 2023 年 3 月已经上升至 4.5% 的高位，而硅谷银行所持有的证券投资大都是期限较长的美国国债和机构债券，利率在 2% 以下，这时候就出现了所谓的"利率倒挂"，也就是说随着市场利率的上涨，硅谷银行所持有的证券投资资产出现了"减值"，一些"聪明"且"敏感"的储户意识到了这一点，觉得把钱存在硅谷银行风险太大，于是就在 2023 年慢慢地把钱取出来。

客户要取钱，账上又没有那么多的现金，怎么办？硅谷银行被迫把一部分"可供出售证券"拿出来变现来还债。问题是这些资产的市场价值已经出现了减损，一旦变现就会出现账面亏损。根据 2023 年 3 月 8 日公司发布的公告，硅谷银行大概卖了 210 亿美元的证券，主要是三年半期、利率 1.79% 的美国国债和机构证券，亏损了 18 亿美元。

这属于什么？打折出售资产。这个折扣还不算很大，毕竟出售的资产属于财务报表里相对优质的资产，虽然亏本甩卖，但还是打了 9 折。据此可以大致推算一下，卖掉了 210 亿美元的证券，亏损了 18 亿美元，那么还有没卖掉的证券大概为 1 000 亿美元，值多少钱呢？往好了算，剩下来的资产与卖掉的 210 亿美元资产有类似的品相，也是流通性好、质量优良的美国国债和政府机构债，大概还值 900 亿美元。如果对这些资产进行价值重估，差额 100 亿美元就是资产减值，会进入利润表，最终体现为所有者权益的减少。

硅谷银行仅仅是硅谷集团的子公司之一。集团公司披露的分部信息显示，硅谷银行的平均总资产约为 1 752 亿美元，平均的客户存款总额约为 1 721 亿美元，现在资产要打 9 折，而存款不打折，什么概念？单独看硅谷银行的财务状况，那就直接资不抵债了。即使站在集团的角度看，超过 100 亿美元的亏损和潜在亏损，基本上也把家底耗光了。

于是一些有敏锐嗅觉和洞察力的客户开始疯狂挤兑，根据公开资料，仅仅 2023 年 3 月 9 日这一天，客户的提款额就高达 420 亿美元，硅谷银行把现金、卖掉的证券所获得的资金全部拿来还，也是不够的，于是公司网站崩溃，客户无法提现，监管部门介入，硅谷银行破产，被加州金融监管和创新局接管。

硅谷银行的例子告诉我们，资产负债表中蕴含着深不可测的风险，更是反映了公司的"底子"和"实力"。表面上看硅谷银行风光无限，问题是一旦出现了信任危机，公司顷刻之间就可能陷入流动性危机。投资者应在关注其光鲜外表的同时，对公司的"底子"有一个把握，对公司的杠杆水平有一个清醒的认识，相对于超过 2 000 亿美元的资产总额，权益仅仅为 162.95 亿美元，这个

"垫子"太薄了，在市场利率环境发生重大变化的背景下，仅仅是简单的资产重估，就可以让40多年辛苦积攒下来的家底立刻灰飞烟灭。

2.3　利润表：能力的体现

作为股东而言，投入的资金往往被看作公司的股本或注册资本，这些钱并不是为了做慈善，而是希望通过开展商业活动取得增值和预期回报，于是利润表就成为很多利益相关者关注的焦点。

表2-11列示了我国上市公司贵州茅台酒股份有限公司（600519.SH，贵州茅台）2022年度合并利润表的概况。

表2-11　贵州茅台2022年度合并利润表简表

（单位：亿元　币种：人民币）

项目	2022年度	2021年度
一、营业总收入	1 275.54	1 094.64
其中：营业收入	1 241.00	1 061.90
利息收入	34.54	32.74
二、营业总成本	397.48	347.76
其中：营业成本	100.93	89.83
利息支出	1.06	1.74
税金及附加	184.96	153.04
销售、管理、研发、财务费用	110.53	103.15
加：其他收益	0.25	0.21
投资收益（损失以"－"号填列）	0.64	0.58
信用减值损失（损失以"－"号填列）	−0.15	−0.13
三、营业利润（亏损以"－"号填列）	878.80	747.51
加：营业外收入	0.71	0.69
减：营业外支出	2.49	2.92
四、利润总额（亏损总额以"－"号填列）	877.01	745.28
减：所得税费用	223.26	188.07
五、净利润（净亏损以"－"号填列）	653.75	557.21

资料来源：引自上市公司年报。

显然，从表2-11所示的利润表构成看，贵州茅台的经营成果反映了会计上的另一个等式：收入 − 费用 = 利润。从表中可以看出，对于贵州茅台这样的公司而言，其收入包括营业收入、利息收入、营业外收入、投资收益等，分别涵盖了经营活动、投资活动、筹资活动产生的收入；其费用包含的内容也很多，有直接与营业收入匹配的成本，还有交给国家的税收，产生的销售费用、管理费用和财务费用等期间费用，以及信用减值损失、营业外支出等。在2022年，贵州茅台实现的营业总收入为1 275.54亿元，赚取的净利润为653.75亿元，可以简单理解为贵州茅台的净利润率超过50%，这是一个比较惊人的数字。如果算毛利的话，公司为创造1 275.54亿元的收入，发生的直接成本仅100亿元左右，毛利率超过92%。可以理解为，贵州茅台的酒卖100元，实际成本却不到8元，赚钱能力惊人。

什么是收入？按照会计准则的定义，收入是指公司"日常活动中形成的、会导致所有者权益增加的、与所有者投入资本无关的经济利益的总流入"。也就是说，要符合收入定义、满足收入确认条件的项目，才会被列入利润表。对于贵州茅台而言，最重要的收入就是卖酒的收入，其次还有一些酒店业务以及冰激凌业务的收入，而且茅台酒因为品牌、声誉等因素以及生产瓶颈的影响，往往在市场上供不应求，公司的收入呈现强劲的增长趋势。但对于竞争激烈的行业，如日用品、家用电器而言，增加收入可能会成为管理层面临的一个很大的挑战，如何打造高质量的产品，是否需要打广告，如何铺设渠道，如何来激励销售人员等都成为增加收入需要考虑的因素。

费用往往与收入相匹配。按照会计上的定义，费用是指公司"日常活动中形成的、会导致所有者权益减少的、与所有者分配利润无关的经济利益的总流出"。以贵州茅台为例，最直观的费用，就是与创造收入直接相关的成本，例如，为酿酒而从市场上购买的高粱、小麦等原材料，为车间生产人员支付的工资福利等。当然贵州茅台也会发生广告宣传和市场拓展费用、与产品配送相关运输费用及运输保险费用、与销售人员相关的差旅费及办公费等，这些都可以归集到销售费用中；为管理人员支付的工资福利，以及办公楼的折旧，聘请会计师事务所对公司年报进行审计所支付的费用等，都可以归集到管理费用中。

在财务报表中，收支相抵之后，就是利润。在激烈的市场竞争环境下，想实现利润并不容易，想达到超越行业平均水平的利润更是难上加难。像贵州茅台这样的公司，收入逐年增长，成本管控有力，实现了持续的盈利增长，这是多年品牌、渠道、质量、声誉等管理的综合效果。然而，也有一些公司，会因环境变化、战略失误等在某些年度出现收不抵支的情形，例如美国著名的 IBM，1993 年就曾经出现了年度亏损 81 亿美元的情形，这时候公司就会受到来自股东的压力，董事会也会考虑更换管理层，IBM 后来找来了一位传奇 CEO 郭士纳，最终通过流程再造、战略调整等一系列措施，让公司转危为安。

在日本，被誉为现代经营之圣的稻盛和夫，他虽然不是会计专业人士，却用了一句通俗易懂的话对利润进行了解读，那就是"收入最大化，费用最小化"。也就是说，你要有利润，就必须满足"支出不超过收入"的基本原则。收入来源于客户，因此公司就需要提供高质量的产品和服务，拥有优秀的团队和员工，还要切合客户的需求，这包括做好市场调研、产品研发、质量控制和售后服务等；而费用相对来说是公司自身决策的结果，往往是能够控制的，因此，管理者可以借鉴稻盛和夫的基本经营原则，比如非必要不轻易增加费用，或者要在有收入的前提下再考虑费用开支的问题。

有些公司会建立远大甚至大胆的计划，并从股东、客户、员工、社会等不同角度来建立明确的目标，但这一切往往都建立在公司能不能实现利润的基础上。有了很好的利润，才有可能给股东分红，才有足够的资金投入到新产品的开发中，才有给员工加薪的底气，甚至才有能力给社会捐赠、招聘更多的员工以解决就业，或者投入技改资金以增加产品的环保属性并提高市场竞争力。因此，利润表反映的不仅是一家经济主体的"能力"，也是一家公司的"面子"，只有持续挣钱、挣大钱、通过合法合规的手段挣到了超过行业平均水平的利润，才能说明公司的产品有竞争力、管理有水平、客户认可度高，进而公司就有了持续健康发展的能力。

2.4　现金流量表：活力的透视

现金流量表反映的是一个经济主体在一定会计期间（比如一年）现金和现金等价物流入和流出的信息。

现金大家很容易理解，比如账上、手头上有多少资金。以一家公司为例，现金通常是指放在保险柜里的库存现金，以及可以随时用于支付的银行存款。

现金等价物相对难理解一点儿，字面意思是"等同于"现金的资产，但在会计上却有着明确的定义，现金等价物是指公司持有的期限短、流动性强、易于转换为已知金额的现金、价值变动风险很小的投资。将这些资产视为现金等价物，不仅需要考虑会计制度、会计准则的规定，还需要根据职业进行判断。

从逻辑上看，公司货币资金的增减变动与该期间内公司开展的经济业务紧密相关，比如客户支付的货款、股东追加的投资、偿还银行的贷款、支付员工的工资等。公司对这些经济活动进行分类，并按照规定的格式列报，就形成了代表公司活力的现金流量表。

表 2-12 是贵州茅台 2022 年度的合并现金流量表简表。从表中可以看出，现金流量表是按照经营活动、投资活动和筹资活动来分别列报会计期间公司现金流量的增减变动情况的。例如，卖酒的收入，属于经营活动；购建新的酒窖、厂房、设备，属于投资活动；上市公司年度分配股利，则属于筹资活动。如果公司持有美元、欧元、日元等外币，现金流量表还会出现因汇率变动导致现金增减变动的情况。将经营活动、投资活动、筹资活动产生的现金流量净额加总，再考虑汇率变动的影响，就可以清晰地看出公司现金及现金等价物的增减变动情况。

表2-12　贵州茅台2022年度合并现金流量表简表

（单位：亿元　币种：人民币）

项目	2022年度	2021年度
一、经营活动产生的现金流量：		
销售商品、提供劳务收到的现金	1 406.92	1 193.21
客户存款和同业存放款项净增加额	−89.16	75.11
收取利息、手续费及佣金的现金	32.48	31.46
收到的税费返还	0.33	0.00
收到的其他与经营活动有关的现金	27.59	16.44
经营活动现金流入小计	1 378.16	1 316.21
购买商品、提供劳务支付的现金	835.79	774.60
客户贷款及垫款净增加额	7.24	4.84
存放中央银行和同业款项净增加额	130.38	5.59
拆出资金净增加额	0.00	−4.00
支付利息、手续费及佣金的现金	0.79	1.63
支付给职工及为职工支付的现金	117.52	100.61
支付的各项税费	620.43	446.10
支付的其他与经营活动有关的现金	51.23	43.68
经营活动现金流出小计	1 011.17	675.92
经营活动产生的现金流量净额	366.99	640.29
二、投资活动产生的现金流量：		
⋮	⋮	⋮
投资活动产生的现金流量净额	−55.37	−55.62
三、筹资活动产生的现金流量：		
⋮	⋮	⋮
筹资活动产生的现金流量净额	−574.25	−265.64
四、汇率变动对现金及现金等价物的影响	0.00	−0.02
五、现金及现金等价物净增加额	−262.62	319.00
加：期初现金及现金等价物余额	1 786.41	1 467.41
六、期末现金及现金等价物余额	1 523.79	1 786.41

　　从表2-12可以看出，贵州茅台的现金流非常健康，2022年现金及现金等价物的期末余额超过1 500亿元，同期公司的总资产为2 543.65亿元，也就是说贵

州茅台的资产中近60%都是现金及现金等价物。与此同时，2022年公司销售商品、提供劳务收到的现金为1 406.92亿元，超过2022年营业总收入1 275.54亿元，说明公司销售的产品全部转化为现金，而且有些产品还没有售出时，就已预收客户款项，凸显了产品的强大市场竞争力。2022年，经营活动产生的现金流量净额为366.99亿元，说明公司具有很强的造血能力，通过日常运营可以产生非常好的现金净流入。

从逻辑上说，一家公司的经营过程，就是"以钱生钱"的过程，股东投入一笔资金，管理层将这些资金分配到不同的经济活动中，包括购建厂房设备、聘请员工、购买原材料、生产商品、销售给客户、收回款项、进行扩大再生产或分红等。在此过程中，货币资金转变成了固定资产、存货等，再通过生产和流通过程重新转变成了货币资金。在财务报表中，报表阅读者会发现期初的货币资金余额与期末的货币资金余额有差额，那么差额有多大？是否可以满足生产经营的需求？期间发生了哪些经济业务？是否有再融资的需求等？现金流量表为解答上述问题提供了信息，报表阅读者据此可以理解公司的现金流，也为预测、计划、安排未来的现金流量提供了很好的基础。

专业人士往往会把"现金"比喻成人体的"血液"，正如体检的时候会要求验血，医生一看化验单就知道哪些指标正常、哪些指标异常，异常指标代表什么含义，是否需要进一步的诊疗等。现金流量表也有类似的功效，一家公司的现金流动是否健康，现金的去向和回收能力，以及正常的经营活动能否产生足够的正向现金净流入来满足公司扩张或投资的需求？如果现金出现短缺，缺口有多大，能否通过低成本的融资渠道迅速筹集所需的现金，这些信息都可以通过现金流量表进行一定程度的展现。

如果经营活动产生的现金流量净额是正值，比如贵州茅台这样的公司，那么意味着公司的盈利有实实在在的现金保障，这些钱为公司进行扩张、投资乃至分红提供了很好的财务弹性。如果经营活动产生的现金流量净额是负值，则情况较为严峻，比如2016年的乐视网信息技术（北京）股份有限公司（300104.SZ，乐视网），该公司虽然表面上看起来风风光光，但在专业人士看来，公司当年经营活动产生的现金流量净额为 −10.68 亿元，即主营业务带来的现金流为负值，如果没有办法通过处置资产或者再融资等手段，就会导致公司现金流严重短缺，进而影响公司正常经营，并陷入困境。

福特汽车的现金管理

美国的福特汽车公司，曾经是汽车行业的霸主，始建于 1903 年，1921 年公司生产的 T 型车在轿车市场的份额高达 61.5%。如今，福特汽车已经走过百年历史，也经历过多次危机，但在 2008 年的金融海啸中，福特汽车却遭受了巨大冲击，财务报表显示其年度亏损超过 147 亿美元，现金流也出现巨额缺口。福特汽车最终在管理层的努力下，通过壮士断臂般的举措，包括资产甩卖、资产重组、成本削减等，在 2009 年成功实现盈利，在此过程中，公司对现金的管理功不可没。

根据公开披露的信息，福特汽车在 2006 年 11 月 27 日宣布寻求 180 亿美元的融资，12 月 6 日，公司进一步将融资额提升到了 230 亿美元。按照时任公司 CFO 勒克莱尔的说法，这是为了解决“近期和中期负营运相关的现金流，为重组提供资金，并提供额外的资金流以防止经济衰退或其他难以预料的事情发生”这一问题而提前做出的资金安排。

显然，福特汽车的财务部门是进行了测算之后，才得出了需要多少资金，并在预测的基础上提前规划了资金的来源渠道和配置领域。这些资金，主要用来满足以下三个方面的需求。

- 首先，为维系日常经营所需的资金。尤其是在公司陷入亏损的背景下，现金流不免捉襟见肘，直接表现为现金流量表中的现金流量额为负，也就是所谓的“负营运相关的现金流”。事实上，福特汽车的年报显示，2006 年亏损了 126 亿美元、2007 年亏损了 27 亿美元、2008 年亏损了 147.66 亿美元，如果这些亏损全部是正常经营活动导致的，那么公司仅仅要维系生存，就需要将近 300 亿美元的现金流来覆盖这些损失。
- 其次，为重组提供资金。因为公司已经预计到了 2006 年的经营情况不佳，2007 年这种情况也不会得到根本扭转，新的管理层不仅需要考虑开源节流，还需要考虑公司如何健康存续下去，已经拟就的计划包括关闭工厂以匹配产能进而提升盈利能力，通过裁员、与工会谈判等提高成本竞争力，开发新产品以满足客户需求等，所有这些都需要大量资金作为后盾。

- 再次，为"防止经济衰退或其他难以预料的事情发生"提供额外的资金，这属于"立足长远"。公司不仅仅关注当前的困难，还要展望未来，考虑出现极端情形，例如美国经济整体衰退、行业周期不景气且持续较长时间等，公司仍然需要保持资金稳健，避免资金链断裂。尽管福特汽车承认，在制订计划的时候并没有预测到 2008 年的金融海啸，但由于在资金测算时已经考虑到了经济衰退的可能，因此，即便在雷曼破产、信贷市场冻结的情况下，福特汽车也能依靠未雨绸缪的资金储备，顺利度过了"冬天"。

换句话说，现金流量表反映的是"过去"，例如上一年的经营活动、投资活动、筹资活动产生的现金流，但公司的运营是持续不断的，过去的事项是否对未来有预测价值，如何对已经或可能存在的资金过剩或不足进行高效管理，是决策者需要思考的问题，决策者往往是将过去、现在和未来整合到一起，当现金流指标出现预警信号时，管理层就有必要采取恰当的应对措施，来对现金的管理进行统筹安排，以推动公司高质量、健康发展。

第 3 章

从数字真实出发
通用目的分析

　　财务分析的目的是用于决策，例如，对一家公司的第一印象是好是坏，愿意买入还是卖出该公司的股票，是否愿意与该公司达成交易等。一般的教材除了列示很多的财务指标，还会提供很多的工具方法，如杜邦分析法、结构分析、趋势分析、共同比分析、比率分析等。然而投资者和债权人通常并不是直接把公司的报表拿来用，而是会对报表数据进行技术性调整，在了解公司基本面的基础上，结合分析的目的选取恰当的指标进行数据加工，看懂编制财务报告所依据的会计政策、会计估计等，对是否存在数字失真、盈余管理、财务造假等有一个基本的判断。本章试图介绍一个通用的财报分析框架，帮助读者了解财务报表分析中常用的指标及其应用场景。

　　需要说明的是，"横看成岭侧成峰，远近高低各不同"：虽然是同一份报表，但在不同报表阅读者的眼中、出于不同的分析目的，得出的结论却大相径庭。本书的出发点，是将财务报告看作透视一家公司的窗口，透过这个窗口，报表阅读者不仅可以通过财务指标来衡量公司的绩效，而且可以据此了解一个经济主体的组织文化、发展战略、治理架构、经营业务、运营管理、人力资源、社会责任等多维度的信息，在此基础上做出绩效评价和理性决策。

3.1 报表分析前的关注：功夫在诗外

报表分析往往与分析的目的紧密相关，每个财务指标也有各自的优缺点和适用场景。可以把报表阅读者视为一位专业的"医生"，不仅需要临床诊断，有时候还需要会诊，最终开具药方，治病救人。因此，对需要掌握基本报表分析技术的人士而言，应该学习医生的"望闻问切"甚至临床诊断的本领，至少应该对财务报告的整个编制过程有一个基本的了解。

如前文所述，财务报告是由专业的人士，按照既定的规则和程序，如实地反映某个经济主体开展的经济业务，财务报告的生成过程如图 3-1 所示。

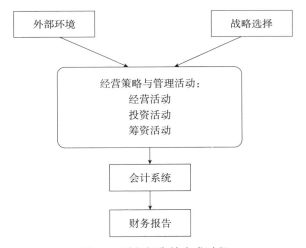

图3-1 财务报告的生成过程

显然，站在专业的角度，财务报告是一个"产成品"，其核心组成部分为几张财务报表，这些报表是经过"会计系统"加工生成的，其反映的是公司开展的各项经济活动，如经营活动、投资活动和筹资活动。进一步地，公司开展的这些活动是在战略的指引下进行的，在制定战略时，需要考虑该公司所处的行业环境以及基本的战略定位等。

20世纪90年代，中国香港拍了一部电视剧《笑看风云》，主角包括中天集团董事长黄天，以及商业罪案调查科探员包文龙。黄天因为被下属背叛急火攻心入院，邀请监视他的包文龙进入病房。两人坐定后，黄天让下属将一碗鱼汤递给了文龙，告诉对方："这汤是以前帮我带孩子的大婶亲自熬制的，放足了材料，火候十足，喝吧。"文龙也不客气，尝过之后的第一句话就是"好喝"。在文龙看来，家里煮的汤，就是比外面放了味精的汤好喝。黄天则补充到："除了没有味精，火候还要够，这都是表面看不出来的，要喝到嘴里才知道。做人是这样，喝汤也是这样。"

在本书的视角中，财务报表分析的过程同样如此。每个人都有机会拿到标的公司的财务报告，该财务报告就像电视剧中的"汤"，表面上是冷冰冰的数字，但要看懂这些数字，则需要了解数字是如何生成的，有没有"放味精"，编制财务报告的人"火候"到没到，这些数字是不是经得起推敲，这些都需要通过实践来验证。所谓"熟读唐诗三百首，不会作诗也会吟"，问题是这样就能够成为大诗人吗？如果要找出决策真正需要的信息，还需要分析者能够自出机杼，从平凡的数字中读出不平凡，从众人耳熟能详的技法中形成自己独特的洞察。

《繁花》中汪小姐的赚钱之道

以2023年末、2024年初由王家卫导演的电视剧《繁花》为例。电视剧反映的是20世纪90年代发生在上海的一段故事。剧中女主角之一的汪明珠，为了争一口气，决定接下沃尔玛的单子。在1993年那个时点，私人公司是没有办法直接拿下外贸订单的，汪明珠为了顺利承接这笔业务，跑到外贸公司寻求背书。外贸公司负责该业务的金花科长，虽然曾经是汪明珠的师父，甚至把保存了几十年的邮册赠送给汪明珠做本钱，但也不敢轻易地将这笔大单子直接交给毫无历史成功经验的汪明珠来做。⊖

⊖ 参见百度百科、腾讯视频以及澎湃商学院"《繁花》中，汪小姐第一桶金的账是怎么算的？"，2024年1月10日。

站在汪明珠的角度看，自己已经注册了"明珠公司"开展外贸业务，这是对当时上海所处的环境进行了分析之后的理性决策，一方面她是从外滩27号出来的，以前就是管理外贸业务的，对这一块业务很熟；另一方面，此前她与胡歌饰演的宝总进行过多次合作，对业务背后的价值链和流程手续也非常清楚，于是通过注册公司、开展外贸业务、承接外资公司的单子就成了一个理所当然的选择。

做外贸业务的竞争对手很多，凭什么把单子给你做？按照金科长的说法，下游的工厂给的成本是多少？利润红线是多少？除去佣金和开销，你赚不到钱的，甚至可能亏本。

但汪明珠很自信，她坚持："如果我给你报的价是最高的，你就应该把单子给我做，唯一的要求，是单价以人民币兑美元结算。"

从战略角度看，汪明珠没有采用低成本战略，甚至为了拿到单子不惜代价，一定要勉强说有战略的话，可以说是"目标客户聚焦战略"。她的目标客户就是以沃尔玛为代表的外资公司，通过拿下这些公司的外贸单子，来让自己的公司生存下来甚至实现盈利。

做生意不是闹着玩的，不仅要本钱，还要有本事。汪明珠的本事在她与金花科长的对话中展露出来。以美元结算为什么重要？回到当时的时间点，中国在进行入关谈判，外汇汇率并轨是一个大概率事件，这一点应该是汪明珠和金花科长达成的重要共识。等到"以美元结算"这个条件说出来，金花科长毅然决然地把单子给了汪明珠，而且提出了很高的期望："这是你的第一个单子，要做的漂亮，要做给外滩27号、整条黄河路、整个上海滩看。"

当然，汪明珠也不负众望，这笔单子让她赚到了第一桶金。按照电视剧的说法，经此一役之后，汪明珠成了"传奇"。原因是1994年1月1日，国家宣布外汇并轨，外汇差价从此成为历史，人民币汇价从1美元兑5.80人民币，调整为1美元兑8.70人民币，一夜之间，汪明珠的订单，利润由负转正。最后，汪明珠赚取了8万元的利润，甚至超过了做几十年生意的范总，因为范总的第一笔生意也仅仅赚了6.5万元。

这里面还有个细节，作为宝总背后的"贵人"，由游本昌扮演的爷叔，也找到了金花科长，在爷叔看来，"汪小姐能力是有的，但她找不到工厂，没几天就元旦，肯定搞不定，合同上盖的是 27 号的公章，影响的是外贸总公司的名声"。爷叔希望金花科长劝劝汪小姐，"开个价钱，转手给宝总，宝总肯定不会还价的"。从这个细节可以看出，汪明珠的经营模式是可以选择的，第一是做"皮包公司"，把单子接下来之后，转手给宝总，赚取一个佣金差价；第二是像宝总一样，接下单子后找到工厂，按照既定的标准生产牛仔裤交付外商；当然还可以有第三个选择，就是建立自己的工厂，自产自销。

在明珠公司提供的财务报表中，阅读者可以看到的是，在那个时间点公司承接了一笔沃尔玛的外贸订单，赚取了 8 万元的利润，但如果脱离了 20 世纪 90 年代的背景，脱离了外贸业务中不靠成本、价格赚钱而是靠汇率甚至是出口退税的政策环境，脱离了汪明珠不远千里开车去深圳找工厂的过程，这 8 万元的数字就失去了真正的意义。

所以说"功夫在诗外"，要分析报表，就需要了解报表背后的经济主体，了解该主体的商业模式、竞争战略、经营活动、管理效率甚至企业文化、公司治理、社会责任等一系列背景，在此基础上，财务分析的深度和生动性才有说服力。

当然，报表的使用者不同，分析的视角也会有差异。通常来说，报表的使用者可以简单地分为两类：外部使用者和内部使用者。

从外部使用者的角度来看，典型的主体如交易对手，也就是公司的上下游：供应商和客户。以供应商为例，其关注的焦点往往是公司的偿债能力、信用记录、财务实力以及流动性等方面，一旦公司在流动性方面出现问题，供应商就有可能停止供货，要求偿还货款，必要时采取法律手段追讨债务。

公司开展经营，需要有充足的资金，这时候就会发生筹资活动，例如向银行借款、发行债券或股票。对于这些资金提供方，其关注的往往是公司长期的现金流是否健康，是否有足够的盈利能力和现金流创造能力，是否有稳健的资本结构和高级别的信用等级，是否能够及时还本付息或分配股利。

从内部使用者的角度来看，公司的董事会、管理层甚至员工都会对财务报表产生兴趣，例如，在做出计划、控制和绩效考核等各项活动中，都会用到相应的财务信息。计划是龙头，管理层会关注当前财务状况的评价，并识别和抓住公司面临的潜在机会，从而对资源进行优化配置；控制体现在目标实现的过程中，比如如何将有限的资源运用在有成效的地方，如何避免资源错配，需要考虑不同资产的投资回报以及资产的使用效率；绩效考核与战略相衔接，管理层不仅仅关注业务的健康发展，还关注优秀人才的吸引和保留。

对于报表提供者而言，他们并不知道谁会使用报表，并基于报表做出何种决策。在这种情况下，他们会选择按照既定的会计制度和会计准则，提供格式统一规范的通用财务报表。而各利益相关者就会利用这份通用的财务报表，生成与决策目标相关的信息以支撑决策。为了更好地理解这个过程，图 3-2 列示了常用的通用财务报表分析框架。

从图 3-2 可以看出，财务分析仅仅是整个分析框架的一个组成部分，如果把分析比喻成"盲人摸象"，财务分析仅仅是一只"象腿"。真正的分析，需要有一个全局观，把报表放在某一个具体的情境之中：报表是谁编制的，编制的人是否有胜任能力和职业道德，选用的会计估计是否符合客观事实，会计政策的选择是否与行业趋同。报表仅仅是反映某一个时点或某一个期间的财务状况、经营成果和现金流量情况，要对报表的数字进行正确的解读，还要结合宏观经济、政治、社会、文化、法治环境、技术变革等多种因素，还要考虑公司的竞争优势和劣势、面临的机会和威胁，甚至要结合行业、市场、竞争、战略等进行分析，只有这样才有可能得出相对客观的评价。至少，在进行财务分析时，需要考虑会计分析、前景分析的重要性，毕竟财务报告是经过会计系统才得以生成的，当编制财务报告的人拥有信息优势时，就有可能对数据进行粉饰甚至操纵，这时候会计分析就很有必要；而会计是反映一个经济主体过去发生的经济业务，过去已成往事，立足现在面向未来才能够更好地评价和改善资源配置决策，因此前景分析也是一个重要的环节，甚至是整个分析框架中最难的一部分。

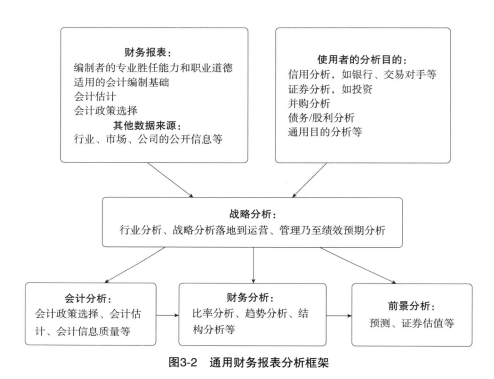

图3-2　通用财务报表分析框架

资料来源：根据Krishna G. Palepu, Paul M. Healy, Victory L. Bernard所著的*Business Analysis & Valuation: Using Financial Statements* (2nd edition)整理。

　　当然，结合战略分析、运营分析、会计分析、前景分析的财务分析，可以为报表阅读者提供更为全面的信息，尤其是在对标的公司比较熟悉的情况下，可以通过财务分析直指问题的核心。上市公司为了给报表阅读者提供一些直观的感受，通常也会在年报中披露一些希望阅读者关注的信息，甚至对某些异常数据提供额外的解释，从而帮助报表阅读者更好地理解公司业务。表 3-1 列示了苹果公司 1997 年的利润表，其中就用到了最简单的比率分析、趋势分析和结构分析等工具。

表3-1　苹果公司1997年利润表简表　　　　（单位：亿美元）

项目	1997年度	增减变动	1996年度	增减变动	1995年度
销售净额（收入）	70.81	−28%	98.33	−11%	110.62
毛利	13.68	41%	9.68	−66%	28.58
毛利率	19%		10%		26%
研发开支	4.85	−20%	6.04	−2%	6.14
研发占收入比	7%		6%		6%
销售、行政及管理费用	12.86	−18%	15.68	−1%	15.83
费用占收入比	18%		16%		14%
特定开支					
在研项目开支	3.75		NM		NM
占收入比	5%		NM		NM
重组成本	2.17	21%	1.79	NM	−0.23
占收入比	3%		2%		
终止授权协议	0.75	NM		NM	
占收入比	1%				
利息和其他盈亏	0.25	−72%	0.88	NM	
净利润（亏损）	−10.45	−28%	−8.16	−292%	4.24

资料来源：摘自苹果公司年报。表中NM为Not Matched，不可比较的意思。

3.1.1　销售收入与市场份额分析

从表 3-1 可以看出，1997 年，苹果公司的销售额（表中的销售净额为销售额（收入）减去销售折扣、折让、退回后的实际销售额，本处简化处理，用销售额来表示销售净额）出现下滑，相较于 1996 年的 98.33 亿美元，1997 年仅为 70.81 亿美元，下滑了 28%；与此同时，公司的净利润为 −10.45 亿美元，相较于上一年的 −8.16 亿美元，同样呈现出亏损额放大的趋势。

当时的苹果公司主要以出售麦金塔电脑（Macintosh Computer）和外围设备为主，数据显示 1997 年这两个分部的销售额分别下降 27% 和 33%。之所以市场对公司的产品需求下降，是因为客户持续关注公司的战略转型方向、财务状况和未来前景，以及麦金塔电脑平台的活力和来自市场的竞争压力。1997年，麦金塔电脑分部的总收入下降，也与公司的价格策略有关，例如销售部门提供了更多的折扣，与此同时，苹果公司还推出了定价更高的新产品PowerBook，显然，苹果公司在当年已开始对市场环境变化进行了战略上的转型，包括进行重组、推出新产品等。

从市场份额看，1997年，苹果公司的国际销售额占公司销售总额的50%，这一数字相较于1996年下滑了2个百分点，与此同时，在个人电脑市场上，无论是全球市场还是美国市场，苹果公司的市场份额都出现了不同程度的下滑，其中全球市场份额从1996年的5.7%降至1997年的3.6%；美国市场份额则从1996年的7.4%降至1997年的4.6%。显然，当时的苹果公司面对的市场竞争形势严峻，无论是销售额的绝对数值，还是市场份额的相对比例都下滑明显。

3.1.2 盈利分析

与销售收入（销售额）的大幅下滑不同，苹果公司1997年的毛利率相较于1996年的10%，却逆向增长至19%，这一增长的主要原因并不是苹果公司在1997年表现优异，而是1996年有特殊情况发生。根据年报披露，苹果公司在1996年第二季度对特定存货进行了6.16亿美元的注销；此外，1996年面对日本竞争对手的激烈竞争，苹果公司采取了更为激进的定价措施，包括在美国和欧洲市场进行产品降价以刺激需求。

与此同时，苹果公司明确表明未来很难保持1997年的毛利率水平，原因在于毛利率会受到很多不同因素的影响，包括行业范围内的全球降价压力、日益增长的竞争压力以及产品生命周期的缩短等。

3.1.3 研发开支状况

相比较而言，在1995～1997年的那个时段，苹果公司的研发开支并不算低，占销售收入的比重保持在 6% 以上的水平，这也从侧面反映出苹果公司是一家高科技公司。从金额的绝对值上看 1996 年的研发开支为 6.04 亿美元，1997 年仅有 4.85 亿美元，也就是研发开支的绝对费用额在下滑，这种下滑主要是因为特定的重组活动，包括裁员以及取消特定相关合同的研发项目。

对高科技公司而言，持续不断地聚焦于某些项目上的研发投资，对公司未来的健康成长和市场竞争地位至关重要，尤其与持续不断地、及时地向市场推出改良产品相关的研发，是公司经营战略的核心。熟悉苹果公司历史的人知道，1997 年是乔布斯回归苹果执掌权杖的一年，在他的主导下，苹果公司对产品线进行了精简，伴随着裁员以及某些项目的关闭，预计 1998 年公司的研发开支将进一步下降。

表 3-1 中还有一个特殊的项目，即"在研项目开支"（in-process research and development），这个项目在 1996 年及以前是不存在的，是 1997 年新出现的项目。根据公司年报披露，苹果公司并购了乔布斯所创立的 NeXT 公司，因此在 1997 年产生了一笔 3.75 亿美元的在研项目开支。事实上，乔布斯也正是因为 NeXT 公司被苹果公司并购才得以回归他所创立的苹果公司。

值得说明的是，苹果公司在乔布斯回归之前，就已经开始实施运营重整。早在 1996 年，苹果公司开始执行特定的重组活动，旨在降低其成本，提升公司竞争力并恢复可持续的盈利能力。1997 年，苹果公司宣告并开始执行额外的重组措施，包括大量裁员来达成既定的目标。当然，在公司努力实现新的成本结构的过程中，也存在一些固有的风险，例如公司无法足额、快速地削减开支以恢复可持续盈利能力，以及大量削减成本的动议，可能损害公司的革新能力以及维系其在计算机行业的竞争力。

在新的产品策略下，如果老的产品线被砍掉，新的产品线又没有办法产生期望的效果，就会导致公司的销售额下滑，尤其会增加公司对未经市场验证的产品和技术的依赖性；与此同时，重组的一个很重要的方向，是提高公司产品外包生产的比重，一旦采用外包这样的生产方式，公司就有可能丧失对产品质量或数量的控制，或失去对生产计划及时调整以应对市场变化的灵活性。

1997 年 11 月，苹果公司还在销售模式创新、成本削减等方面进行了尝试，比如开设了线上销售门店，使美国的终端用户可以在线上获得几乎所有的产品。然而在推出线上销售的同时，并没有证据表明线上门店会带来更多的销售额。苹果公司同时在 1997 年 11 月推出了"订单式生产"，这一变革同样无法确保新的制造流程会导致成本削减或毛利上升。公司削减了批发和零售渠道的商业伙伴数量，尤其是在美国市场，这说明公司试图通过更少的合作伙伴来实现更多的销量，虽然想法很好，但可能会适得其反，给公司带来负面影响。随着公司裁员的推进，员工的精神面貌正在发生变化，这可能会对公司维系和激励员工的能力造成损害；当公司与第三方的授权协议取消时，对特定研发成果的直接控制也会削弱，并降低了公司创建革新产品的能力。

年报中披露的信息显示，1997 年苹果公司发生了非常大的变化，不仅并购了 NeXT 公司，试图以 NeXT 公司的人员和技术来刺激苹果公司的技术进步，而且在产品策略、销售方式、生产方式、与第三方合作方式等方面都进行了变革，这在当时看来，是管理层采取的削减成本、重新恢复苹果公司盈利能力的重要改革措施。但苹果公司也清醒认识到，这些重组行为能否真正实现让公司达成新的成本结构或恢复新的增长目标，存在着很大的不确定性。

3.2 会计分析：舞弊与盈余管理

会计分析是财务分析的前一个环节（见图 3-2），旨在评价一家公司的会计在多大程度上真实、公允地反映该公司的业务实质，解决的是会计信息质量问题。分析人员通过对标的公司的会计政策、会计估计等进行分析，来评估标的公司的信息披露质量，尤其关注财务报表中是否存在舞弊或盈余管理行为，从而提升财务分析结论的可靠性。

由于现有的账务处理规则是权责发生制而非收付实现制，导致财务报表中成本和收益与实际的收支存在差异。也就是说，公司为了计算会计期间的净利润，所记录的很多经济业务都是建立在一定的假设之上，而非实际发生，例如产品虽然已经销售给客户，但客户并没有向公司支付款项，这时候公司的账上记录了一笔"应收账款"，该应收账款"预期"会在信用期内收回，但"实际"情况却可能是客户违约，这笔款项成为坏账。由于净利润的计算过程会受到会计准则的广泛影响，会计分析的内容也非常丰富，涉及资产、负债、权益、收入、费用、利润等各个要素，分析人员不仅要遵循会计准则的要求，还要对内部控制、外部审计、法治环境等方面进行综合研判。

稻盛和夫曾经在中央电视台《对话》[○] 节目中向现场的企业家提出一个问题："您认为做企业最重要的是什么？"企业家们的答案五花八门，比如为股东创造价值，为客户提供高质量的产品和服务，为员工创造就业和提供机会，为社会承担责任等。但在稻盛先生看来，最重要的是做出利润来，如果没有利润，企业很多目标都可能无法实现。

利润来自哪里，在现实经济活动中也有很大差异。有些公司的利润可能来自特有的商业模式，尤其是百度、抖音这样的互联网公司；也有些公司的利润来自超强的管理能力和管理效率，比如沃尔玛这样的大型商业超市；还有些公司的利润可能来自其独特的专有技术或商业机密，比如华为、英伟达和可口可乐公司。因此，分析人员需要了解标的公司所处行业的发展历史及商业本质，还需要了解标的公司的业务、运营、技术、专利品牌等相关信息，以更好地洞察其现状和发展前景。

然而，有些公司的利润并非来自日常的经营活动，而是通过会计准则的运用来创造，例如将持有的自用物业用于出租，将原本应该计提折旧的资产重分类为投资性房地产，并采用公允价值计量。当房地产市场繁荣时，公司不需要计提减值，从而将原本应计提的折旧费用转变成了公司的利润。当然，公司还可以通过改变应收账款的坏账准备计提比例、变更存货发出方法或固定资产折旧及无形资产摊销方法、将理应列入利润表的研发开支予以资本化处理等手段，

○ 参见中央电视台《对话》节目《稻盛和夫的经营哲学》，2011 年 2 月 13 日。

来对报表进行一些美化处理。更恶劣的公司，则会通过收入造假等财务舞弊的手段来达到其目的。

3.2.1　财务报表舞弊

在所有的手段中，最为利益相关者所痛恨、也被监管者加以重点关注和严厉打击的，是上市公司通过舞弊的手段来创造利润。早在 1987 年，全美反舞弊性财务报告委员会就发布了第一份全美的反舞弊调查报告[⊖]，揭示了 20 世纪 80 年代美国上市公司常见的舞弊手段，包括不当的收入确认、资产高估、费用或负债低估、关联交易等，这些都属于排名靠前的不当行为。尽管此后美国监管部门采取了一系列的措施，但在资本市场上仍然不断出现一些损害投资者信心的财务丑闻，其中典型的案例如安然、世通、雷曼等，这些公司的财务丑闻都给投资者造成了巨大的损失。

1．安然丑闻

2001 年，美国资本市场发生了安然公司舞弊案件，甚至有一部纪录片《屋内聪明人》（*Enron: The Smartest Guys in the Room*）专门对此案件进行了揭秘。安然公司的前身是休斯敦天然气公司，在 1985 年通过收购扩大规模，并更名为安然，此后的 1985～2000 年安然公司发展迅速，2001 年 4 月在《财富》杂志"美国 500 强"榜单中排名第 7 位，这一排名超过了当时的市场明星 IBM。然而到了 2001 年 12 月 2 日，安然公司宣告破产，成为当时美国历史上规模最大的破产案，投资者的直接损失超过了 700 亿美元，员工则损失了 12 亿美元的养老金，退休人员损失 20 亿美元的养老金。

后来的调查显示，安然公司通过特殊目的实体（Special Purpose Entities，SPE）不纳入合并报表、通过与 SPE 产生关联交易来隐瞒负债、将"代理模型"处理为"商人模型"以扩大收入等一系列手段进行财务造假。

⊖　参见 Report of the National Commission on Fraudulent Financial Reporting, 1987。

在收入确认的会计处理中，以公司购入产品为例，假设公司从上游制造商手中购买产品并拥有商品的控制权，同时承担了出售商品以及回收款项的风险，按照会计准则的要求，产品的销售价格计入主营业务收入，购买成本则计入主营业务成本，这就是"商人模型"，即通过买卖价差来赚取利润。

还有一种业务，是通过向客户提供服务并收取佣金，比如早期有代理商为客户提供购买机票的服务，并从中收取手续费。对于提供服务的公司而言，因为没有真正承担拥有产品或服务、向客户收款的风险，因此服务提供者在确认收入时，是将交易佣金或经纪费作为收入，而不能将该项交易的所有价值（比如机票价格）作为收入，这就是"代理模型"。

安然公司出于创新等目的推出了"安然在线"项目，旨在通过在线平台进行能源和其他交易，其本质是安然公司作为中间商，促成商品或服务的交易，并从中收取佣金，理论上安然公司应按照"代理模型"来确认收入。然而，安然公司却按照"商人模型"将交易价格全额作为公司收入加以确认，从而夸大了公司的收入规模。这种手段虽然没有增加公司的利润，但大幅增加了公司的收入，而《财富》500强公司是以收入来进行排名的，仅仅这一手段就可以将公司在《财富》500强榜单中的排名大大提升。

（1）从分析的角度看，如何发现公司潜在的舞弊行为是一门学问。事实上，早在2001年3月，记者贝瑟尼·麦克莱恩就从安然公司的财报中发现了蛛丝马迹。作为资本市场的宠儿，安然公司的业绩表现远超同行，在案发前的五年间（1996～2000年），公司收入从1996年的132.89亿美元，一路飙升至2000年的1 007.89亿美元，相当于收入规模增长超过7.58倍，年复合平均增长率高达66%，这在增长缓慢的能源和公用事业行业（该行业的年增长率通常在2%～3%）非常罕见。在记者看来，公司的财务报表上并没有明显的诈骗线索，她的朴素想法是，公司究竟靠什么赚钱？然而，当她与公司的时任CFO安德鲁·法斯托（Andrew Fastow）进行数小时的交流之后，仍然得不到清晰的答案，于是写了一篇评论《安然股价是否高估》，结果一石激起千层浪，市场开始做出反应，股票价格不断下跌。到了2001年10月，安然公司发布第三季度财务报告，宣布公司亏损 6.18 亿美元，此后公司失去了投资者及债权人的信任，原本风光无限的公司在短时间内崩塌。

（2）从财务报表的角度看，能否看出公司存在舞弊的迹象呢？翻开安然公司 2000 年的年报，公司合并报表的收入总额为 1 007.89 亿美元，主要来自四个渠道：一是天然气运输与配送产生的业务收入 29.55 亿美元，占收入总额的 2.9%；二是批发业务产生的收入高达 949.06 亿美元，占收入总额的 94.2%；三是零售业务产生的收入 46.15 亿美元，占收入总额的 4.6%；四是其他业务收入以及公司间的内部交易冲销（其中勘探与生产 4.08 亿美元，公司内部冲销 −20.95 亿美元）等。仅仅从收入结构上看，占比最大的就是批发业务。但与收入规模不匹配的是营业利润，占收入比重最大的批发业务的利润额虽然有 16.68 亿美元，但利润率仅为 1.8%；占收入比重最小的运输与配送业务，利润率却高达 19.1%。尤其是在批发业务快速增长的背景下，分析人员必须对这部分收入的确认是否符合会计准则保持警惕。

（3）从盈利指标看，安然公司财务报表中列报的净利润从 1996 年的 5.84 亿美元，上升至 2000 年的 9.79 亿美元，按照趋势分析，相当于公司实现年均 16.9% 的增长，累计增长率更是高达 67.6%，而同期美国资本市场上最牛的公司之一是杰克·韦尔奇领导下的通用电气公司，而当时被称为"神奇"的韦尔奇，也仅仅将净利润增长率定在 15% 的水平，也就是说安然公司的净利润增长率已经超过了"神奇"的韦尔奇。然而，与收入相比，安然的利润增长还不足以让人惊叹，原因是同期安然公司的收入从 132.89 亿美元增加到 1 007.89 亿美元，相当于增长了 7.58 倍，这样算下来，安然公司的利润率出现了异常，即从 1996 年的 4.39% 降低到了 2000 年的 1% 左右。这一盈利水平远低于同行业的埃克森美孚、标准石油、壳牌等。

（4）从现金流量表看，公司经营活动产生的现金流量净额远高于净利润，表明公司盈利质量很好，但从 2000 年分季度财务报表看，安然公司在第四季度经营活动产生的现金流量净额为 46.79 亿美元，与全年经营活动产生的现金流量净额 47.79 亿美元相差无几，也就是说公司的现金流入主要来自第四季度。但从自由现金流量看（即经营活动的现金流减去投资活动的现金流中投资于经营活动的现金部分计算），安然公司连续多年呈现负值，其中1997年为−19.35亿美元，1998年为−23.25亿美元，1999年为−22.79亿美元，仅在2000年为正值5.15亿美元。从长期看，安然公司的估值主要由自由现金流量决定，当公司每年在报告巨额的负自由现金流量时，股价却一飞冲天，这与安然公司所处的能源行业的普遍特征严重不符。而根据年报附注显示，2000年安然公司来自经营活动的现金流量包含了55亿美元的存款，这部分资金是安然公司从其加利福尼亚电力公用事业客户处收取的现金，但其中有23.5亿美元必须在将来予以偿还。如果把这部分资金扣除，那么安然公司2000年的自由现金流量也是负值。从理论上说，当公司自由现金流量为负时，就需要通过资本市场或银行信贷来筹集资金以支持公司经营业务的正常开展。当安然丑闻爆发后，其信用级别被调至垃圾级，安然公司无法继续从资本市场上滚动融资，债权人和投资者迅速丧失了对公司的信心，安然破产也就是时间问题了。

当然，安然丑闻以及随后发生的世界通信公司丑闻，都可以从战略分析入手，也就是公司在做大做强的诱惑下，通过创新业务或并购来迅速做大，然而新业务的发展或并购整合并不顺利，公司为扩张又进行了大量融资，并在融资契约甚至是估值调整协议的约束下，公司管理层迫于压力开始在财务数字上动手脚，最终导致公司信誉破产、管理层锒铛入狱。在此背景下，美国国会和政府通过了《2002年上市公司会计改革与投资者保护法案》，即《萨班斯法案》，将公司治理及内部控制建设提升到了新的高度，并强化了对财务造假的惩治力度，希望借此重建投资者的信心。

几乎在同一时段，中国资本市场上也出现了类似的财务丑闻银广夏案件。媒体从业人员蒲少平通过简单计算银广夏的财务数据，发现公司的毛利率非常高，达到80%以上，这个数字明显偏离正常水平。等到他进行现场调研时，发现生产车间并没有繁忙景象，甚至连产品质量检测的实验室，门都是锁着的。2001年8月，《财经》杂志发表《银广夏陷阱》一文，公司虚假财务报告事件得以曝光。随后中国证监会迅速组织力量进行检查，结果发现公司在1998~2001

年，累计虚构销售收入超过 10 亿元，虚增利润 7.7 亿元。

在 2010 年之后，以浑水公司为代表的诸多做空机构，对经营地点主要位于中国、注册地位于海外、上市地在美国的所谓"中国概念股"进行了狙击。在此背景下，东方纸业、绿诺科技、东南融通等很多公司股价大跌甚至退市；2020 年发生的瑞幸咖啡财务造假事件，更是引起市场参与者的广泛关注，做空机构采用的现场调研、冒充客户与标的公司进行交流、将自然环境以及税务信息等与公司业绩紧密相关的数据进行加工等分析手法，为财务舞弊分析提供了新的视角。而因货币资金造假引起的康美、康得新虚假陈述案，更是引起市场热议，并引发监管部门对财会监督工作的关注。

2. 康美丑闻

近年来引起市场巨大关注的上市公司舞弊案例，莫过于康美药业案。康美药业股份有限公司（600518.SH，康美药业）主营业务为中药饮片、中成药、化学药剂等产品的生产、销售，公司实际控制人为马兴田、许冬瑾夫妇，公司股票于 2001 年在上海证券交易所上市交易，曾经是当仁不让的"千亿白马股"。

2021 年 11 月 17 日，广东省佛山市中级人民法院对康美药业原董事长、总经理马某某等 12 人操纵证券市场案公开宣判，其中马某某因操纵证券市场罪、违规披露、不披露重要信息罪以及单位行贿罪数罪并罚，被判处有期徒刑 12 年，并处罚金人民币 120 万元；⊖而此前的 11 月 12 日，广州市中级人民法院对康美药业证券集体诉讼案已做出一审判决，康美药业因年报虚假陈述侵权，需赔偿证券投资者损失 24.59 亿元，同时，马某某及 5 名直接责任人、为康美药业提供年报审计服务的广东正中珠江会计师事务所及直接责任人承担全部连带赔偿责任，独立董事等其他 13 名相关责任人按过错程度承担部分连带赔偿责任。这起案件也成为 2020 年 3 月 1 日起开始实施的新证券法后，具有中国特色的证券特别代表人诉讼制度在资本市场的首次应用，成为迄今为止法院审理的原告人数最多、赔偿金额最高的上市公司虚假陈述民事赔偿案件。

⊖   参见康美药业 2021 年 11 月 18 日发布的临 2021—096 号公告。

从会计资料看，自 2001 年上市以来，康美药业收入规模逐年增长，其中 2016 年年报披露的收入总额为 216.42 亿元，相较于 2001 年的 3.81 亿元增长了 55.80 倍，平均复合增长率超过 30%；2016 年净利润为 33.37 亿元，相较于 2001 年的 0.29 亿元增长了 114 倍，平均复合增长率超过 37%。从市场表现看，2001 年康美药业上市之初的市值仅 8.9 亿元，到 2015 年公司市值就突破 1 000 亿元，成为 A 股市场上首家市值突破千亿的药企。⊖ 2018 年 5 月 29 日，康美药业股价达到 27.99 元，公司市值达到 1 390 亿元的峰值。伴随着公司光鲜的业绩，市场参与者也对公司给予了更多的关注，公司不仅推行了股权激励计划，还曾多次实现巨额融资，仅 2016 年康美药业就发行了 3 笔短期融资券，融资金额共计 75 亿元，2017 年发行中期票据或短期融资券共 6 笔，金额为 110 亿元，2018 年发行中期票据或短期融资券超过 180 亿元。

随着公司市场表现的高歌猛进，媒体的质疑也如影随形。大家认为表现异常最明显的一个指标是"存贷双高"，即公司在披露大额货币资金余额的同时，还向银行等债权人大量借款，尤其是 2010 年以来，公司的期末货币资金余额与有息负债总额呈现同步增长的趋势，相关数据如表 3-2 所示。

表3-2 康美药业相关期间存贷情况　　　（单位：亿元）

年度	期末货币资金余额	有息负债总额	有息负债占货币资金比重	财务费用
2010	28	28	100%	1
2011	63	50	79%	2
2012	61	56	92%	3
2013	85	79	93%	4
2014	100	71	71%	4
2015	158	150	95%	4
2016	273	207	76%	7
2017	342	247	72%	10

资料来源：根据上市公司数据整理。其中，有息负债包括短期借款、长期借款、应付债券、一年内到期的非流动负债及其他流动负债等。表中数据经过四舍五入处理。

⊖ 参见 2022 年 MPAcc 案例"康美药业：一个不只是财务造假的故事"。

从表 3-2 可以看出，康美药业有息负债的增加导致财务费用也呈现不断上涨的趋势。财务费用包括利息支出和利息收入两部分，其中利息支出占利润的比重也逐年上升，以 2017 年为例，当年报表中披露的利息支出为 12.16 亿元，净利润为 40.95 亿元，也就是说利息支出占净利润的比重约为 30%。用最朴素的话说，管理层如果理性，仅用自有资金偿还有息负债，就可以显著提升公司的盈利能力。

公开数据显示，康美药业在 2010～2018 年货币资金收益率（＝利息收入 / 货币资金平均余额）在 0.63%～1.45% 之间，在案发前三年大约在 0.8% 左右，远低于 7 天通知存款利率，这表明公司的财务管理能力并不理想。从逻辑上看，公司只要对存款进行理财或进行其他定期处理，就可以提高利息收入，现实中公司没有这么做。站在分析的角度看，通过对比公司实际的货币资金收益率与 7 天通知存款利率的差异，就会产生疑问，公司账上的货币资金是否真实。

与此同时，将康美药业利息支出与存款利息收入进行比较，同样可以发现异常。从财务管理的角度看，存款的利率很低，贷款的利率很高，2011～2014 年间的贷款利率高达 7%，如此巨大的利差很难找到合理的解释。简单来说，在存贷利差超过 5% 的情况下，公司账上已经有数百亿元的存款，为什么还要花费巨额成本去借款数百亿元？

当然，理论上也可以为"存贷双高"现象找到某些合理的解释，例如在本外币利率差较大的情况下，公司借入利率较低的本币贷款，同时存入利率较高的外币存款来进行套利；再如由商业模式带来的问题，最典型的是供应链企业；此外，若公司旗下的子公司比较多，且不同业务模块的子公司盈利能力差异较大，就可能存在部分子公司存款较多、部分子公司贷款较多的情形，在合并报表中呈现出存贷双高的特征。但康美药业不同，早在 2010 年就已经有存贷双高的迹象了，当时公司合并报表范围内的子公司数量仅为 12 家，尽管到 2018 年康美药业的子公司数量增加了 10 倍以上，但在财务公司甚至司库管理较为盛行的背景下，公司却没有对子公司的货币资金进行合理安排，这在情理上也说不通。

在媒体质疑公司财务数据存在异常的情况下，公司的股价开始出现异动。

广东省证监局展开巡查，发现公司存在造假嫌疑。2018 年 12 月 28 日，中国证券监督管理委员会决定对康美药业立案调查，后来证实公司账上仅 2017 年年报中就有 299 亿元的货币资金子虚乌有，公司近三年累计货币资金造假的金额接近 1 000 亿元。根据 2019 年 4 月 30 日康美药业公布的 2018 年年报以及同时发布的《关于前期会计差错更正的公告》，通过企业自查后，对 2017 年财务报表进行重述，由于公司采购付款、工程款支付以及确认业务款项时的会计处理存在错误，造成公司应收账款少计 6.41 亿元，存货少计 195.46 亿元，在建工程少计 6.32 亿元；由于公司核算账户资金时存在错误，造成货币资金多计 299.44 亿元。公司在确认营业收入和营业成本时存在错误，造成公司营业收入多计 88.98 亿元，营业成本多计 76.62 亿元。公司在核算销售费用和财务费用时存在错误，造成公司销售费用少计 5 亿元，财务费用少计 2 亿元。由于公司采购付款、工程款支付以及确认业务款项时的会计处理存在错误，造成公司合并现金流量表销售商品、提供劳务收到的现金项目多计 102 亿元，收到其他与筹资活动有关的现金项目多计 3 亿元等。至此，康美药业财务报表的造假面纱被一步步揭开，也让相关责任人面临同时承担刑事和民事责任的严重后果。

康美药业的案例，在一定程度上表明，媒体具有很好的监督作用。如果说通过一些简单的财务指标，就可以洞察出公司财务数据的异常，那么作为专业的注册会计师、证券分析师却无法及时发现，确实值得反思。

3. 学者研究

很多学者对财务舞弊的话题非常感兴趣，并通过不同渠道发表了研究成果。以中央财经大学的刘姝威教授为例，其将通用的财务分析框架予以应用，发现了蓝田股份的造假迹象。2001 年，刘教授应约写一本《上市公司虚假会计报表识别技术》的书 ⊖，因为需要用案例来说明，她开始注意上市公司的财务报表。2001 年 10 月 8 日，蓝田股份发布一份公告，阐述公司正在接受中国证监会对有关事项的调查，提请投资者注意投资风险。在此背景下，刘教授从 10 月 9 日开

⊖　综合中央电视台对刘姝威的采访以及全国 MPAcc 教学案例库《蓝田股份》整理。

始，根据公开资料对蓝田股份的财务报表进行分析，得出的基本结论是，蓝田股份已经失去了创造现金流量的能力，完全依靠银行的贷款来维持经营，而公开数据显示，银行已经给公司提供了 20 亿元的贷款。2001 年 10 月 26 日，刘教授撰写了一篇《应立即停止对蓝田股份发放贷款》的小文章，并发表在《金融内参》上。她是站在金融的角度来看公司的，因此比较关注流动比率、速动比率等偿债能力指标，根据分析，发现蓝田股份 2000 年的流动比率为 0.77，说明短期可转换成现金的流动资产，不足以偿还到期流动负债（对健康的企业而言，流动比率通常情况为 ≥2）；速动比率仅为 0.35，说明扣除存货后，蓝田股份的流动资产仅能偿还 35% 的到期流动负债（速动比率通常情况为 ≥1）；净营运资金（＝流动资产－流动负债）为 −1.3 亿元，说明蓝田股份将不能按时偿还 1.3 亿元的到期流动负债。此外，蓝田股份当年确认的农副水产品收入高达 12.7 亿元，这一收入有造假嫌疑；资产的结构也是虚假的，其中存货占流动资产百分比高于同业平均值约 3 倍；固定资产占资产百分比高于同业平均值 1 倍多；在产品占存货百分比高于同业平均值 1 倍。

2002 年 1 月 3 日，刘教授提供了更详细的文字报告《蓝田之谜》，递交给有关方面，引起媒体和有关部门的高度关注。2002 年 1 月 12 日，蓝田股份因涉嫌提供虚假财务信息，相关人员被公安机关拘传接受调查，高管受到公安机关调查、公司资金链断裂并受到中国证监会深入稽查，曾经的农业上市绩优股神话也走向终结。2002 年 5 月 13 日，蓝田股份对财务报表进行了追溯调整，因连续三年亏损，公司暂停上市；2003 年 5 月 23 日，公司终止上市。蓝田股份的实控人、部分高管等也因提供虚假财务报告、虚假注册资金等罪，被判处 1 年半至 3 年的有期徒刑。

与刘教授对个案公司的分析不同，近年来一些学者通过资本市场大样本的分析，来揭示财务舞弊的最新动向，比如 2022 年，厦门国家会计学院的叶钦华、黄世忠等对中国资本市场多个时段的上市公司财务舞弊样本进行了分析[○]，

○ 叶钦华，黄世忠，叶凡，等 . 严监管下的财务舞弊分析：基于 2020～2021 年的舞弊样本 [J]. 财会月刊，2002（13）：10-15.

认为收入舞弊、费用舞弊、货币资金舞弊、成本舞弊、资产减值舞弊等是排名靠前的舞弊手段，在会计操纵方面，主要表现为上市公司管理层通过选择对自身更有利的会计判断，以达成操纵业绩的目标，其中最为常见的手段，就是提前确认收入。此外，中国财务舞弊研究中心还开发了智能预警系统，综合利用计算机视觉、自然语言处理（NLP）、大数据及云计算等信息技术手段，结合学者与专家的专业技术，从包括财务税务、公司治理、内部控制、行业业务和数字特征在内的五个维度，搭建了一个针对上市公司是否存在财务舞弊的智能评价与实时预警系统。

4．监管要求

监管部门也对财务舞弊保持严格监管的态度。2023 年 2 月，中共中央办公厅、国务院办公厅联合发文《关于进一步加强财会监督工作的意见》，并将"加强对会计行为的监督，提高会计信息质量"作为重要内容予以强调，加大"严厉打击财务会计违法违规行为"等重点领域的财会监督力度。2023 年 3 月 17 日，我国财政部网站发布了"财政部对德勤和华融依法做出行政处罚"公告，信息显示："华融 2014～2019 年不同程度存在内部控制和风险控制失效、会计信息严重失真等问题。德勤未充分关注华融多项经济业务实质，未穿透审计底层资产真实状况，对重大投资事项忽略审批合规性……存在严重审计缺陷。"这给行业敲响了警钟。2024 年 6 月 28 日，全国人民代表大会常务委员会做出关于修改《中华人民共和国会计法》的决定，其中将第二十七条改为第二十五条，强调在"各单位应当建立、健全本单位内部会计监督制度"后增加"并将其纳入本单位内部控制制度"。这意味着财会监督和内部控制相关要求进入了正式的法律文件。可以预见，随着财会监督工作的力度加大，横向协同、纵向联动的监督格局逐步形成，会计信息质量有望得到实质性的提升。

需要指出的是，在美国安然事件案发后，公司的很多高管锒铛入狱；在我国的康美药业虚假陈述案后，公司的实控人及董事、监事、高管们在受到中国证监会行政处罚的同时，还分别承担了数十亿元的民事赔偿责任，以及最高 12 年的刑事处罚。应该说，财务舞弊带来的后果非常严重，但从实践中看，得到曝光的舞弊案例仍是少数，报表阅读者需要拥有发现舞弊的"一双慧眼"，通过选取指标甚至搭建模型来及时识别潜在的舞弊风险；而实施舞弊的人员，也应该充分意识到造假带来的严重后果，仔细权衡，慎重决策；至于其他市场主体，则应该引以为戒，秉承诚信理念，努力做到数字真实。

3.2.2　盈余管理

盈余管理（Earnings Management）是影响财务报表质量的另外一种常见的行为。只不过这种行为不同于财务报表舞弊，也不等同于高估利润，而是公司的管理层出于某个预定的目标，对利润数据进行管理或粉饰的行为。

自 20 世纪 80 年代以来，理论界对盈余管理行为进行了大量的研究，并形成了丰富的成果。从盈余管理的实践看，有"洗个大澡"的做法，或者是"让它一次亏个够"，最常见的是公司管理层进行换届时，新任管理层为了轻装上阵，通常会一次性处理很多的历史遗留问题，比如大幅计提减值，将不良资产进行一次性清理等。如果在上任当年"洗个大澡"，那么后续年份就有机会做出相对好的业绩。除了"洗个大澡"，盈余管理还会出现收益最大化、收益最小化、收益平滑等各种做法，学术上也对这些管理层的做法进行了一些合理的解释。

对公司及其董事、监事、高管而言，进行盈余管理的动机最常见的解释，有薪酬契约假说、债务契约假说和政治成本假说。[一] 例如，上市公司与管理层签订了一个契约，如果达到相应的业绩指标，就能够拿到价值不菲的"分红"，然而按照正常的经营业务开展，某个指标（比如收入）无法达标，这时候，管理层为了得到"红包"，就有可能对收入动手脚，比如把商品发给朋友所在的公司，做成"收入"。再如，公司与银行签订了一份贷款合同，合同规定公司的流动比率、营运资金必须保持在既定的水平之上，然而公司的经营业绩并不理想，为维持公司正常经营承担了较多的负债，导致相关指标存在违约的可能，这时候公司就会"人为地"将负债降下来，例如，雷曼兄弟就曾经通过将"抵押融

㊀　斯科特 . 财务会计理论 [M]. 陈汉文，鲁威朝，黄轩昊，等译 . 北京：中国人民大学出版社，2018.

资"业务处理为"真实出售"业务，在资产负债表日，通过回购协议将问题资产"出售"给第三方金融机构，获得短期资金以偿付债务，从而在报表日将财务杠杆降下来。

当然，公司还可能会出于规避监管的动机对财务数据进行管理。举个简单的例子，在我国资本市场建设初期，上市公司进行再融资或配股有一些"门槛"，其中之一是过去三年净资产收益率不得低于10%，且任何一年不低于6%，在这种情况下，有学者对上市公司年报信息进行了整理，结果发现很多公司的净资产收益率集中在10%～11%，这就是典型的盈余管理行为。

此外，公司还可能因为收购兼并活动中涉及的对赌协议、股权激励计划中涉及的业绩增长目标、不同国家或地区之间的税收负担差异等，对盈余进行管理，以避免触发不利情形，报表阅读者应对可能引发盈余管理的动机、管理层可能采取盈余管理的手段进行适当的关注。

翻开资产负债表，其实表中很多项目都有人为判断的成分。例如"货币资金"，公司在国际化的过程中，可能会持有不同币种的银行存款，这些存款应该按照哪个汇率进行折算列报？采用不同时点的汇率、针对不同币种持有不同的头寸及形式等，都会涉及职业判断。再如"应收账款"，其列报的过程中会"假设未来能够收到"这些客户欠款，但现实生活中可能会出现客户违约的情形，违约的概率是多少、违约后能够收回多少、什么时候能够收回，同样涉及职业判断，因为收不到欠款，所以应收账款需要计提坏账准备，但计提多少却有操作的空间。此外，公司持有的金融资产，会涉及估值的问题，是采用摊余成本计价还是采用公允价值计价？若采用公允价值计价，是按照市场报价还是通过模型进行估价，都会影响报表上的最终数值。因此，会计分析的内容是非常丰富的，需要对会计制度、会计准则、会计政策、会计估计等方面有一定的了解。

万达集团的创始人王健林先生在接受媒体采访时，被记者问了一个非常尖锐的问题："万达地产的资产负债率超过90%，公司的风险是否过高？"○ 王健林

○　参见 2012 年 10 月 14 日第一财经《波士堂》节目"万达集团董事长王健林"。

的回答很有趣，"这个数字不准确，真正的分析，应该考核净负债率。"在他看来，按照我国的财务会计制度的规定，资产通常按照历史成本计价而非公允价值；同时，负债也应予以区分，因为有些项目虽然名为负债，实际上并不需要公司拿出真金白银来偿付。简单模拟一下，公司在年末的报表上有 100 亿的资产，同时有 90 亿的负债，如果不进行技术处理，公司的资产负债率是 90%，但这个计算结果决策者并不能直接拿来用。

第一，位于分母的资产可以进行调整。例如，万达在上海市的五角场地区有一个万达广场，报表中该资产的入账价值历史成本为 25 亿元，预计使用寿命 50 年，假设该资产没有残值，已经使用了 10 年，每年计提折旧 5 000 万元，累计折旧 5 亿元，则资产负债表上该项资产的账面净值为 20 亿元。然而，现在把这个广场出售，可能市场报价超过 200 亿元，这 200 亿元的市场价值才是决策时的关键信息。

第二，位于分子的负债也可以进行调整。万达的很多物业是出租给第三方商户的，这些商户在签约之后会预付一部分租金。这部分租金在万达的报表中反映为负债，但这部分负债却不用偿付，而是随着时间的流逝转化为公司的收入。假设这部分预收租金为 20 亿元，则位于分子的负债就可以扣减 20 亿元。

第三，用调整后的数据计算指标。原位于分子的"负债"金额为 90 亿元，现在需要扣减预收的租金 20 亿元，得出"调整后"的负债为 70 亿元；原位于分母的"资产"金额为 100 亿元，现在其中的"20 亿元"万达广场应该调整为 200 亿元，那么"调整后"的资产就是 280 亿元。用调整后的负债与资产进行计算，新的资产负债率就变成了 25%，远远低于调整前的 90%。

显然，这是一个典型的会计分析问题，也就是说，报表上的数据不能简单地拿来就用，而应该进行适当的调整。只不过这种调整，需要有坚实的事实基础和法律依据，如果过度调整，报表也就失去了通用的目的。对于专业人士而言，可以根据事实，结合自身的职业判断，对报表数据进行合理的加工，以利于做出更符合事实的判断。

H公司会计分析案例[⊖]

H公司是美国的一家上市公司，成立于1884年，最初是以合伙形式存在，1910年进行了公司制改制，1929年在美国纽约证券交易所上市，2001年申请破产保护，后被其子公司重组。

在其100多年的发展历史中，发生在20世纪80年代的事情引起了市场的广泛关注。由于公司的主要业务之一是提供建造设备、采选及电力设备等，在20世纪70年代因机械行业发生爆炸式增长，公司也在行业的繁荣大潮中经历了快速增长，销售收入规模从1977年的2.05亿美元增至1980年的6.44亿美元。公司增长所需的资金主要依赖负债融资，从财务报表看，H公司的负债/权益比率从1973年的0.88上升至1980年的1.26。在经济繁荣时期，通过放大财务杠杆固然能够让公司取得杠杆效益并放大股东收益，然而在经济衰退时期却会带来截然相反的效果。

伴随着20世纪80年代初世界范围内的经济衰退，H公司的产品在1981年开始面临需求下滑的窘境，并对公司财务稳健性产生冲击。销售下滑、高利率带来的财务负担，导致公司的业绩表现糟糕，1982年公司确认的亏损金额为7 700万美元。雪上加霜的是，在高油价、原油需求萎缩、价格下滑、能源相关产品需求显著放缓的背景下，市场上的基本有色金属产品如铁矿石、煤炭等出现供给过剩，进而直接导致H公司采矿设备的销售减少，而糟糕的宏观经济状况，也导致很多客户削减了资本开支，影响H公司未来的销售增长预期。

H公司的发展很大程度上依赖于银行借款。根据公司与银行签订的协议，要求公司维持最低1.75亿美元的营运资本，合并资产负债表中净资产的金额不低于1.8亿美元，流动比率不低于1.75。然而，1982年10月31日，公司将1.15亿美元的长期负债重分类为一年内到期的流动负债后，公司的营运资本仅剩下2 930万美元，经营亏损导致合并资产负债表中净资产金额也降至

⊖　本案例根据哈佛商学院1997年案例"Harnischfeger Corporation"改写，并结合上市公司年报加以分析。

1.422 亿美元，流动比率（＝流动资产 / 流动负债）仅为 1.12，也就是说公司因财务状况的恶化，导致所有债务契约关键指标出现违约，由此也带来较为严重的后果，比如违约导致债权人要求公司提前偿还长期债务 1.243 亿美元，与银行签订的滚动信用额度 2 500 万美元被银行取消，尚未使用的银行短期信用额度 1 200 万美元也被取消，为客户提供机械设备融资的金融子公司 2 510 万美元的债务需要提前偿还，公司被迫停止支付股利，并开始与债权人谈判，期望通过债务重组来让公司得以持续经营。当年负责审计的普华会计师事务所也因为公司与债权人谈判这一事件的影响，对 H 公司 1982 年的年报出具了保留意见。

在此背景下，H 公司开始了转型之路，公开资料显示已经采取了以下四个方面的举措：一是对公司高管层进行了更换，包括 CEO、COO、CFO 在内的很多岗位都进行了人员调整；二是削减成本以试图降低公司的盈亏平衡点，包括将公司员工人数从 6 900 人裁减至 3 800 人，取消管理层的分红，减少福利开支并冻结授薪，对小时制员工的薪酬也暂时冻结，将公司持有的多余存货变现并延期支付供应商的货款，永久关闭公司位于密歇根州的建造设备厂等；三是公司业务重组，比如与日本的 Kobe 钢厂签订长期协议，由其根据公司要求提供建筑设备以在美国出售，从而显著降低其制造成本，同时决定将资源更多投入到公司高科技部门的业务中，并创建工业科技部，以寻求新的经济增长点；四是公司财务重组，包括债务重组和再融资计划，其中，1984 年 1 月，公司与债权人达成协议，重组其债务为含 1 年扩展期权的 3 年期贷款，并由固定资产及其他资产担保，协议同时要求公司需要满足特定的一些指标，比如最低水平的现金、应收账款、营运资本和净资产等。

上述转型措施看似取得了不错的效果，从财务报表看，H 公司相关期间的经营成果发生了根本性的改变，如表 3-3 所示。从表中可以看出 H 公司 1984 年扭亏为盈，每股收益也从上年的 −3.49 美元，上升至本年的 1.28 美元。

表3-3　H公司相关期间经营成果　　　　　（单位：亿美元）

项目	1984年	1983年	1982年
收入总额	4.06	3.24	4.53
减：销售成本	3.15	2.61	3.66
营业利润	0.91	0.63	0.86
减：产品开发、销售及管理费用	0.72	0.86	1.13
利息费用	0.13	0.10	0.19
工厂关闭准备	0.00	0.00	0.24
利润总额	0.06	−0.33	−0.70
所得税	0.02	−0.01	−0.02
权益项目及会计变更累计效应前的利润	0.04	−0.31	−0.68
权益项目影响（投资收益等）	0.01	−0.03	−0.08
会计变更累计影响前的利润	0.05	−0.34	−0.76
折旧方法变更带来的累计影响	0.11	0.00	0.00
净利润	0.16	−0.34	−0.76
每股收益（美元/股）	1.28	−3.49	−7.64

资料来源：根据H公司年报整理。

从表3-3可以看出，H公司利润增长更多是源于会计政策或会计估计的变更，其中仅仅折旧方法变更带来的累计影响就达到了1 100万美元。翻开公司年报及相关附注，公司管理层采取的措施中有以下内容值得关注。

（1）与日本Kobe钢厂的交易。H公司从Kobe钢厂购买产品，并出售给第三方，这部分收入包含在公司的销售收入总额中，公司给出的理由是，将非核心产品生产外包，以更好地关注公司的核心实力。根据会计政策，这部分收入仅将毛利计入销售收入总额，而1984年则在账务报表中将交易产生的收入以及与之相关的成本分别列示，这对报表而言不会影响当年的经营利润，但会导致公司的整体毛利率下滑。1984年该交易收入和成本金额均为2 800万美元；

（2）折旧方法变更。H公司原本采用加速折旧法，1984年公司将其调整为直线法，并追溯运用于所有资产，这一变更导致折旧费用减少，同时增加税后净利润1 100万美元。公司给出的理由是，此前采用的加速折旧法较为激进，现在采用的直线法与行业惯例保持一致。

（3）增加部分资产的折旧年限并调整固定资产的残值。这一举措导致增加税前利润320万美元，公司给出的理由是，在高利率环境下，公司保持了扩张的态势，在当前的市场环境中，利率存在下降趋势，且公司的重型机器的变现能力会加强。

（4）对养老金计划所涉及的假设予以调整。根据H公司的预测，养老金的收益率将逐年增加，从1982年的7.5%调整至1983年的8%和1984年的9%，据此可以减少公司的养老金开支，大约为300万美元。公司认为，领薪人员养老金计划的价值已经超过了美国法律规定的最低标准，超过部分可能是因为养老金组合的预期股票市场回报较高，因此公司决定终止现有计划，并制订一个新计划，这一举措使2 930万美元的现金转回公司，按照10年进行摊销，每年影响公司利润约293万美元。

（5）存货计价方法予以调整。H公司将采用后进先出法进行会计核算的存货予以变现，从而导致1984年的净利润增加约240万美元。举个简单例子，公司的存货账面价值为100元，市场交易的公允价值为120元，这意味着存货的价值增加了20%，一旦将存货变现，就可以将20元的收益变现。H公司对此给出的解释是，为保持较低的存货水平，对一些存货资产予以变现，以体现公司良好的存货管理能力。

（6）其他调整。例如，降低坏账准备的计提比例，从1983年的11.3%降至1984年的8.4%，从而导致坏账费用减少了150万美元；变更控股子公司的财政年度，如将某些外国子公司的年报时间从7月31日变更为9月30日，从而在合并报表中增加这些子公司2个月的收入，影响540万美元的销售额；减少研发费用的开支比例，1983年的老政策是按销售收入的3.77%来列支研发费用，1984年这一比例调整为1.28%，据此影响研发费用减少910万美元。

由于前述6项会计政策及会计估计调整的影响，导致公司的收入总额、净利润等有高估之嫌。具体如表 3-4 所示。

表3-4　H公司1984年因会计政策及会计估计变更带来的盈余管理效应

（单位：美元）

项目	金额	每股收益
公司年报中的净利润	15 176 000	1.28
因销售日本Kobe钢厂设备的收入确认对利润带来的影响	0	0.00
子公司财政年度变更带来的影响	638 000	0.05
折旧方法变更带来的影响	11 005 000	0.93
养老金变更带来的影响	2 829 600	0.24
设备折旧年限变更带来的影响	3 200 000	0.27
存货计价方法的变更带来的影响	2 400 000	0.20
扣除盈余管理影响后的净利润	−4 986 600	−0.41

资料来源：根据哈佛商学院1997年的案例以及H公司的年报信息整理。

从表中可以看出，公司并不是在经营上有了本质性的转变，1984年的账面盈利，主要是因为公司对会计政策及会计估计进行了调整，也就是说新任管理层，仅仅通过盈余管理的行为，就可以将公司从亏损转为盈利，扭转公司的形象。

需要说明的是，H公司1984年通过外包方式，从日本Kobe钢厂购买设备，再出售给美国客户，当年该类交易产生的收入总额为2800万美元，由于成本也是2800万美元，因此该类交易对公司利润的影响净额为0，意味着公司的商业模式发生了变化，即公司由设备生产商转变为设备贸易商，分析人员应关注到这种商业模式的变化及其潜在影响。

3.3　财务分析：盈利能力和偿债能力

在会计分析的基础上，可以得出数据是否真实或歪曲的结论，也为进一步的财务分析奠定了基础。财务分析的一般目的是，根据财务报表的数据来评估公司在既定的目标和战略下具体的绩效表现，内容涵盖比率分析、现金流量分析等，在此基础上对公司过去、现在和未来的盈利能力和增长趋势做出评价和预测。

从分析框架上看，公司的盈利能力和偿债能力影响因素有很多，但通常取决于该公司为客户、为社会解决问题的能力。具体落脚点则放在产品市场和金融市场两个维度，其中，产品市场与公司所在的行业、竞争战略、具体的经营管理能力和资源配置能力紧密相关，而金融市场则与公司的融资策略及股利政策密不可分。分析人员通常会结合分析目的来选择或构建相应的指标，对公司的经营、投资、筹资、股利政策以及管理层的受托责任履行情况进行洞察。分析的内容涵盖如何建立客户的信任并不断提升收入规模、对成本费用的管控能力、对支撑正常经营活动所必需的营运资本和必要的长期资产投资的管理能力、对负债和权益的结构管理、对利益相关者诉求的关注和回应等，但分析的重点往往与公司的盈利能力和偿债能力紧密相关。

在前文所述的 H 公司案例中，尽管公司经营业绩的改善源自会计政策及会计估计的变更等盈余管理行为，但仍然取得了很好的效果。公司通过公开发行215 万股普通股、5 000 万美元 15% 年利率的 10 年期票据、1 亿美元 12% 年利率的 20 年期次级债券以及 200 万股普通股的认股权证等，公司在扣除融资费用后筹集了 1.49 亿美元的净资产，再加上额外的 2 300 万美元的现金，公司就能够偿付所有的长期债务，从而让公司在财务资源的结构和灵活性方面有了明显的改善，也为公司未来的持续增长及多元化奠定了基础。换句话说，在新管理层的努力下，通过改善以净利润或每股盈余为代表的盈利能力，为公司再融资奠定了基础，进而为公司走上良性发展道路提供了机会。此外，公司还与 10 家美国及加拿大的银行达成了新的协议，协议约定这些银行将为 H 公司提供 3 年期的无担保滚动信用额度 5 200 万美元；与此同时，H 公司与美国一家主要银行也签署了一份协议，该银行将为购买 H 公司特定产品的客户提供额度为 8 000万美元的融资。显然，公司的财务困境因盈利能力的改善而得以缓解，当银行愿意为公司的发展背书时，也意味着公司的偿债能力得到了银行的认可。H 公司相关期间的财务状况如表 3-5 所示。

表3-5 H公司合并资产负债表简表 （单位：亿美元）

项目	1984-10-31	1983-10-31
流动资产：		
现金及短期投资	0.96	0.64
应收账款	0.88	0.64
存货	1.44	1.54
其他流动资产	0.21	0.33
流动资产合计	3.49	3.15
非流动资产：		
长期投资等	0.27	0.15
固定资产	1.89	1.93
累计折旧	−0.93	−1.08
非流动资产合计	1.23	1.00
资产总计	**4.72**	**4.15**
流动负债：		
应付票据	0.09	0.08
应付账款	0.38	0.21
应付职工薪酬	0.15	0.14
应付所得税	0.02	0.03
预收款项	0.21	0.16
其他流动负债	0.32	0.61
流动负债合计	1.17	1.23
长期负债：		
长期借款	1.29	1.39
递延所得税负债等	0.69	0.27
其他非流动负债	0.08	0.15
长期负债合计	2.06	1.81
负债合计	3.23	3.04
所有者权益：		
股本	0.24	0.20
资本公积	1.14	0.88
留存收益	0.20	0.06

（续）

项目	1984-10-31	1983-10-31
累计汇兑调整	−0.11	−0.05
少数股东权益	0.02	0.02
所有者权益合计	1.49	1.11
负债和所有者权益总计	4.72	4.15

资料来源：根据上市公司年报整理。H公司的财政年度结束于每年的10月31日。需要说明的是，本处H公司是一家美国上市公司，为了简化表述，对表中数据进行了处理，反映的是H公司1984年的财务状况，因此相关会计科目与时下中国的报表科目有差异。

根据表 3-5 的数据，分析人员可以简单计算常用的偿债能力指标，比如资产负债率、流动比率、速动比率、营运资本等。当公司的权益增加幅度超过负债增加幅度时，公司的资产负债率就会下降。相对应地，为迎合债权人的要求，公司也会有意识地对贷款合同中一些明确的财务指标进行管理，H 公司部分偿债能力指标如表 3-6 所示。

表3-6   H公司部分偿债能力指标

指标名称	计算公式	1984年	1983年
资产负债率	负债总额/资产总额×100%	68%	73%
流动比率	流动资产/流动负债	2.98	2.56
速动比率	速动资产/流动负债	1.75	1.31
营运资本（亿美元）	流动资产−流动负债	2.32	1.92

注：速动资产的简化计算，是将流动资产中无法快速变现的存货扣除得来。

从表 3-6 可以看出，H 公司的偿债能力指标有所改善，作为一家制造类企业，原则上资产负债率不得高于 70%，流动比率不得低于 2，速动比率不得低于 1。简单看来，H 公司的指标均能达标，即使按照以前与债权人签订的协议约定条款，营运资本不低于 1.75 亿美元，流动比率不低于 1.75，H 公司的指标也全部达标。这意味着随着经营业绩的好转，公司的偿债能力也得到了实质性的改善，重新取得债权人的信任并获得滚动贷款支持等，均是情理之中的事情。

如果把公司看作一系列契约的集合，债务契约只是其中之一，进行偿债能力的分析也仅仅是财务分析众多模块中的一部分。站在股东的视角，则更多关注公司的盈利能力，因此盈利能力分析是财务分析另一个关注的焦点。

常用的盈利能力指标有很多，比如每股收益（EPS），这也是用于股票估值非常重要的一个要素，衡量的是股东所持有的每一股普通股在某个会计期间所赚取的利润，在商业世界中被广泛采用。此外，投资回报率、净资产收益率、总资产收益率、毛利率、净利润率、股息支付率等指标都在不同场景下被广泛运用于公司的盈利能力评价。结合 H 公司的合并利润表（见表 3-3）和合并资产负债表（见表 3-5），可以计算并分析 H 公司的盈利能力及其变化情况，如表 3-7 所示。

表3-7　H公司部分盈利能力指标

指标名称	计算公式	1984年	1983年
毛利率	（期内毛利/营业收入）×100%	22.41%	19.44%
净利润率	（期内净利润/营业收入）×100%	3.94%	−10.49%
净资产收益率	净利润/加权平均净资产×100%	12.31%	−26.56%
总资产收益率	净利润/期末总资产×100%	3.39%	−8.19%

注：表中毛利的简化计算，可以用收入−成本得出；加权平均净资产简单采用（期初+期末）/2得出。

从表 3-7 可以看出，H 公司的盈利能力也得到了实质性的改善，由于 1983 年亏损、1984 年盈利，直观上公司已经扭亏为盈，表明公司具有了初步的"进攻"能力，但考虑到一年亏损、一年盈利，严格意义上两者并不能直接比较，因此分析人员应结合更长时间的趋势，以得出更为可靠的结论。

需要说明的是，以每股收益来衡量 H 公司的盈利能力，即使考虑表 3-4 中对盈余管理行为的调整，调整后的 1984 年每股收益为 −0.41 美元，这一数字相较于 1983 年的 −3.49 美元和 1982 年的 −7.64 美元，仍然呈现出向好的发展趋势，这表明 H 公司的经营状况在实实在在的改善，只不过管理层通过一系列盈余管理行为得出的 1.28 美元的数字更为好看而已。

无论是偿债能力还是盈利能力，都属于财务分析中"盲人摸象"的一个部分。通常情况下盈利能力的改善会带来偿债能力的增强，而偿债能力往往在很大程度上取决于盈利能力，因此在实务中，很难将不同的指标截然分开。此外，每种能力的分析往往并不局限于一个指标，当多个指标之间呈现出相同的变化趋势时，比如在对 H 公司的分析中，分别选取了四个指标来衡量偿债能力（见表 3-6）、盈利能力（见表 3-7），尽管这些指标的计算参数不同，但得出的结论是一致的，即通过管理层的努力，尤其是重组活动的有效开展，公司的偿债能力和盈利能力都得到了不同程度的改善。然而，在有些场景下，衡量公司绩效的不同指标可能会产生矛盾的结论，例如，毛利率虽然改善了，但净利润率却下降了，或者与之相反，这时候就需要报表阅读者进行更深入的解析，并通过数据挖掘得出更为谨慎的结论。以福耀玻璃 2020～2022 年的数据为例，尽管公司的毛利率在逐年下降，但净利润率、加权平均净资产收益率、总资产收益率却在逐年上升（见表 3-8）。

表3-8   福耀玻璃相关期间盈利能力指标

指标名称	2022年	2021年	2020年
毛利率	34.03%	35.90%	36.50%
净利润率	16.91%	13.32%	13.05%
加权平均净资产收益率	17.65%	12.96%	12.06%
总资产收益率	9.36%	7.02%	6.76%

显然，在选取的四个指标中，除了毛利率在下降，其他三个指标都在上升，可以看出福耀玻璃的盈利能力总体呈现出向好趋势。如果将这些指标赋予不同的权重，或者结合行业特征选取某个更具代表性的指标，那么对盈利能力向好的结论就需要持谨慎态度。也正是因为不同的利益相关者在不同的场景下依据不同的契约条款，可能会采用不同的财务指标，所以管理层也就有了盈余管理的空间。报表阅读者一方面应该了解不同指标的适用条件及其局限性，另一方面也要对每个指标增减变动的原因加以了解和分析，从而得出更为客观的结论。

福耀玻璃作为上市公司，其信息披露较为公开透明，在年报的相关部分也对指标变化进行了说明，以利于报表阅读者更深入地理解公司状况。以 2022 年年度报告为例，公司明确表示，本报告期毛利率为 34.03%，相较于 2021 年 35.90% 的水平下降了 1.87 个百分点，主要为能源和纯碱的价格上涨影响，其中能源同比涨价人民币 4.15 亿元，影响毛利率同比减少 1.48 个百分点；纯碱同比涨价人民币 1.84 亿元，影响毛利率减少 0.65 个百分点。以 2021 年年度报告为例，2021 年毛利率 35.90% 相较于 2020 年 36.50% 的水平下降了 0.6 个百分点，主要为海运费和纯碱的价格上涨影响，其中海运费同比涨价人民币 2.31 亿元，影响毛利率同比减少 0.98 个百分点，纯碱同比涨价 1.07 亿元，影响毛利率减少 0.45 个百分点。

显然，从 2020～2022 年三年的数据来看，福耀玻璃的毛利率呈现下降的趋势，主要是因为公司的成本上涨所致，而每一年的成本影响因素又存在不同，因此，报表阅读者可以进一步将包括海运费、纯碱、能源在内的成本影响因素结合起来，并结合各因素增减变动的趋势，对公司的毛利率变化趋势进行预测。由于成本往往会涉及公司的商业机密，公司并不会进行全面的披露，这时候，报表阅读者就可以发挥行业专长的优势，最好进行实地调研，并结合各成本影响因素的变化趋势展开更为深入的分析。

实践中，根据关注点的不同，报表阅读者采用的指标通常既有金额的分析，如利润总额、资产总额、营运资本等，也有比率的分析，如资产负债率、流动比率、速动比率等。此外，很多公司还会在年报中披露 3 年或 5 年的相关财务指标的变动情况，这可以为报表阅读者进行趋势分析提供依据，通过对比 5 年、10 年甚至更长时间的趋势变动，可以得出公司与以前年度、行业、市场相比的变化。例如，股神巴菲特所在的伯克希尔 - 哈撒韦公司，每年年报中的第一页，就是自 1965 年以来公司股票每股市值表现与标准普尔 500 指数的比较，数据显示该公司在绝大多数年份的表现都好于标准普尔 500 指数，一定程度上说明公司具有长期战胜市场的能力。以 2020 年年报为例，从回报上看，1965～2020 年间伯克希尔 - 哈撒韦公司的年复合收益率为 20.0%，是同期标准普尔 500 指数年复合收益率 10.2% 的近两倍；总体回报的差异更大，1964～2020 年间伯克希尔－哈撒韦公司的总体回报为 2810526%，同期标准普尔 500 指数仅为 23454%。

市场分析、战略分析、经营分析、会计分析、财务分析、前景分析，尽管名称各异，重点不同，但分析的目标应该是一致的，即通过透视公司的财务数字，为决策者的理性决策提供参考。

3.4　前景分析：风口与穿越周期

如果把公司视为一系列契约的集合，那么会计数据往往被看作不同利益方签约的基础。财务会计编制的财务报告，以及由此产生的各项指标，会成为各种契约中的基础性条款，如前文所述的 H 公司，银行贷款协议中会把营运资本、流动比率、净资产余额等作为约束性条件，一旦违反了这些约束性条件，相当于扣动了"扳机"，银行可能会取消信贷额度或提前收回贷款等。

然而，财务报告是以一种"事后"反映的形式存在的，其反映的往往是某个会计时点或会计期间的财务状况、经营成果或现金流量情况。而公司作为一个会计主体，其经营活动是持续不断的，在"人为"的会计分期假设下，这些数据可能无法如实、全面地反映公司的实际状况，因此有必要将多个期间的数据放在一起来看，并从已有的数据中发现规律，对未来进行预测。事实上，会计报表中的某些数据一定程度上体现了"未来"的影响，比如减值准备的计提、或有负债的预计、递延所得税负债或资产的确认、合同资产及合同负债的影响、浮存金的余额及变化趋势等。

更重要的是公司未来的发展预期，以及这种预期给利益相关者带来的潜在影响，这对决策者更有信息含量，因此就需要清晰的前景分析。财务报表分析的根本目的在于为决策提供有关信息，而决策需要对未来进行预测，例如，管理层需要对有限的资源进行配置并设立考核目标；专业的分析师需要对公司的未来业绩进行预测并为股价变动趋势提供判断基准；债权人需要对公司未来偿付能力和意愿进行预测以做出信贷决策等。这些预测就涉及公司未来的盈利能力、偿债能力，是否会发生违约，违约带来的损失率，现金流是否能够持续超过会计利润，公司是否能够维持高比例分红的态势等。此外，国家的产业政策、宏观经济周期、大宗商品价格以及公司自身生命周期的发展阶段等，对公司报表的影响亦不容忽视。

以 H 公司为例，公司 1984 年扭亏为盈，在很大程度上是通过会计政策及会计估计调整等盈余管理行为来实现的。因此，公司能否在未来继续保持盈利？有哪些是短期影响，哪些是长期影响？宏观经济环境的变化是否会对公司的经营产生影响等，都可以做进一步探讨。

数据显示，在将盈余管理行为造成的影响进行调整分析之后，H 公司的每股收益从 1983 年的 −3.49 美元提升至 1984 年的 −0.41 美元，尽管仍然处于亏损状态，但已经呈现出大幅减亏的向好趋势，这表明公司的成本削减等重组措施发挥了积极的作用。从财务上看，在后进先出法下的存货变现，给公司利润带来了积极的影响。但从 1984 年期末仍有 1.44 亿美元的存货来看，H 公司的存货保有量较高，占当期报告收入总额 4.06 亿美元的 35%，这意味着存货还有进一步的压缩空间。此外，养老金重组收益的影响覆盖未来的 10 年，且与养老金所投资股票的市场表现有紧密关系，也就是说，即使按照 1984 年的假设，未来近 10 年时间养老金每年还可以给 H 公司节约数百万美元的开支。从现金流量表看，应收账款的余额从上年的 0.64 亿美元增至本年的 0.88 亿美元，增长率 37.5%，而同期收入总额则从 3.24 亿美元增至 4.06 亿美元，增长率 25.3%，这意味着应收账款增长的速度超过了收入总额增长的速度，侧面反映出公司的信用风险有所增大，同时会对公司经营活动的现金流量净额产生负面影响。从利润表看，公司折旧方法的改变导致更多的折旧费用被递延至未来会计期间，影响未来的经营成果。从资产负债表看，公司的长期借款余额超过 1 亿美元，在宏观经济表现疲软、利息下降的环境中，原有的负债会导致公司承担过重的利息负担。当然，优秀的分析人员可以在收集信息的基础上，对公司的关键指标进行预测，并用实际的报表数据来对预测结果进行对照，以更好地完善已有的分析框架和模型，并在实践中验证其有效性。

苹果公司案例

前景分析往往是非常有挑战性的工作。根据《史蒂夫·乔布斯传》的描述，站在 1997 年那个时点，乔布斯对苹果公司也谈不上看好。此前因为 NeXT 被苹果公司收购，乔布斯成为苹果公司最大的个人股东，但 1996 财年最后一个季度公司的销售量却比上年同期暴跌了 30%，时任公司 CEO 吉尔·阿梅里奥在接受《华尔街日报》的采访时，被问的问题之一是他能否扭转外界认为苹果已陷入"死亡螺旋"的看法；时任 CFO 弗雷德·安德森则警告董事长埃德·伍拉德，公司马上会违反与银行签订的保证条款。尽管阿梅里奥与乔布斯在 1997 年 2 月签订协议，乔布斯回归苹果担任顾问，但谈判中阿梅里奥曾坚持乔布斯要持有他得到的苹果股票至少 6 个月，越长越好。结果乔布斯提前卖出了 150 万股的苹果股票，并在回应阿梅里奥的质疑时说："卖股票是因为'一时对苹果往何处去感到沮丧'。"

在董事长伍拉德的推动下，阿梅里奥离任，乔布斯接手。按照伍拉德的分析，"保持现状，苹果公司有 10% 的概率避免破产；开除阿梅里奥并让乔布斯接手，苹果公司有 60% 的概率生存下去；开除阿梅里奥而乔布斯不接手，苹果公司有 40% 的概率得以幸存"。显然，在对苹果公司未来是否破产这一事实的分析上，伍拉德采用了概率法。而当时乔布斯刚把皮克斯做上市，对担任皮克斯的 CEO 也很满意，对回归苹果公司左右为难，最初决定回去是因为"意识到在乎苹果——我创建了它，它的存在对世界是件好事……我决定暂时回去帮他们招聘 CEO"，只不过做着做着，就成了临时 CEO。此后，乔布斯对期权进行重新定价、重组董事会、推出数字中枢战略和一系列的创新产品，直到 2011 年 8 月宣布库克接任 CEO。苹果公司的市值，也从乔布斯 1996 年因出售 NeXT 而持有苹果股份时的不到 30 亿美元，增长到离任时的 3 000 亿美元以上，公司的盈利能力及财务状况发生了翻天覆地的变化，相信这是很多人未能预测到的"前景"。表 3-9 列示了乔布斯上任时和离任时公司的财务概况。

表3-9　苹果公司不同时点的财务概况　　（单位：亿美元）

项目	1997财年	2011财年	增减（倍数）
销售净额	70.81	1 082.49	15
净利润	−10.45	259.22	不可比
每股收益（美元）	−8.29	28.05	不可比
资产总计	42.33	1 163.71	27
负债合计	30.33	397.56	13
所有者权益合计	12.00	766.15	64

资料来源：根据上市公司年报整理。

　　事实上，苹果公司在1997年、2011年这两个时点上的战略、运营、管理、产品等方面都有很大的差异。在1997年的年报中，苹果公司将自身的业务描述为"设计、制造和营销微处理个人计算机及相关的个人计算和沟通解决方案"，而实质上苹果公司所有的销售净额均来自其"苹果麦金塔注册商标"的计算机生产线以及相关的软件和外围设备。在2011年的年报中，苹果公司已经成为制造并推销移动电讯和媒体设备、个人电脑、便携式数字音乐播放器，以及销售一系列相关的软件、服务、外围设备、网络解决方案以及第三方数字内容和应用的主体。iPhone、iPad、Mac、iPod、Apple TV、iCloud、iTunes Store、App Store等产品和服务都是以前所没有的。将1997年和2011年的苹果公司视为两家完全不同的公司也不为过。

　　实务中，很多人的前景分析局限于"风口"，例如，小灵通可能就是曾经的一个"风口"，电脑、手机、互联网甚至房地产也是曾经的一个"风口"，今天的物联网、大数据、人工智能、芯片、大模型、清洁能源、智能汽车等都是风口。然而，这些风口往往具有一定的时效性，也与经济周期有着较为密切的关系。真正的分析需要扩展时间和空间范围，通过"穿越周期"式的分析，才能够得出更为全面、客观的观点。前景分析的广度和深度，也会因为所分析的标的公司所处的行业、所覆盖的期间长短、所处的生命周期而有所差别。

　　所谓"站在风口上，猪都可以飞起来"，但猪其实也受到"周期性"的影响，例如，猪肉的价格会受到很多因素的影响，常见的有供求关系、饲料价格、销售渠道等。被称为投资界的"乔布斯"的桥水基金的创始人雷·达里奥（Ray Dalio）在其《原则》一书中举例说明怎么来对猪的价格进行模型化的计算，例如，牲畜最终是以生猪出售还是被屠宰后出售，价格有所不同；即使是屠宰后成为柜台上的肉，其定价也取决于消费者愿意出多高的价格。可以想象这些猪肉从生产到最终出售的整个过程，并梳理总结出其中存在的潜在关系，比如猪需要吃粮食（主要是谷物）和豆粕，而谷物和豆类的种植面积存在竞争关系，所以两个市场密切相关。要对未来牲畜的价格进行预测，分析人员需要了解一切能想到的、与两个市场（豆类和谷物）有关的事情：比如这两种主要作物的计划种植面积与通常产量分别是多少；如何根据农作物不同生产季节的降雨量估测产量；如何预测收成规模、运输成本，以及不同体重的猪仔、不同饲养地点和不同增重率的猪的存栏量和出栏量；如何预测净肉率、零售利润率、消费者对不同部位的肉的偏好，以及每个季节的屠宰数量等。在真正分析的过程中，还要找到有经验的人，了解农业经营的过程，获取基本的参数，并把这些参数组建成模型，进而利用这些模型考察随着时间的推移这些不同组成部分之间的交互关系。这在达里奥看来就像有着符合逻辑的因果关系的美丽机器，对机器进行拆解，努力实现从摄像到摄影再到制片的过程，通过理解这些因果关系，就能得出用来建立模型的决策规则。

财务报表的生成与达里奥描述的过程非常相似。摄像，正如一笔笔经济业务，一张张原始凭证；摄影，正如公司持续不断的经营、投资或筹资活动；制片，是将这些经济业务用规定的格式、内容和框架呈报出来。有些活动还没有结束，只是会计分期的假设，让这些活动在报表上以表内和表外的方式呈现出来。总体上看，有些经济活动会延续到未来的会计期间，有些经济活动已在以前会计期间结束，分析人员需要抽丝剥茧，将过去、现在、未来的经济活动联系起来，将会计分析、财务分析和前景分析联系起来，将公司的战略、经营、管理、绩效、财务联系起来，拼出一张相对完整的图片，为理性决策提供依据。

第4章

估值是艺术还是科学
投资者的选择

　　财务报表分析的一个重要视角，是站在投资者角度的证券估值，财务报表分析最常见的目的是为投资某家上市公司的股票，或者购买某家公司公开发行的债券提供参考。在此过程中，财务报表数据往往作为估值的依据，涉及对资产、负债和所有者权益的估值以及前景分析，估值的结果就成为交易谈判或定价的重要参考依据。然而，不同的投资目的，采用不同的估值模型，甚至站在不同的利益相关者视角，往往会得出不同的估值结果，甚至某些估值结果带有武断成分，不由让人发出估值是艺术还是科学的感叹。然而站在契约的角度，估值仅仅是一个参考，价格才是市场交易中客观存在的事实，买卖双方达成交易的关键是投资者愿买，对手方愿卖，发挥市场在资源配置中的基础性作用。

4.1　投资与估值

　　广义的投资内容非常丰富，如固定资产投资、有价证券投资，甚至人力资源投资。字节跳动的创始人张一鸣在一次采访中，明确阐述了自己对人才的观点："如果你把人才看作一个人力投资，那就会有不一样的角度，你会想，我找什么样的人，放在什么样的岗位上，我的进度会更快。投资会有失败，也会有成本和损失，但是，投资更看重成长。因此公司会继续在人力资源上积极做投资。"尽管人力资源管理非常复杂，但张一鸣用投资来加以比喻，用"成长"和"长期"作为衡量标准，抓住了投资的本质。

狭义上的投资内容相对比较局限，往往是指在二级市场上进行股票、债券等有价证券的买卖，甚至有学者将投资股票视为投机，将债券视为真正的证券投资⊖。事实上，从资本市场发展的历史看，美国西部大开发带来的债券投资，不仅极大推动了穆迪等信息服务机构的发展，也为铁路公司等债券发行主体的信息披露提供了激励。

在格雷厄姆和多德所著的《证券分析》⊖中，明确了债券这类固定价值证券的四条原则，例如，证券的安全性不是由特定的抵押权或其他合同权利来衡量，而是取决于证券发行人履行义务的能力；投资者应重点考察经济萧条时期而不是经济繁荣时期发行人的履约能力；异常高的票面利率（这也是衡量证券收益性及证券估值的重要指标）并不能弥补安全性的不足；无论挑选哪只债券作为投资对象都应该遵循筛除的原则，而且必须依据管理储蓄银行投资行为的法规中的具体量化指标进行测试。显然，对于债券投资而言，往往是针对储蓄银行之类的机构投资者，而储蓄银行出于行业监管及自身管理的目的，会制定严格的投资制度，并在实际的投资活动中严格遵守这些制度。例如，美国纽约州法中有关债券投资的具体标准就涉及商业实体或者政府的性质和位置、公司的规模或其发行债券的规模、债券发行的条款、偿债能力和股息支付的历史记录、收益与利息费用的关系、资产价值与长期债务的关系、股票市值与长期债务的关系等七个方面。以性质和位置为例，在监管储蓄银行债券投资方面，纽约州法中早期就明确了有关允许投资和不允许投资的债券种类，如允许投资的债券

⊖ 对投资和投机的区分，现实中有很大的争议，比如 2008 年以来对比特币的观点。通常认为，假设与资产相关的交易市场关闭，该资产仍然不断创造价值，持有者仍然可以从中获益，那么就可以视为投资，也就是投资关注的是资产本身的价值，能够为投资者带来资产性收益；而投机更多关注资产本身的价格，持有者希望通过资产价格的涨跌来获取收益，一旦交易市场关闭，该资产可能就一文不值。

⊖ 格雷厄姆，多德. 证券分析 [M]. 巴曙松，陈剑，等译. 成都：四川人民出版社，2019.

种类包括美国联邦政府、州政府和市政府债券，铁路债券和电力、天然气、电话公司发行的抵押债券，抵押物为不动产的第一抵押权债券等；而不允许投资的债券种类则包括外国政府债券、外国公司债券、有轨电车公司和供水公司发行的债券、公用事业公司发行的信用债券、所有工业债券以及金融公司（投资信托公司、信贷机构等）发行的债券等。

现有的财务报表分析教材在谈论证券估值时，大多数讨论的是股票投资。由于股票投资在普通人的日常生活中较为常见，且在个人财务决策中扮演着核心角色，因此对普通股的合理价值进行评估就成为一种现实的需求。由于格雷厄姆经历过 1929～1933 年的大萧条，因此他所推崇的价值投资法不仅被市场验证过，而且收获了"股神"巴菲特这样的粉丝，从而更有影响力。在格雷厄姆看来，对普通股的分析是一个不断发展完善的过程，同时会受到有形资产的不稳定性及无形资产的主导地位的双重影响，而且在危机发生前因为市场的狂热，投资股票的估值方法逐渐背离了以事实为依据的证券分析技术，转向日趋倚重于对升值潜力与预期因素的判断。

4.1.1　普通股的投资理论

格雷厄姆和多德在《证券分析》一书中，对普通股的投资理论进行了全面的解读。以普通股的投资者为例，投资者会将自己定位为一个企业主，并以评估自身企业的方式来衡量其他企业的价值。在此过程中，投资者不仅关心公司的盈利状况，而且对盈利所代表的资产价值也非常重视。当一个企业主打算以合伙或股权投资的方式来收购另一家企业时，会进行财务尽职调查，通常会以"账本"为起点，即从资产负债表显示的股权价值开始分析，并在此基础上，考虑公司的原始股本、历年经营的收益状况和发展前景，从而得出交易是否有利可图的结论。尽管私营企业的股权在交易时可以相对于资产价值进行溢价或折价出售，但账面价值通常被视为估值的起点；而上市公司的股权，由于存在公开市场报价，则可以考虑将市场公允价值作为估值的起点。

通常情况下，投资普通股有三个标准：一是合适的、确定的股息回报，时至今日，一些投资分析报告在分析我国某些上市公司如长江电力、中国神华等的投资价值时，仍然以股息回报的稳定性作为估值的基准加以使用；二是稳定、充足的盈利记录，这可以合理保证净资产的持续增值，如日本的京都陶瓷、中国的贵州茅台等；三是有形资产的安全保障，比如巴菲特比较推崇并广泛应用的"安全边际"，即每股有形净资产远远超过股票的市值，相当于即使第二天标的公司破产清算，仍然可以让投资者的本金有保障。

如果说前述标准更多考虑的是财务报表，是对现在或过去的实力、能力的肯定，那么新时代的投资理论中又增加了对未来发展前景的研判。原因在于投资者发现，很多上市公司的股票价格已经无法用财务报表上的数字来合理解释。例如，有些公司长期不分红但股价却居高不下，这意味着股息率对股票价格的影响微乎其微；再如，一些"新"经济公司，虽然账面上列报的资产很少，但公司的盈利能力非常强，这可能表明账面资产与盈利能力之间并没有显著关系，或者公司有一些"隐形"资产并没有在报表中列报，最典型的比如人力资源、用户的深度及黏性等，因而对账面资产价值的分析意义不大；还有一些公司会频繁出现业绩变脸的情况，或者受到大宗商品价格、外汇汇率波动的影响，因而对过往盈利记录的分析意义也不大。这时候分析人员应更多地将目光转向报表以外的地方，如政商关系或营商环境、价值链或供应链管理能力、客户满意度、员工忠诚度等；还有些公司为了取得市场的信任，会进行盈利预告，承诺在未来取得比现在或过去更高的收益，分析人员也会考虑将公司的盈利趋势与宏观经济的繁荣状况、行业的景气程度等进行匹配分析，以更好得出标的公司未来前景的预测，并在此基础上得出一个估值结论。

随着经济的发展，尤其是新经济、互联网及移动互联网的发展，价值投资法也面临很多的挑战。如果再考虑风险投资的自身特征，以及标的公司本身财务报表披露信息的匮乏，那么估值的方法也将趋向于脱离财务信息。例如，阿里巴巴创始人第一次见到软银公司的孙正义时，孙正义并没有对财务报表进行分析就做出了投资决定。按照孙正义的说法，双方仅交谈了五六分钟他就决定投资，原因是他看到了创始人"闪闪发光的眼睛"，这已经不能用传统的证券投资理论来解释了。而沈南鹏在第一次见到张一鸣时，则直接拒绝了投资 ⊖，原因是张一鸣想做的事情存在巨大风险，没有人包括在美国都没有人做过。张一鸣的想法是通过互联网把新闻、故事、图片聚集在一起，并根据每个人的不同偏好进行推送。尽管张一鸣认为这样的产品具有很好的市场发展空间，但他的想法无法说服投资人。沈南鹏说他最初拒绝投资，是在做了很多的尽职调查的基础上得出的结论。作为投资者，他非常理性，不仅拜访了很多与张一鸣存在竞争关系的公司，而且分析了其中的优劣，结果发现所有的大型公司都要做这个产品，如新浪、搜狐、小米、腾讯等，且这些公司具体负责类似事务的管理人的能力都比较强。合伙人讨论后认为这个市场竞争太激烈，一家新兴的小公司显然没有机会。当然，事实在某种程度上证明孙正义的决策是正确的，因为投资阿里巴巴成为他职业生涯中最成功的案例之一；而沈南鹏的决策则被证明是错误的，因为今日头条的后续发展验证了张一鸣方案的可行性，且沈南鹏在第二轮投资中参与了投资。这表明在新兴公司创业的初期，传统的财务报表分析已经失去了意义。

　　投资者也有不同的类别，如战略投资者和财务投资者。如何帮助管理层发现、增加和创造价值，从中分一杯羹；如何发现潜在的投资价值，通过买卖价差和现金分红获利，是值得分别探讨的问题。当然，在此过程中，投资与否是一项基本决策，而以什么样的价格进行投资则是另一回事。不管怎样，对标的公司进行估值都是一项基本功，是否使用报表则是可以讨论的问题，即使使用报表，也会采用不同的指标和方法。虽然不同的公司、不同的投资者采用不同的估值方法，但最后都能得出一个具体的数字，让人难免生出估值是科学还是艺术的感慨。对于创业初期没有财务报表或财务报表无法反映公司价值的情况，估值可能就不再是科学，而是艺术成分更多的一种博弈；即使都是做

　　⊖　参见凤凰网，2023 年 5 月 19 日，创投之王沈南鹏持续创业；优酷视频，2022 年 5 月 23 日，沈南鹏称错过了张一鸣，因为当时认为他的机会不大。

投资，巴菲特对上市公司的估值、风险投资机构对初创公司的估值也有很大的差别。

以上市公司为例，资本市场每日都有大量的投资者进行交易，面对同一个标的，有些投资者看空卖出，有些投资者看多买入。作为专业的投资者，面对同一个市场环境，为何他们得出的结论却大相径庭，这里面可能既有技术层面的差异，也有投资风格和理念的不同。尽管股票在几个交易日内就可能出现巨幅波动，甚至一日之内不同交易时点也出现多空博弈，但从长期来看，应该有一些基本的估值方法来为投资决策提供参考，大多数估值方法也都是针对一些规律性的要素加以总结，并在实践中不断予以完善。

按照"股神"巴菲特的观点，购买股票就是购买公司的一部分。因此，站在股权投资者的角度，可以对标的公司的价值进行分析、建模和计算，作为买卖双方的筹码。当然，在进行估值时，往往会用到财务信息，并将财务信息作为公司价值确定的基础，例如财务上的每股净资产或每股自由现金流，就可以作为投资估值的参考基准。

4.1.2　普通股估值的简单示例

以伯克希尔－哈撒韦公司为例，其估值基础可以有两个视角：一是会计视角，二是市场视角。

（1）会计视角。

如果说购买股票就是购买公司的一部分，那么站在资产负债表的角度，公司的股东权益就可以视为公司价值的重要参考依据。根据伯克希尔－哈撒韦公司2022年年报，公司的股东权益概览如表4-1所示。

根据表4-1所示数据，站在朴素的所有者视角，2022年末伯克希尔－哈撒韦公司的会计价值为4 806.17亿美元，该数值可作为估值的一个基础。然而，考虑到公司资产端列报了公司持有的大量优质资产，加上公司以保险浮存金为基础的独特商业模式，以及集团化运作带来的好处，再综合考虑管理团队历史上的优秀运作经验，在此基础上给出一个合理的溢价就可以作为一个交易的参考价值。

表4-1　伯克希尔-哈撒韦公司的股东权益　　（单位：百万美元）

项目	2022-12-31	2021-12-31
普通股	8	8
资本公积	35 167	35 592
累计其他综合收益	−6 591	−4 027
留存收益	511 602	534 421
库存股，按成本计价	−67 826	−59 795
伯克希尔–哈撒韦股东权益	472 360	506 199
非控制权股东权益	8 257	8 731
股东权益总额	480 617	514 930

资料来源：摘自上市公司年报。

（2）市场视角。

根据公司 2023 年年报，2023 年 2 月 13 日，伯克希尔－哈撒韦公司大约有 1 300 名 A 类股票股东和 18 700 名 B 类股票股东。股权登记记录显示，A 类股的名义持股人持有的股份数量至少为 334 000 股，有收益权但无记录的股东持有的 B 类股数量为 1 297 000 000 股。

此外，公司还公布了普通股的回购计划。根据该计划，伯克希尔－哈撒韦公司在董事会主席、CEO 巴菲特和董事会副主席等人的谨慎决策下，认为在回购价格低于伯克希尔－哈撒韦公司内在价值的任何时点对公司股票进行回购。回购可以在公开市场进行，也可以通过私人谈判的交易方式进行。需要说明的是，该回购计划并没有明确一个具体的回购数量或金额。公开信息显示，2022 年 12 月伯克希尔－哈撒韦公司回购了 584 股 A 类股，平均价格为 468 113.93 美元；同时回购了 3 046 794 股 B 类股，平均价格为 303.83 美元。

伯克希尔－哈撒韦公司的股本状况如表 4-2 所示。

表4-2　伯克希尔-哈撒韦公司的股本状况　　　（单位：股）

项目	2022-12-31	2021-12-31	2020-12-31
普通股：A类股	591 564	617 113	643 931
普通股：B类股	1 302 254 076	1 290 474 503	1 350 043 471
优先股：100万股授权，零股发行	0	0	0

注：根据上市公司年报整理。有部分股东将A类股转为B类股，一般A类股可转为1 500股B类股，需要根据股价并结合股票数量计算市值。因此，股票数量的增减变动需要结合回购、转股综合考虑。

据此，可以推算出伯克希尔－哈撒韦公司2022年12月31日的股权价值，即用公司最近2022年12月的股票回购价格乘以相应的股份数量，就可以得出公司市值的大致金额。具体计算如下：

$$股权价值（V） = 468\ 113.93 \times 591\ 564 + 303.83 \times 1\ 302\ 254\ 076$$
$$= 672\ 583\ 204\ 797.60（美元）$$

站在市场的角度，可以得出伯克希尔－哈撒韦公司2022年末的股权价值约为6 725.83亿美元。这一数字相较于公司同期净资产价值4 806.17亿美元，增加了近40%，同样可以作为公司内在价值的参考依据之一。

4.1.3　公司价值的理解和估算

如何理解公司价值，可谓仁者见仁，智者见智。前述示例仅仅给出了会计和市场两个维度的测量，但会计受到准则、估计及主观判断的影响，甚至可能存在盈余管理或财务舞弊的风险，因此只能作为参考；市场受到交易情绪、投资者心理、市场有效性等方面的影响，其结果也会有偏差。实务中，分析人员可以从价值链的角度来理解公司价值的生成和创造过程，例如公司通过筹集、使用、分配资金，实现了价值的增值，其中起作用的主要因素是资金的时间价值，即今天的一元钱与明天、一年、多年后的一元钱价值并不相等，之所以进行投资，一个很大的动机是，克制当前的消费，以期在未来获得更多的消费。此外，公司作为一个自主经营、自负盈亏的市场主体，能否通过经营活动产生足够的现金流，也是进行估值的重要参考因素。

然而站在投资者的角度，如何进行建模、估值，采用何种定价原理，如何将财务数据代入数学模型中来估算股价，是一个技术活。与此同时，还要考虑资本市场是否有效，相关信息能否及时反映在股价中，这些信息的质量如何以及能否有预测价值等诸多因素。

从估值的角度看，投资者采用的模型大致可以分为两类：一是绝对估值法，二是相对估值法。绝对估值法可以通过资产负债表法、利润表法、现金流量表法直接得出一个金额，例如，买股票就是买公司的一部分，在购买时点，标的公司的资产负债表中会列示所有者权益金额，如果会计准则完善，报表数字能够如实反映客观现实，那么该所有者权益金额可以看作公司的价值。购买方按照拟取得的股份比例，乘以公司所有者权益金额，就可以得出所购买的标的公司的股权价值。

然而，在资产负债表中，资产方可能存在一些不良资产或无形资产等，负债方可能存在一些表外融资业务或担保、养老金等隐性债务，在具体的估值过程中，应对这些因素予以调整，以得出调整后的公司价值基准，作为投资决策的参考。

除了公开的信息，还有其他一些影响公司价值的因素，例如公司的发展前景、投资者的预期、市场是否有效、投资者是否理性、法治环境是否健全等。举个简单的例子，在 2023 年末、2024 年初的热播剧《繁花》中，因为阿宝、强慕杰、麒麟会三方的博弈，同样一个标的服饰公司的股价，就出现了非常大的振幅，电视剧中的强慕杰，因为操纵市场并未能最终获得阿宝的筹码，导致他所在的公司南国投损失惨重，被深圳总部彻查，以玩忽职守罪造成国家财产重大损失，被追究刑事责任，判有期徒刑三年。也就是说，公司股东之间的博弈，可能会导致股票价格的大起大落。此外，东方甄选因"小作文"事件引发的股价大幅波动、福耀玻璃因 FBI 调查带来的短期股价的涨跌，都在一定程度上显示出影响上市公司股价的因素具有复杂性的特征。

4.2 估值：单个公司的视角

德国哲学家莱布尼茨曾经说过："凡物莫不相异……世界上没有两片完全相同的树叶。"这句话套在公司上，显然也成立。在现实生活中，你很难找到在战略、文化、治理、业务、人员等方面完全相同的两家公司。即便是同一家公司，在其生命周期的不同时点，也会展现出完全不同的特质。例如，IBM 以前是卖磅秤的 ⊖，伯克希尔－哈撒韦公司在巴菲特接手之初是做纺织业务的，华为从代理交换机等通信设备起家。时至今日，这些公司的业务已经发生了根本性的变化，对这些公司估值，所采用的模型也应该随之改变。与此同时，苹果、特斯拉、英伟达等公司，在一年内股价出现翻番或跌幅超过一半的例子也不少见，比如伯克希尔－哈撒韦公司 2015 年年报中"致股东的一封信"披露，在过去的近 60 年间，公司股价有四次出现了大幅下挫，其中有三次跌幅超过 50%，这在一定程度上表明市场也许并不理性，需要用更长时间来判断估值是否准确。

巴菲特人称"股神"，推崇的是"内含价值法"，即通过财务数据计算标的公司的内含价值，在此基础上给出参考报价。内含价值的计算主要来自财务报表数据的简单加工。以 2008 年金融危机期间为例 ⊜，当时陷入困境的雷曼兄弟曾向巴菲特求救，巴菲特答应考虑一下，并开始研读雷曼兄弟的年报。据说，每当他对某个具体数字或项目有疑问时，就会在报告的封页上记下相应的页码，还不到一个小时的时间，他就在报告的封页上写满了随手记下的页码，显然这是一个危险的信号，从侧面反映出他对雷曼兄弟的年报的不信任或质疑。对"股神"来说，年报有问题就意味着信息披露不透明，即使每个问题都有答案，但作为理性的投资者，他也不会把钱轻易地投到一个让他产生诸多疑问的公司。

⊖ 参见纪录片《公司的力量》。

⊜ 索尔金. 大而不倒 [M]. 巴曙松，陈剑，等译. 成都：四川人民出版社，2018.

理论上，基于单个公司资料进行估值的模型，大致有股利模型、自由现金流量模型、剩余收益模型等。尽管模型的形式不同，但背后的估值逻辑有一定的相通之处，如果假设条件成立，那么得出来的估值结果也应大同小异[○]。

4.2.1 股利模型

股利通常是指标的公司现金分红的数字。在成熟的资本市场中，好公司会产生正的利润，并在遵守法律法规的前提下，将公司赚取的利润用红利的形式返还给投资者。在公司正常的生命周期内，投资者可根据公司过去的分红情况来预测公司未来的分红金额，进而根据一些参数对标的公司的内在价值进行估算。在理论上，与股利相关的常用概念有股息率（dividend ratio）、股息回报率（dividend return）及股息收益率（dividend yield），尽管叫法不同，但它们的计算通常都是将上市公司的股息支付金额与其股票的市场价格进行对比得出。例如，股票每年每股支付 6 元股息，股票的市场价格为 120 元，那么计算出来的股息回报率就是 5%。通常情况下，股息回报率高的公司，股票的价格往往也会水涨船高。例如，一只普通股股票 A，每股盈利 1 元，支付 0.5 元的股利，其合理售价是 10 元 / 股，那么可以简单算出公司的盈利率为 10%，股息回报率为 5%；类似的一只股票 B，每股盈利 1 元，支付 0.3 元的股利，理论上 B 的价格应低于 10 元 / 股。

股利模型的基本形式如式（4-1）所示。

$$V_t = \frac{\mathrm{E}(D_{t+1})}{(1+k)^1} + \frac{\mathrm{E}(D_{t+2})}{(1+k)^2} + \frac{\mathrm{E}(D_{t+3})}{(1+k)^3} + \cdots\cdots \qquad (4\text{-}1)$$

式中，V_t 为股票在 t 时刻的价值；D_{t+n} 为公司在 $t+n$ 期的股利；k 为公司的资本成本，通常是指结合公司的资本结构计算得出的加权平均资本成本；E 为期望值。

由于公司的盈利状况、资本结构、股利政策等都会随市场环境的变化而有

○ 根据 Palepu、Healy 和 Bernard 等著的 *Business Analysis & Valuation: Using Financial Statements, Text and Cases* 中的观点，在严格的假设条件以及缜密的计算下，不同模型计算出来的估值结果应该完全相同。具体参见该书第 3 版第 12 章对 Sigma 公司案例进行的讨论。

所不同，因此股利模型的应用有一定的局限性。尤其是对于那些常年不分红或因巨额亏损导致无利可分的公司，该模型也就失去了其实际的应用场景。此外，公司的资本结构也可能因市场竞争环境、国家货币政策、公司经营状况、管理层融资策略等因素的影响，导致公司的加权平均资本成本在未来期间发生变化。

4.2.2 自由现金流量模型

自由现金流量模型是估值中较为常用的一个模型，其中自由现金流量通常是指公司能够自由支配的现金，该模型在计算时，是根据现金流量表中经营活动产生的现金流量，扣除公司为维持正常运营所必要的资本开支，剩下来的现金。通常情况下，公司只有自由现金流健康，才能平稳运行，而自由现金流越大的公司，其股票往往更容易得到投资者的青睐。亚马逊的创始人贝佐斯曾经在公司 2004 年的年报中举了一个非常简单的例子，来说明利润和现金流之间的差别，并建议投资者不应仅关注账面上的盈余数字，而应更加重视自由现金流这一指标。例如，有个投资项目 A，其原始投资为 1.6 亿美元，用于购买一台机器，使用期限为 4 年。投资完成后，可以开展运输业务，每年服务 10 万名客户，每服务一位客户可以获得 1 000 美元的收入，即每年的销售收入为 1 亿美元（=10 万名客户 × 1 000 美元 / 人）。公司为获得该笔收入，除了原始投资，还需要投入一些诸如能源、材料、人工及其他成本，即成本费用总额为 5 000 万美元，其中 4 500 万美元为能源、材料费，500 万美元为人工及其他成本，成本费用合计 5 000 万美元加折旧 4 000 万美元（1.6 亿美元的机器，可以使用 4 年，不考虑残值），共计 9 000 万美元，这笔生意的利润为 1 000 万美元，利润率为 10%。如果公司很看好这门生意，就可以加大投入，第一年投入 1 台机器，第二年 2 台、第三年 4 台、第四年 8 台，实现年复合增长率 100%，利润率也很稳定，保持在 10% 的水平。单纯从报表上看，无论是资产，还是利润，A 投资项目都表现不错（见表 4-3）。

表4-3　A投资项目预测的四年期的利润表 　　　（单位：万美元）

项目	第1年	第2年	第3年	第4年
销售收入	10 000	20 000	40 000	80 000
年复合增长率	—	100%	100%	100%
毛利	5 500	11 000	22 000	44 000
毛利率	55%	55%	55%	55%
折旧	4 000	8 000	16 000	32 000
人工及其他成本	500	1 000	2 000	4 000
利润（不考虑所得税）	1 000	2 000	4 000	8 000
利润率	10%	10%	10%	10%
利润增长率	—	100%	100%	100%

资料来源：根据亚马逊2004年年报中的信息整理。

　　但站在现金流的角度，分析人员可能会得出一个完全不同的结论，原因是自由现金流一直为负值。例如，第一年的经营活动产生的现金流量净额为5 000万美元（采用间接法计算，即1 000万美元的利润，加上不影响现金流的4 000万美元折旧），减去购买机器的原始投资1.6亿美元，自由现金流就是−1.1亿美元。依此类推，第二年的自由现金流为−6 000万美元，四年下来，累计的自由现金流为−5.3亿美元（见表4-4），也就是说公司一直在进行现金投入，为了获得100%的年复合增长率，公司背负了沉重的"现金"负担，如果没有新的资金来源，公司将无以为继，这还没有考虑5.3亿美元的资金成本。

表4-4　A投资项目四年期的现金流预测 　　　（单位：万美元）

项目	第1年	第2年	第3年	第4年
利润（不考虑所得税）	1 000	2 000	4 000	8 000
折旧	4 000	8 000	16 000	32 000
营运资本	—	—	—	—
经营性现金流	5 000	10 000	20 000	40 000
资本开支	16 000	16 000	32 000	64 000
自由现金流	−11 000	−6 000	−12 000	−24 000

资料来源：根据亚马逊2004年年报中的信息整理。

因此，在贝佐斯这样的创始人以及众多的投资者眼中，自由现金流才是公司长期健康发展的前提，也是公司价值的体现。自由现金流量模型的基本形式如式（4-2）所示。

$$V_t = \frac{E(FCF_{t+1})}{(1+k)^1} + \frac{E(FCF_{t+2})}{(1+k)^2} + \frac{E(FCF_{t+3})}{(1+k)^3} + \cdots\cdots \qquad （4-2）$$

式中，V_t 的含义同上，即 t 时刻公司股票的价值；FCF_{t+n} 为公司 $t+n$ 期的自由现金流量，分析师需要对每年的自由现金流量进行估算；k 为公司的资本成本；E代表的是期望值。

与股利模型类似，自由现金流量模型是将式（4-1）中的预期 $t+n$ 期的股利，替换为 $t+n$ 期的自由现金流量，并按照公司计算的加权平均资本成本，折算为估值时点的现值。

当然，在现实生活中，公司的业务非常庞杂，为获得期望的收入，需要在营运资本、长期资产、带息负债等方面进行规划，并在努力保持资本结构稳健的基础上，创造出比资本成本更高的收益率。因此，为获得式（4-2）中的自由现金流这一参数，需要考虑很多的假设条件，包括行业的竞争状况、公司的战略定位、为保证公司正常运营所需要的营运资本规模、公司资产周转的模式、固定资产的折旧策略、预期的资本性开支、所得税的影响、公司的经营风险及融资策略等。

4.2.3　剩余收益模型

剩余收益模型与前两个模型相比，有一个较大的差别，就是增加了一个估值时公司的账面价值。其核心的预测数字是剩余收益，该指标通常被定义为公司在某个会计期间实现的净利润，减去公司期初净资产的资本成本。换句话说，资本是有成本的，公司所创造的利润属于会计利润，需要减去资本本身需要的成本之后，才能够作为公司价值的增值部分予以确认，这与经济学中经济增加值的含义相似。剩余收益模型的基本形式如式（4-3）所示。

$$V_t = BV_t + \frac{E(RI_{t+1})}{(1+k)^1} + \frac{E(RI_{t+2})}{(1+k)^2} + \frac{E(RI_{t+3})}{(1+k)^3} + \cdots\cdots \qquad （4\text{-}3）$$

式中，BV_t 代表 t 期期末公司的账面价值，即公司的净资产金额；RI_{t+n} 代表公司 $t+n$ 期的剩余收益，也就是用公司当期净利润（NI），减去公司期初净资产的资本成本（$k \times BV_{t-1}$），因此 t 期的剩余收益可以表示为 $RI_t = NI_t - （k \times BV_{t-1}）$；公式中 V、k、E 的含义与式（4-1）相同。

　　为了便于理解，举个简单的估值小例子。假设 2020 年底，甲公司拥有乙公司 51% 的股权。根据甲乙双方签订的协议，甲公司将在 2025 年末同意并购乙公司剩余 49% 的股权，价格为 25 元/股，乙公司同意保持每年发放 1 元的股利，直至 2025 年。在不考虑增资、配股、股票股利、可转换债券转股等情形下，分析师可以对乙公司的数据进行预测，并在此基础上给出估值。

　　为简化处理，分析师对乙公司估值时用到的基本参数预测如表 4-5 所示。

表4-5　乙公司相关参数　（单位：元/股）

项目	2020年	2021年	2022年	2023年	2024年	2025年
每股股利	—	1.00	1.00	1.00	1.00	1.00
经营活动产生的现金流量净额	—	1.25	1.50	1.50	2.00	2.25
资本开支	—	—	—	1.00	1.00	—
长期负债的增减	—	−0.25	−0.50	0.50	—	−1.25
净利润	—	1.20	1.30	1.40	1.50	1.65
账面值	5.00	—	—	—	—	—
资金成本率	10%					

　　基于 2020 年底签订的协议及表 4-5 的基本数据，分析师可以计算出乙公司剩余股权的内含价值。

　　按照股利模型，2020 年底的每股内含价值为：

$$V_{2020} = \frac{1}{(1+10\%)^1} + \frac{1}{(1+10\%)^2} + \frac{1}{(1+10\%)^3} + \frac{1}{(1+10\%)^4} + \frac{1}{(1+10\%)^5} + \frac{25}{(1+10\%)^5}$$

$$= 19.31（元）$$

需要说明的是，股利模型的潜在假设是，公司可以永远存续下去。在本例中，由于协议约定了 2025 年末以 25 元 / 股购买乙公司剩余 49% 的股权，因此对该模型进行了一个简单的变形，即把 5 年内乙公司发放的股利予以折现，同时将 25 元的买价也予以折现，得出 2020 年底股票的内含价值。

按照自由现金流量模型，分析师需要计算每一年的自由现金流，根据表 4-5 提供的数据，相关自由现金流量的简单计算结果如表 4-6 所示。

表4-6   乙公司五年期的自由现金流量计算表   （单位：元/股）

项目	2021年	2022年	2023年	2024年	2025年
经营性现金流	1.25	1.50	1.50	2.00	2.25
减：资本开支	—	—	1.00	1.00	—
加：长期负债的增减	−0.25	−0.50	0.50	—	−1.25
自由现金流	1.00	1.00	1.00	1.00	1.00

由于本例进行了简化处理，自由现金流与股利模型计算出来的每年的股利金额完全相同，因此估值也相同。

类似地，如果使用剩余收益模型，计算出来的结果也相同，具体的参数计算如表 4-7 所示。

表4-7   乙公司五年期的剩余收益计算表   （单位：元/股）

项目	2021年	2022年	2023年	2024年	2025年
净利润	1.20	1.30	1.40	1.50	1.65
减：资本成本	0.50	0.52	0.55	0.59	0.64
剩余收益	0.70	0.78	0.85	0.91	1.01

需要说明的是，2021 年，资本成本率为 10%，2021 年年初的账面净资产为 5 元 / 股，则资本成本为 0.5（=5×10%）元 / 股；2022 年的资本成本为 2021 年期初的账面净资产 5 元 / 股，加上 2021 年赚取的利润 1.2 元 / 股，扣除分红 1 元 / 股，得出 2022 年年初的账面净资产为 5.2（=5+1.2−1）元 / 股，进而得出 2022 年

的资本成本为 0.52（=5.2×10%）元/股。依此类推，得出 2023 年、2024 年和 2025 年的剩余收益。

2025 年末，乙公司以 25 元/股的价格，将剩余股权出售，与此同时，2025 年末，乙公司的账面净资产为 2020 年的 5 元/股，加上 2021～2025 年赚取的净利润（1.20 元/股、1.30 元/股、1.40 元/股、1.50 元/股、1.65 元/股），减去 2021～2025 年分红的 5 元/股，净额为 7.05（=5+0.20+0.30+0.40+0.50+0.65）元/股。换句话说，甲公司支付了 25 元/股的价格，得到的是 7.05 元/股的净资产，差额为 17.95 元/股，这是乙公司出售股权预期得到的收益。

据此，可以按照剩余收益模型计算 2020 年签订协议时乙公司的每股内含价值为：

$$V_{2020} = 5 + \frac{0.70}{(1+10\%)^1} + \frac{0.78}{(1+10\%)^2} + \frac{0.85}{(1+10\%)^3} + \frac{0.91}{(1+10\%)^4} + \frac{1.01}{(1+10\%)^5} + \frac{17.95}{(1+10\%)^5}$$

$$= 19.31 \text{（元）}$$

从公式可以看出，在用剩余收益模型进行估值时，考虑了三个部分的价值：一是期初账面净资产的价值（即每股 5 元）；二是估值期间剩余收益的折现值，即 $\frac{0.70}{(1+10\%)^1} + \frac{0.78}{(1+10\%)^2} + \frac{0.85}{(1+10\%)^3} + \frac{0.91}{(1+10\%)^4} + \frac{1.01}{(1+10\%)^5}$，约为 3.17 元/股；三是出售差价的现值，约为 11.14 元/股。

显然，在本例中，无论采用股利模型、自由现金流量模型，还是剩余收益模型，计算出来的乙公司内含价值均为 19.31 元/股，计算中一个非常重要的假设是，公司的资本成本保持在 10% 的水平不变，其核心是将公司未来各个时点的价值增值折算到估值时点的现值，可以理解为货币是有时间价值的。

在实务当中，公司的资本成本受公司资本结构调整、盈利水平、增长预期等个体因素，以及国家宏观经济发展水平、货币政策等市场因素影响而发生变化，因此需要对资本成本进行预测。当然，分析人员也可以基于潜在的假设对标的公司未来的利润表、资产负债表和现金流量表进行预测。从逻辑上看，公司的价值往往取决于其能够为用户创造的价值，这包括优质的产品、高效的团队、良好的文化，并最终体现在销售收入及与销售收入相关的成本费用上，例如支持公司正常运营的营运资本和长期资本的投入等。常用的假设比如未来期间销售收入的年度增长率、税后经营净利润占收入的比重、利息开支占净负债的比重以及公司的资本结构、经营性营运资本与收入的关系、长期资产投入占收入的比重、经营活动中对杠杆的使用等。分析人员同样需要对财务报表进行会计上的调整，在此基础上根据已有的假设来预测未来的财务报表，计算相应的参数进而结合所用的估值模型得出基本的估值结论。

此外，对上市公司来说，活跃的资本市场会给出一个实时的报价，投资者可以对比估值模型计算的结果和市场给出的报价，进而做出投资决策。然而，市场可能并不完全有效，投资者也可能并不理性，再加上模型计算中牵涉到大量的估计、判断和假设，因此，计算出来的结果仅供参考。

上述三种方法可以称为绝对估值法。实务中，还存在一些简单的相对估值法，如市盈率法、市销率法、市净率法等。以市盈率法为例，即公司报表上披露的每股收益（EPS）乘以市盈率（P/E），就可以得出即期的股票价格。假设公司 EPS 为 1 元 / 股，P/E 为 20 倍，则公司的股价为 20（=1 × 20）元 / 股。投资者需要判断的是，每股收益的质量如何，市场给公司的市盈率是否合理，从而形成投资决策的简单判断基准。

当然，每一种估值方法都有一定的适用性。例如，在市盈率法下，当 EPS 为负值时，采用该方法就不太合适。以 2010 年吉利并购沃尔沃为例，数据显示，沃尔沃在 2008 年及 2009 年分别亏损 14.6 亿美元和 6.53 亿美元，此时采用相对估值法显然并不合适。按照并购基准日 2010 年 3 月 31 日的数据，沃尔沃的资产总额约为 74.17 亿美元，其中负债约为 58.25 亿美元，权益约为 15.92 亿美元。最终，吉利和沃尔沃的母公司福特通过谈判得出的交易价格为 18 亿美元，该价格可以视为采用资产负债表法得出的估值基准，市场参与者可以推断，这一估值是建立在诸多假设的基础上，包括对未来的财务状况、经营成果以及与之相关的营运资本、长期资本投入、资本结构及融资策略等一系列的预测。当 2010 年 10 月 2 日福特汽车完成沃尔沃的出售交易时，总价款中有 2 亿美元是以票据的方式存在，剩余 16 亿美元中，减去一些养老金负债、实际与目标营运资本余额之间的差额等估值调整因素 3 亿美元，吉利实际支付的现金为 13 亿美元。这个价格既在一定程度上体现了双方对沃尔沃公司内在价值的一致看法，又体现了沃尔沃财务报表中披露的基本信息以及根据财务报表所预测的未来自由现金流、资产、权益的评估结论。

4.3 估值：基于行业比较

用财务报表数据进行估值，是一种相对简单的方法，也是价值投资法所采用的基本方法。例如，"股神"巴菲特就常常以资产负债表中的净资产作为估值的基准，同时会考虑公司自由现金流的折现。然而，考虑到财务报表的数据容易受会计准则、会计估计、会计政策等因素的影响，部分企业会倾向于通过行业比较的方式进行估值。举个简单的例子，蚂蚁金服在公开其招股说明书时，将自身描述为金融科技公司，其估值水平就远远高于传统的金融企业；小米公司按照高科技企业进行估值，就会取得远超传统手机制造商的估值。显然，在这些企业的估值过程中，行业属性起到了很重要的作用。

经济学家许小年先生曾经对罗伯特·梅特卡夫（Robert Metcalfe）模型[一]进行了简单的描述，认为梅特卡夫效应是源自网络用户之间的互动，呈现出边际效益递增的特征。其本质是在互联网中，有 $n-1$ 条线路连接第 n 个用户，那么该网络中可能存在的节点数量就是一个等差数列 $\frac{n(n-1)}{2}$，并据此可以计算网络价值，用公式表达如下：

$$V_m = k_1 \cdot n^2 \tag{4-4}$$

式中，V_m 是具有梅特卡夫效应的网络价值；k_1 为常数项；n 是网络节点或网络用户的数量。

[一] 许小年. 商业的本质和互联网 [M]. 北京：机械工业出版社，2020.

简单来说，对于互联网公司而言，其市场价值与网络节点数量的平方呈正比。这一模型并不适用于传统行业，而适用于互联网行业的估值分析。

需要说明的是，V_m 仅仅是一种理论或潜在的价值，并非市场实际价值。影响市场价值的因素很多，其中用户之间互动的活跃程度、互动产生的交易，以及互联网公司从互动和交易中获得的收益等，共同决定了互联网公司的市场价值。

举个简单的例子，2014 年，脸书（Facebook）以高达 190 亿美元的对价，收购了一家初创公司 WhatsApp。当时的 WhatsApp 成立不久，员工数量仅 52 人，年收入大约在 2 000 万美元。如果按照财务报表进行估值，那么 WhatsApp 的账面数据根本无法支撑 190 亿美元的高估值。

按照学者们的解读，当时 WhatsApp 的月活跃用户达到了 4 亿人，且这些用户主要分布在美国以及中国之外的地区，从而和 Facebook 形成了巨大的优势互补，如果用梅特卡夫模型，就可以在一定程度上解释脸书支付 190 亿美元高价的逻辑。

以收购时的数据为例，2014 年，Facebook 的活跃用户达到了 12 亿人，公司的理论或潜在价值为 $k \times 12^2 \times 10^{16}$，收购 WhatsApp 后的理论价值为 $k \times (12+4)^2 \times 10^{16}$，也就是说 Facebook 的理论价值因此次收购增加了（$16^2/12^2-1$），即因本次收购 Facebook 的价值增加了近 78%。2014 年，Facebook 的市场价值约为 1 500 亿美元，理论价值增加了 78%，相当于市场价值有增加 1 170 亿美元的潜力，因此付出 190 亿美元的代价来收购 WhatsApp，在理论上还是很合算的一笔交易。尽管公司官方声明，通过收购所获得的用户对公司极具价值，但最终决定价值的则是用户的互动方式，以及互联网公司所采用的商业模式，即如何从互动和交易中持续获得收益。

类似地，还有美国的电动车生产商瑞维安公司。该公司初创于 2009 年，按照公司官网的介绍，公司致力于构建一个垂直整合的生态系统，包括车辆技术平台、云基础设施、产品开发和运营、产品和服务以及与之关联的数据和分析，具体产品则包括生产两厢五座的皮卡车 R1T、三厢七座的 SUV 车型 R1S、电动货车 EDV700 以及 EDV500 等车型。2019 年，瑞维安公司与美国电商巨头亚马逊达成合作协议而引起广泛关注。2021 年 11 月 10 日，瑞维安公司在美国纳斯达克优选股市场完成首次公开发行（IPO），一次性筹集现金总额约 135 亿美元，成为继特斯拉之后的美国第二大电动车生产商。

然而，按照公司的财务报表，瑞维安公司的业绩并不亮眼，虽然收入增长显著，但亏损却呈现放大趋势，瑞维安公司上市前后的主要财务指标如表 4-8 所示。

表4-8　瑞维安上市前后的主要财务指标　　　（单位：亿美元）

项目	2020年	2021年	2022年
销售收入	0.00	0.55	16.58
净利润	−10.18	−46.88	−67.62
经营活动产生的现金流量净额	−8.48	−26.22	−50.52
累计净亏损	−55.26	−63.74	−131.26

资料来源：根据上市公司年报信息整理。

显然，上市公司在净利润、现金流等关键指标上的表现并不尽如人意，瑞维安公司上市时接近 900 亿美元的市值，应该是对标了特斯拉这样的电动车行业来进行的估值，同时考虑了公司的发展前景等因素，而不能仅仅通过财务报表中的数据来进行量化估值。

当然，基于行业比较的估值，并不局限于互联网公司，也不局限于梅特卡夫模型。其基本的逻辑有点类似于对标，首先，要找到与拟估值公司具有类似特征，尤其是具有类似经营业务的可比公司。其次，要找到与可比公司进行比较的基本指标，这些指标可以来自财务报表，如盈余、面值、销售额、现金流量等，也可以是非财务指标，如活跃用户数、用户复购率、品牌影响力等。最后，根据可比公司相同指标的计算结果，来推算标的公司的价值。

以下以 C 公司的估值为例，分析人员通过筛选，找到了可供比较的 A 公司和 B 公司，并收集了相关财务数据（见表 4-9）。

表4-9　可比公司同一年的相关数据　　　　（单位：亿元）

公司	销售收入	净利润	净资产面值	市值	市销率（P/S）	市盈率（P/E）	市净率（P/B）
A	1 720.88	129.85	725.34	3 743.04	2.2	28.9	5.2
B	440.58	7.70	72.94	592.90	1.3	77.0	8.1
C	862.89	66.08	99.68	?	?	?	?

注：表中"？"为需要计算的数据。

根据表 4-9 的数据，就可以大致推算出公司 C 的估值数据，比如根据 A 公司、B 公司的市值与销售收入的比值，可以计算出一个行业平均的市销率，即（2.2+1.3）/2=1.75，再根据可比的财务指标基础如销售收入，可以推算出 C 公司在估值时的潜在市值约为 862.89×1.75=1 510.05 亿元。具体如表 4-10 所示。

表4-10　C公司的估值结果　　　　（单位：亿元）

项目	可比公司平均比率	项目	C公司金额	C公司估值结果
市销率	1.75	销售收入	862.89	1 510.05
市盈率	52.95	净利润	66.08	3 498.93
市净率	6.65	净资产面值	99.68	662.87
估值结果平均				1 890.62

当然，这个估值结果可能存在很多问题，比如采用不同的可比指标，计算出来的估值结果差异很大，其中最高估值结果是按市盈率和净利润算出的 3 498.93 亿元，是按照市净率和净资产面值算出的 662.87 亿元的 5 倍以上。而且可比公司选择的不同，那么可比公司的平均比率差异就会很大，而不同方法得出的 C 公司估值结果再次进行了平均，又会掩盖很多的问题。实际上，在实践中，除了考虑估值方法的适用性，还会有参与交易的双方进行谈判的影响，最终决定具体采用的估值方法，而不会变来变去。此外，为避免资产的估值差异可能导致股东权益受损，往往会实施严格的控制程序，必要时聘请第三方评估机构或咨询机构对标的公司进行估值，作为决策时的参考。

需要说明的是，每种估值方法都有其适用性，也都存在着一定的缺陷，利益相关者应谨慎选用。对行业基准进行的估值，在方法论上可能存在问题。举个简单的例子，巴菲特的内含价值法进行估值时，主要针对的就是传统行业，如果用到现代的互联网公司或新兴智能公司，估值结果就会大相径庭。此外，在学术上还有一个有效市场假说，即市场是有效的，可以及时地对信息做出反应。问题是如果市场是有效的，任何一个标的公司都可以在市场上得到一个即时报价，那么为何还需要估值呢？再说，如果市场对可比公司是有效的，那么为何对标的公司无效，需要通过可比公司进行估值？如何解释不同估值方法得出的结论有如此大的差异？理性的决策者，通常会全面分析行业中所有公司的财务报表和市场交易价格，并结合标的公司在行业中所处的地位及发展潜力，给出一个大概的估值。

事实上，通过行业寻找可比公司进行估值，在执行上也或多或少存在一些问题。例如，没有两家公司是完全相同的，也就是说很难找到非常匹配的可比公司，采用不同的基准就可能会选出不同的配比公司，也会得出不同的估值结论。因此，对行业基准进行的估值，也仅仅是一种相对估值方法，为那些没有上市交易的公司，或者说准备上市的公司，提供一个参考的基准。

此外，有些公司的业务非常复杂，涉及跨行业、多元化经营等，而且发展战略、治理结构、组织文化等也存在很大的差异。因此，在实务中，会将公司的业务进行划分，通过分部报表寻找可比公司进行估值，并将估值结果进行汇总得出参考基准。

中国企业家江南春曾经在公开演讲时，提及了其公司的估值问题[○]。他说，在某次与富达基金的老板进行交流时提出了一个"愚蠢"的问题：为何百度公司的市盈率是 100 倍，而分众传媒的市盈率是 25 倍？在江南春看来，这两家公司的业绩几乎都是百分百增长，且几乎同时上市，但估值结果却有很大差异。对方的答案是，分众传媒（在当时看来）不够性感，大致的意思是，百度做的

○　参见分众传媒创始人微信号，"一次与万亿基金老板的饭局，让我彻底明白了商业本质"，2024 年 1 月 7 日；哔哩哔哩，"和万亿基金老板的一顿饭，分众传媒差点因此走向深渊"，2024 年 2 月 1 日。

互联网，属于具有无限想象空间的公司，而分众传媒则是通过占有有限空间来拓展自身业务。从5~10年的角度来看，分众传媒已经占有了数量可观的楼宇，能够拓展的空间有限。

这对江南春来说是一项很大的挑战。通过反思，他得出的结论是自己的故事讲错了，原因在于他讲的是一个有限空间的故事，因此投资人认可度不高。于是公司决定转变其故事线，由原先的"中国最大的生活空间媒体"转变为"中国最大的数字化媒体集团"，公司的屏幕是数字化户外（Digital Outdoor），让投资者认为其是数字化媒体，可能存在一定的障碍。于是，公司决定走网络无线（Internet Wireless）的发展道路，网络无线可能就会被投资者认为其是"具有无限想象空间""性感"的公司。为实现该目标，分众传媒通过并购，打造了分众无线。在分众传媒收购了聚众传媒和框架传媒之后，公司对相关业务进行了整合，形成了行业的主导权，收购了包括好耶等在内的中国十大广告代理公司中的六家公司，以及手机中短信广告做得好的几家公司，这一系列动作使公司获得了"最大的互联网广告公司是分众传媒，最大的手机广告公司也是分众传媒"的口碑，进而确立了中国最大的数字化媒体集团，市场也对这一转变做出了反应，公司的市盈率从25倍增长至40倍，公司估值一度超过80亿美元。

显然，江南春所在的分众传媒当时是在美国资本市场上市的，其股票价值有一个公开的市场报价。而分众传媒所收购的那些公司，大都没有市场报价。对分众传媒而言，市盈率达到40倍，而被并购的标的公司，市盈率大都在6倍左右。按照市盈率估值法，假设每股盈余不变，这些被并购公司的加入，将在很大程度上提升分众传媒的市值。

从这个故事可以看出，一家公司的估值可以由两个主要因素决定：会计数字和市场评价。会计数字，如收入、利润、现金流、每股账面资产等，都可以通过公司的努力呈现，而市场评价则更为复杂，既有公司向市场传递出来的故事是否有说服力，也有投资者是否理性、交易是否存在噪声等多方面因素。站在公司的角度，要想提升自身的价值，应从做实公司业绩、提升公司形象两个角度发力，并在建立投资者信任、向市场讲好故事等方面努力。

4.4 案例解析：从禧诗到苹果

提起沃伦·巴菲特，很多人想到的标签通常是股神、慈善家、伯克希尔 - 哈撒韦公司的董事局主席兼首席执行官等，也会想到他投资的一些经典案例，如可口可乐公司、禧诗糖果、蓝色印花公司、所罗门证券、中国石油、比亚迪、苹果等，对于价值投资中涉及的市场先生、内在价值、安全边际、复利、护城河等更是耳熟能详（参见表 4-11）。与此同时，巴菲特还会通过年报、股东大会、媒体等不同渠道，向市场灌输其投资理念。

表4-11 价值投资中涉及的部分概念一览

概念	解读
市场先生	市场先生会报出一个它乐意购买或卖出的价格，却不会告诉你真实的价值，且市场先生情绪很不稳定，它会受到各种因素的影响，导致价格飘忽不定、扑朔迷离
内在价值	内在价值代表股东预期未来收益的现值，其中一个关键前提是"现值"，这是一个估计值，而不是一个精确的数字，不同的人会有不同的判断
安全边际	在理解内在价值的基础上，安全边际是投资者与市场先生打交道的有效方式。例如，计算出来的内在价值是10元/股，市场先生给出的价格是6元/股，那么差额4元就可以被视为安全边际。安全边际要求投资者保持合适的理性预期，在极端情况下（如资本市场关闭或上市公司清算）仍能控制亏损
复利	复利被爱因斯坦称为世界第八大奇迹。"棋盘与麦粒"的故事很好地解读了复利的威力，即在第一个格子放一粒麦子，第二个格子翻倍，依此类推，放满64个格子，这会是一个惊人的数字。其蕴含的简单道理是，坚持做，时间会带来奇迹
护城河	护城河代表了企业独特的竞争优势，比如无形资产（品牌、专利或特许经营资质）、转换成本、网络效应和规模效应、不断创新并创造长期价值等

资料来源：根据公开资料自行整理。

尽管价值投资理论成型于 20 世纪 30 年代，但巴菲特对其的了解和应用却是随着时间的流逝不断发展与完善起来的，其早期投资更广为人知的是"捡烟蒂"理论，根据他的好友及助手查理·芒格的回忆，1959 年两人初次相识时，巴菲特做的大量交易，都是将资金投入到价格很便宜的可交易证券上。按照专家的解读，这些可交易证券的主体通常是规模较小、类似"烟蒂"的公司，虽然已经没有多少价值，但仍然有投资者在"吸"。巴菲特如果能够在正确的时间进行投资，就有可能从这些投资者身上获利。1956 年，巴菲特合伙企业以 10.51 万美元起步，其中巴菲特本人仅投入了 100 美元，其他合伙人投入了 10.5 万美元，但就是靠着"捡烟蒂"理论，巴菲特赚取了第一桶金，并在 1962 年年初搬入了"基威特大厦"，此时公司的投资总额已经达到 700 万美元，相当于短短几年内资产翻了 60 多倍，盈利情况也非常可观。

4.4.1 投资伯克希尔是个"错误"

巴菲特所在的公司伯克希尔－哈撒韦，在他接手时是以纺织为主业，该业务盈利前景并不乐观，因公司的运营亏损及股票回购，在 1964 财年末，账面净资产价值（股东权益）仅为 2 200 万美元。正如他的搭档查理·芒格所言，他们拿到的是一手烂牌，但经过数十年持续不断的努力，这家公司的表现日益引起市场广泛关注，逐渐发展成为一家集保险和再保险业务、铁路、公用事业和能源业务、制造和零售业务、金融与金融服务业务在内的庞大集团。公司不仅常年位列全球市值榜单前十，巴菲特个人也多次荣登美国首富宝座。

在伯克希尔－哈撒韦公司 2014 年年报中，巴菲特以"伯克希尔：过去、现在和未来"为题，发表了致股东信，其中深入谈及了他的投资理念及其转变。

首先，投资伯克希尔－哈撒韦公司是一个错误。当时的伯克希尔公司是一家北部纺织制造商，且业绩非常糟糕。该公司先后关闭了 9 家工厂，并使用清算这些工厂所得资金回购股票，这一操作手法引起了巴菲特的注意。

巴菲特在 1962 年 12 月购买了第一股伯克希尔股票，希望公司会更多地关闭工厂并回购更多的股票。从理论上来说，如果流通在外的股份数量减少，那么单位股份的内在价值就有望提升；如果市场需求不变，那么股票的价格就会上升。1962 年，伯克希尔的股价为每股 7.5 美元，而每股营运资本为 10.25 美元，每股净资产面值为 20.20 美元。在巴菲特看来，伯克希尔公司 1962 年的股价是低估的，根据他所遵循的"捡烟蒂"理论，他开始买入伯克希尔公司的股票。

买进之后，伯克希尔公司也貌似沿着巴菲特期望的路径在前行，又关闭了两家工厂。在 1964 年 5 月，伯克希尔公司计划将关闭工厂获得的资金用来回购股票，公司时任 CEO 西伯里·斯坦顿给出的报价，比巴菲特原始持仓成本高出 50% 左右，如果正常操作的话，巴菲特就会把手中持有的股票变现，然后去找下一个"烟蒂"。

然而，实际操作中，巴菲特不但没有卖出，反而开始激进地购买了更多伯克希尔的股票。原因是伯克希尔公司当时的负责人（斯坦顿）提出了以每股 11.375 美元的价格回购 225 000 股公司股票，该回购行为正中巴菲特下怀，但这个价格却比巴菲特的预期低。在提出回购要约的时候，伯克希尔公司流通的股份数量为 1 583 680 股，其中 7% 左右是由巴菲特有限责任合伙公司（Buffett Partnership Ltd.（BPL），这是一家当时由巴菲特管理的投资实体，巴菲特几乎全部身家都集中在这家公司上）持有。在伯克希尔公司提出回购要约之前，曾经和巴菲特进行了私下沟通，询问巴菲特愿意出售股票的心里价位，巴菲特直接给出了 11.50 美元 / 股的报价，伯克希尔公司负责人很开心"双方有望达成一个交易"。

然而，伯克希尔公司，最终给出的公开报价只有 11.375 美元，比巴菲特的心理价位稍微低一点儿。这一行为惹怒了巴菲特，他决定 BPL 所拥有的伯克希尔股份不卖了，不仅不卖，巴菲特还拼命地在公开市场买入伯克希尔的股票。

到了 1965 年 4 月，巴菲特通过巴菲特有限责任合伙公司持有了伯克希尔流通在外股份总数 1 017 547 股中的 392 633 股，也就是说持有上市公司约 38.59% 的股票，成了第一大股东，占巴菲特有限责任合伙公司资本投资的 25% 以上。

按照巴菲特的说法，是因为斯坦顿和自己"孩子气"的行为，导致自己成了伯克希尔公司的第一大股东，巴菲特成为新老板后，立即解雇了斯坦顿。巴菲特买入伯克希尔公司时，公司的相关财务数据如表4-12所示。

表4-12　伯克希尔-哈撒韦公司1960～1964年相关财务数据节选

（单位：美元）

项目	1964年	1963年	1962年	1961年	1960年
销售收入	49 982 830	50 590 679	53 259 302	47 722 281	62 608 679
净利润	175 586	−684 811	−2 151 256	−393 054	4 623 980
每股盈亏	0.15	−0.43	−1.34	−0.24	2.84
现金分红	0	0	160 738	1 205 535	1 715 323
每股红利	0	0	0.10	0.75	0.95
股东权益	22 138 753	30 278 890	32 463 701	36 175 695	37 981 820
每股净资产	19.46	18.84	20.20	22.51	23.37

资料来源：根据伯克希尔-哈撒韦公司年报整理。

显然，从表4-12中披露的财务数据看，巴菲特1962年开始购买伯克希尔的股票，到1965年成为公司控股股东，公司的财务数据如销售收入呈现恶化的趋势，净利润也是到1964年才扭转颓势，巴菲特买入股票的初衷，原本是赚一个价差就走，但因为赌气，他最终成为公司的实控人。

从巴菲特投资伯克希尔公司的风格来看，他最初的操作手法，就是在市场上寻找他认为具有安全边际的低价股，通过财务数据"算"出来一个价格，并将该价格与股票市场的交易价格进行比较。例如，他最初购买伯克希尔的股票时，公司的每股净资产为20.20美元，而股票市场的交易价格仅为7.50美元，相当于打了三七折。这也是"捡烟蒂"理论的很好实践。

巴菲特也很清楚，"捡烟蒂"理论在他投资生涯的初期，很好地发挥了作用，尤其是在20世纪50～60年代，帮助他完成了资本的原始积累。然而，改变他这一投资理念的人是芒格。按照巴菲特自己的说法，芒格最重要的贡献是帮助设计了今天的伯克希尔，他给了巴菲特最重要的忠告：忘掉你所了解的"以一个好价格购买一项公允的业务"，相反，要"以一个公允的价格购买一项好业务"。简单来说，买股票就是买公司的一部分，价格是一个考量因素，公司本身的质量也是一个考量因素，在巴菲特看来，价格很重要，但芒格告诉他，相比较而言，公司这个标的好不好、是否优质更为重要。

4.4.2　投资禧诗糖果公司改变了巴菲特的理念

投资禧诗糖果（See's Candy）公司是一个转折点。时间来到了 1972 年，伯克希尔公司通过其子公司蓝色印花（Blue Chip Stamps）获得了购买禧诗糖果公司的机会。蓝色印花公司是由芒格、巴菲特和伯克希尔共同投资的公司，随后，该公司被伯克希尔合并。

禧诗糖果公司是一家在美国西海岸具有传奇色彩的盒式巧克力生产制造及零售商。公司每年产生的税前利润总额大约在 400 万美元，而实现这一收益仅占用了 800 万美元的有形净资产。此外，公司还有一项巨大的资产没有在资产负债表中显示，即公司拥有一个非常广泛而持久的竞争优势，可以让公司有显著的定价权。这项定价权，不仅成为公司非常重要的竞争优势，还能让禧诗糖果公司在未来获得巨额回报。与此同时，公司仅仅需要投入很少的增量资金，就可以维持甚至放大这种优势。换句话说，在巴菲特的眼中，禧诗糖果公司在未来数十年内可以源源不断地产生可观的现金流。

当时的禧诗糖果公司的实控人希望以 3 000 万美元的价格卖出，芒格也认为这个价格很合理。但巴菲特是财务分析专家，他有一整套估值方法，他只愿支付 2 500 万美元。在他看来，出价 2 500 万美元都让该笔交易显得吸引力不足，这个价格是禧诗糖果公司有形净资产的三倍，已经算巴菲特的大手笔了。

好在很幸运，卖方最终同意以 2 500 万美元成交。等到巴菲特控股伯克希尔 – 哈撒韦 50 周年时，公司算了一笔账，禧诗糖果公司赚取的税前利润总额达到了 19 亿美元，而维持公司健康成长的额外投资仅为 4 000 万美元，这个投资回报是非常惊人的。此投资回报还没有考虑禧诗糖果公司给伯克希尔公司的分红，以及伯克希尔公司拿这些分红进行再投资所带来的复利。也就是说，禧诗糖果公司是一只"金鸡",每年都产出很多的"金蛋",而公司又拿这些"金蛋"孵化出了更多的"金鸡",实现资本的持续增值。随着时间的流逝,巴菲特日益认识到,芒格的忠告是有道理的,购买股票时价格固然重要,标的公司的质量更值得关注。这也让巴菲特悟到,拥有品牌价值的强大影响力,此后,投资禧诗糖果公司的经验也被他广泛应用到其他投资决策上。

4.4.3 投资苹果公司,再一次验证了巴菲特的转变

近几年市场参与者津津乐道的事件,是苹果公司成为巴菲特的"新宠"。投资苹果公司,某种程度上意味着巴菲特投资理念的再次改变,在伯克希尔 - 哈撒韦 2016 年的年报中,公司列示了年末市值排名前十五位的普通股投资,按字母排序,苹果公司(Apple Inc.)首次出现在了巴菲特的持仓名单中。信息显示,巴菲特以 67.47 亿美元的价格,持有 61 242 652 股苹果股票,持有苹果公司约 1.1% 的股份,持仓成本约为 110 美元 / 股。到 2022 年末,伯克希尔 – 哈撒韦公司披露其所持有的苹果公司的投资公允价值已经达到 1 190 亿美元,是权益类投资组合中价值排名第一的投资,与投资美洲银行(342 亿美元)、雪佛龙公司(330 亿美元)、可口可乐公司(254 亿美元)、美国运通(224 亿美元)一起占到公司权益投资总公允价值的 75% 左右。

在 2023 年召开的年度股东大会上,巴菲特表示,苹果公司有很大的优势,原因是"苹果公司不断回购自己的股票,都不需要我们做什么,持股价值就在上升"。在他看来,"苹果公司是比我们自身的子公司更好的公司之一。尽管我们的铁路业务已经很好了,但还是赶不上苹果公司业务的优质程度"。

此外,巴菲特还分析了投资苹果公司的价值所在,认为苹果公司拥有非常好的业务,"利润率很高,用户忠诚度很高,与消费者关系密切"。要知道,巴菲特与微软公司的创始人比尔·盖茨关系密切,甚至在 2006 年 6 月,巴菲特决定将自身财富的 85%,总价值约 375 亿美元捐给 5 家慈善基金会,其中约 300 亿美元捐给比尔 & 梅琳达·盖茨基金会,但他从未买过微软的股票。在伯克

希尔-哈撒韦公司的年报中披露了公司的投资六原则，其中第五条是标的公司"业务简单"，言下之意，就是没有看不懂的"高科技"，如果标的公司有很多的"高科技"，巴菲特就会看不懂，那么伯克希尔公司也就不会去投资。在巴菲特眼中，微软公司是一家"高科技"公司，尽管上市以来股票价格屡创新高，巴菲特本人也与盖茨私交甚笃，但因为看不懂高科技，他在投资时就坚决不碰。

盖茨和苹果公司的创始人斯蒂夫·乔布斯都出生于20世纪50年代，两人的职业生涯中有非常多的交集，有合作也有竞争，微软公司和苹果公司甚至打过专利权的官司。苹果公司被视为高科技公司并不为过，但巴菲特没有投资微软公司而是投资苹果公司，一方面可能意味着巴菲特投资风格的改变，开始接触高科技公司；另一方面可能意味着巴菲特看懂了苹果公司的生意。

根据伯克希尔-哈撒韦公司发布的2021年年报，截至2021年12月31日，伯克希尔公司持有苹果公司907 559 761股股票，占苹果公司流通在外的股票数量比例为5.55%，这些股票的成本约为310.89亿美元，市值约1 611.55亿美元。这些数字表明，巴菲特自2016年首次购买苹果股票以来，持有的股份数量和占比在持续增长，股票增值超过四倍。与此同时，2021年年报中将苹果公司视为公司"四大巨人"之一，从持股比例看，伯克希尔-哈撒韦公司所持有的苹果公司的股票比例从上一年的5.39%增至本年的5.55%，虽然增长并不多，但考虑到苹果公司2021年的净利润达到946.80亿美元，增长0.1%的份额就接近1亿美元，如果按照10倍的市盈率计算，那么股票价值增长惊人，也就是说，伯克希尔公司并没有花费一分钱来增持，仅仅是因为苹果公司进行了股票回购，就相当于给伯克希尔公司增加了16亿美元的收益。

苹果公司的分红很好地美化了伯克希尔公司的年报，2020财年苹果公司支付给伯克希尔公司的红利高达7.85亿美元。此外，按照伯克希尔公司持有苹果公司的股票份额所计算的投资收益就超过50亿美元。而苹果公司将留存利润大量用于回购自身的股票，这是巴菲特非常欢迎的做法。根据苹果公司的年报，2021财年，苹果公司花费859.71亿美元来回购公司的普通股，这一数字是公司当年支付的现金分红144.67亿美元的近6倍。苹果公司近年财务数据如表4-13所示。

表4-13　苹果公司近年财务数据概览　　（单位：亿美元）

项目	2023财年	2022财年	2021财年
销售收入	3 832.85	3 943.28	3 658.17
税前利润	1 137.36	1 191.03	1 092.07
净利润	969.95	998.03	946.80
每股收益（美元/股）	6.16	6.15	5.67
总资产	3 525.83	3 527.55	3 510.02
净资产	621.46	506.72	630.90
回购股票花费	775.50	894.02	859.71
现金分红	150.25	148.41	144.67

资料来源：根据苹果公司年报整理。

表4-13中，苹果公司的销售收入、净利润、总资产、净资产等均保持相对稳定的状态，反映公司日常运营产生了巨额的利润，而公司管理层将赚取的利润几乎全部用来分红和股票回购，在回馈股东的同时，也推高了公司股票的价格。

站在投资的角度，巴菲特在公司年报中明确披露了公司的投资六原则（见表4-14），当标的公司同时满足这六项原则时，就会成为伯克希尔满意的公司。这些原则不仅适用于"整体买入"的标的公司，显然也适用于投资苹果这样的公司，这为理解巴菲特的价值投资理念提供了一个较好的视角。

表4-14　投资原则的适用性分析

序号	原则内容	苹果公司特征
1	大额购买。该业务至少有7 500万美元的税前利润，或者该业务与（伯克希尔）公司现有单元的业务适配	巴菲特2016年首次购买苹果股票时，苹果公司2016年10月26日发布的财报显示，公司的税前利润为613.72亿美元。
2	展现出一贯的盈利能力（我们对未来预测不感兴趣，也没有"业绩变脸"的忧虑）	苹果公司连年盈利，其中2021~2023财年的税前利润稳定，超过千亿美元

（续）

序号	原则内容	苹果公司特征
3	公司赚取很好的净资产收益率，与此同时不用或很少使用负债	考虑分红和股票回购，苹果公司近年来的净资产收益率超过100%。公司负债并不少，其中，2022财年负债总额高达3 020.83亿美元，但公司流动资产加上市值证券的账户余额就达到2 562.1亿美元。总体而言，公司资本结构相对稳定，偿债能力较强
4	管理层在位（公司无须外派管理人员）	蒂姆·库克的管理团队非常优秀
5	业务简单（没有看不懂的"高科技"）	苹果公司的收入主要来自产品收入和服务收入，产品收入为硬件，如手机、iPad等；服务收入如苹果商店的服务分成。两项收入结构较为稳定，呈逐年增长态势，且毛利率保持稳定
6	有公开市场报价（伯克希尔公司不希望浪费时间与卖方就交易价格进行谈判）	苹果公司有明确的市场报价

资料来源：根据伯克希尔–哈撒韦公司和苹果公司年报整理。

显然，苹果公司既有传统公司如手机设计销售这样的业务，也有互联网平台服务收入，属于传统与现代相融合的一家公司，其产品及服务也体现了一定程度的科技性，但从整体上来看，苹果公司仍然符合巴菲特的投资原则。以2023年末数据为参考，苹果公司的股价为192.53美元/股，市值约3万亿美元。

结合巴菲特在伯克希尔–哈撒韦公司2021年股东年会的讲话来看，苹果公司每年进行的股票回购是一个值得赞赏的行为，仅仅通过回购，伯克希尔公司什么也不用做，就可以实现投资的增值。以2021财年为例，苹果公司花费了859.71亿美元进行回购，相当于给伯克希尔公司带来47.71亿美元的回报，再加上现金分红144.67亿美元，又给伯克希尔公司带来8.03亿美元的回报，两者合计的回报额达到55.74亿美元，按照伯克希尔–哈撒韦公司2021年末所持有的苹果公司股票成本310.89亿美元计算，即使不考虑股票价格波动，股息回报率约为 17.93%，这也是一笔很好的投资。

综上所述，无论是早期投资伯克希尔 - 哈撒韦公司、20 世纪 70 年代投资禧诗糖果公司、还是 2016 年以来投资苹果公司，巴菲特都应用了标的公司的财务报表数据，并根据标的公司的每股有形净资产、每股营运资本、净资产收益率等财务指标进行投资决策。与此同时，在投资禧诗糖果公司时，巴菲特考虑了公司的品牌价值；在投资苹果公司时，巴菲特考虑了利润率、股票回购、现金分红、用户忠诚度以及与消费者关系等因素，体现了其与时俱进的投资理念。

在本质上，标的公司要赚钱，"税前利润至少达到 7500 万美元"，说明巴菲特仍然关注利润表，关注公司的盈利能力。"展现出一贯的盈利能力"，说明不应只看一年的财务报表数据，而应看 5～10 年的财务报表数据，甚至看该公司所在行业的整个经济周期的表现，以评估公司是否具有穿越周期的赚钱能力；公司赚钱、一贯地赚钱，是通过经营手段如产品创新来赚钱，还是通过财务手段如放杠杆来赚钱，也是巴菲特关注的重点。公司赚取很好的净资产收益率，同时，不用或很少使用负债。因此，公司的资产负债率、资产与负债期限结构的匹配度、公司的偿债能力同样是关注点，需要谨慎对待，避免公司出现财务风险。"管理层在位"，体现了投资即是投人的理念，要想公司的市值高，需要有好的业绩支撑，业绩的起点是收入，这意味着公司需要有好的产品，有一支优秀的管理团队，能够不断追求卓越。"业务简单"，则需要与前面的几个因素结合起来，如果说公司的业务很简单，又很透明，没有看不懂的地方，还能够持续赚钱，说明这家公司具备核心竞争优势，具有很好的"护城河"，很难被竞争对手模仿或超越，且可以在可预见的将来继续保持下去。如果将前五项原则视为标的公司本身所拥有的特征，可以为投资估值提供"参考基准"，那么"有公开市场报价"就成为投资估值的基础，优质标的公司固然重要，但用相对公平的价格取得优质的标的公司，才是巴菲特秉承的投资原则。

需要说明的是，财务报告能够提供决策所需要的信息，但并非决策的唯一信息来源。从估值的角度看，不同的方法会得出不同的结论，例如，传统行业与互联网行业就有很大的差异；即使针对同样的传统行业，也有股利模型、现金流折现模型等多种估值方法可供选择；再加上市场的成熟度、投资者的理性、法治环境的完备等诸多影响因素，股票价格能否真实公允地反映公司的内在价值，需要经过市场和时间的检验。在会计准则日益完善、市场环境日益优化的背景下，投资者具有了基本的财务知识和良好的鉴别能力，通过财务与市场数据的比较，就有望甄别出"好"公司和"坏"公司，进而做出理性的投资决策。

第 5 章

关注偿债能力和意愿
债权人的视角

在现实经济活动中，很少有一家公司是完全靠自有资金的积累发展起来的，用好杠杆，放大收益往往是一种现实选择。然而，若杠杆用得不好，也可能造成灾难性的后果。那么站在债权人的角度，为什么他们愿意把钱给公司，应该关注哪些点，这些都是值得探讨的问题。

翻开一家上市公司的年报，负债的内容非常丰富。以我国上市公司万科企业股份有限公司（000002.SZ，万科 A）为例，2023 年 3 月 31 日发布的公司 2022 年年报显示，截至 2022 年 12 月 31 日，万科的总资产为 17 571.24 亿元，而负债合计高达 13 521.33 亿元，资产负债率为 76.95%，负债的具体构成如表 5-1 所示。

表5-1 2022年万科A负债概览　　　　　　　（单位：亿元）

项目	2022年	占负债合计比例
流动负债：		
短期借款	41.33	0.31%
应付账款	2 892.16	21.39%
合同负债	4 655.81	34.43%
应付职工薪酬	67.63	0.50%
应交税费	318.35	2.35%
其他应付款	1 739.05	12.86%

（续）

项目	2022年	占负债合计比例
其他	1 063.69	7.87%
流动负债合计	**10 778.02**	**79.71%**
非流动负债：		
长期借款	1 807.73	13.37%
应付债券	688.16	5.09%
租赁负债	220.66	1.63%
其他	26.76	0.20%
非流动负债合计	**2 743.31**	**20.29%**
负债合计	**13 521.33**	**100%**

资料来源：根据万科年报整理。

从表 5-1 可以看出，在万科 A 的负债中，流动负债合计占负债合计的 79.71%，非流动负债合计占负债合计的 20.29%。流动负债中金额最大的是合同负债，这部分其实是客户提前支付的款项，原则上无须偿还，随着房产的交付，这部分负债可以转化为收入。在负债合计中，短期借款、长期借款、应付债券三项债务的总额达到 2 537.22 亿元，可以视为公司负债中的带息负债占比约为 18.76%，而不带息负债占比约为 81.24%。由此可以得出一个基本的结论，像万科 A 这样的房地产公司，资产负债率约 80%，负债中约 80% 为流动负债，与此同时，约 80% 的负债是不带息负债。作为资金密集型公司，万科 A 存在一定的负债压力，需要从供应商、客户、员工、银行等债权人处取得资金，以维持公司日常运行。对于为万科 A 提供信用支持的上游供应商、下游消费者、商业银行等，都会关注万科 A 的偿债能力，需要找到合适的指标对万科 A 进行评价，以做出正确的商业决策。

5.1　债权人分析：现金水槽框架

虽然统称为债权人，但银行、员工、供应商等不同的债权人对公司的分析视角并不相同。站在通用目的的债权人视角看，很少有人愿意看到交易对手违约，因此他们会希望公司以现金来偿付其到期债务。以银行为例，其发放贷款不仅关注本金的安全，还关注利息收入，在覆盖资金成本的同时，取得一定的风险溢价收入。因此，银行会适当关注：将来客户拿什么来还债，是否会违约，违约的概率有多大，违约之后会造成多大的损失，是否需要客户提供抵押担保或信用增级等。

最常见的一种分析工具是"现金水槽"，其运作原理有点类似一个瀑布，现金从高处倾泻而下，在满足各项现金支出后，剩余的资金是否能够有一个深度，为从高处跳下的"人"提供安全感。现金水槽理论的基本逻辑框架如图 5-1 所示。

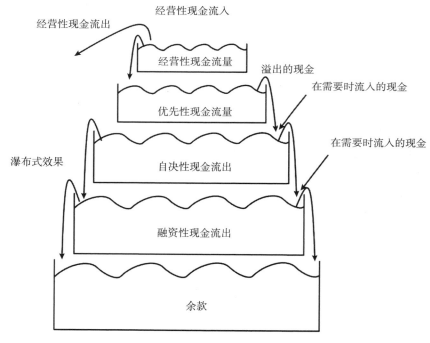

图5-1　现金水槽理论的基本逻辑框架示意图

从图 5-1 可以看出，分析的最终结果是看"余款"是否充裕，该余款是经过多个"水槽"流转之后剩下来的金额。对资金管理重视的公司，会将"余款"

的管理作为其基本目标，并通过设置"安全线"来进行资金的筹划。

图 5-1 中第一个水槽是"经营性现金流量"，这是一个净额的概念，表现为经营活动产生的现金流入减去经营活动产生的现金流出后的余额，即通过正常经营活动能够产生足够的正向现金流，意味着公司有很强大的现金生成能力，能够维持正常的经营活动。事实上，由于有些公司存在着大量的应收账款、存货、应付账款等余额，导致资金被占用，如果管理不善，则可能导致经营性现金流为负值，这就需要公司通过再融资来实现正常的生产经营，也就是说在第一层的"水槽"中就已经出现了赤字，也就没有多余的现金可以溢出到下一个水槽了。以万科公司 2022 年年报为例，公司经营活动产生的现金流量净额为 27.50 亿元，相较于 5 038.38 亿元的销售收入而言，"经营活动"这个水槽产出的现金溢余并不突出。

图 5-1 中的第二个水槽是"优先性现金流量"，该流量往往属于公司需要优先考虑的支出款项，尤其是在公司陷入困境时，也要及时考虑的开支，比如欠工人的工资、国家的税收、公开发行债券的利息等。此外，有些公司为了维持正常的生产经营活动，可能还需要投入一定的长期资产开支，如进行设备更新改造等，这都可以被视为优先性现金流量需求。

在满足这些需求后，现金流入了第三个水槽"自决性现金流出"，比如按照公司战略进行的扩张，或者可以用于提前偿还债务、进行战略投资布局、将资金用于短期投资理财等的资金安排，这通常属于公司可以"相对自由"动用的现金，类似于证券估值中常用的"自由现金流"。

再下来是第四个水槽"融资性现金流出"，例如，公司发行了优先股，需要支付优先股股利；发行了公司债、短期融资券等融资工具，需要支付利息，或者按照监管部门的要求，需要满足最低的现金分红条件等。在国内外资本市场上，部分公司坚持高分红策略，甚至有些公司每个季度都宣告派发现金红利，这对公司的盈利能力、现金管理能力都有很高的要求，如果部分公司无法及时筹措到这部分现金开支，很可能导致公司已经流通在外的证券价格大幅下挫，进而影响到公司的再融资能力。

图 5-1 表明，一家公司需要通过正常的经营活动产生足够的现金流，然后使用这些现金进行必要的开支，包括优先性开支、自决性开支、融资性开支等，最终仍然有一些余款留下来，从而增加公司的现金余额，这通常被视为公司具有很强的偿债能力。如果在任何一个水槽出现了"警示线"，那么站在债权人的角度，就意味着公司存在风险，有必要贴上警示标签。而公司也需要提前谋划，考虑从不同的渠道来筹集新的资金，以注入该水槽。

以苹果公司为例，2023 财年的现金水槽模拟如表 5-2 所示。

表5-2　苹果公司2023财年现金水槽模拟表　　（单位：亿美元）

现金瀑布	水槽名称	金额
第一层	经营性现金流量	1 105.43
第二层	优先性现金流量*	167.41
第三层	自决性现金流出*	109.59
第四层	融资性现金流出*	925.75
第五层	余款	-97.32

资料来源：根据苹果公司年报简单模拟。标注"*"的项目是简单计算得出的数据。其中，优先性现金流量，以公司的应付所得税替代；自决性现金流出，以公司购买的物业、厂房及设备替代；融资性现金流出，以公司支付的现金股利及股票回购支付的款项替代。

从表 5-2 中可以看出，即使是苹果这样的公司，其经营活动产生的现金流量也无法完全覆盖年度内的各项开支，尤其是在进行大额股票回购的情况下，最终可能导致公司货币资金余款的缩减。从年报披露的信息看，苹果公司当年还发行了定期债券筹集资金 52.28 亿美元，并通过买卖市值证券获得余款 160.01 亿美元，从而让公司的现金及现金等价物项目余额从 2022 财年末的 236.46 亿美元增至 2023 财年末的 299.65 亿美元。换句话说，为了满足融资性现金流出的需求，苹果公司就有必要在自决性现金流出水槽中注入新的资金，尤其是通过变现手中持有的证券投资来实现现金水槽的安全性。

需要说明的是，这是一种粗略的划分，其分析的重点是公司的现金流量表，只不过分析的起点是经营性现金流量，并对其他的支出进行合理的划分。当某个水槽出现赤字或超出警戒线时，公司有必要考虑找到新的资金来源，并将这些资金注入水槽中以保持安全性。

在实务中，一些专业机构也会开发出一些具有自身特色的分析框架，比如上海新世纪公司的朱荣恩教授，就在借鉴海外先进经验的基础上，提出了本土化、形象化的"三个麻袋"理论，用形象化的表现形式来表现一家经济主体的偿债能力，该理论的要点是将债务（负债）视为"秤砣"，所谓"秤砣虽小压千斤"，要平衡"秤砣"的压力，公司需要有让人信服的平衡能力或缓冲能力，即用来偿还债务的现金来源，如经营活动产生的现金流、资产变现产生的现金流、再融资产生的现金流或为债务提供缓冲的股东担保支持等，被比作"三个麻袋"，而麻袋的具体内容可能会有所差异。

对于债权人而言，其关注的往往是自己的本金利息是否能够足额的偿付，包括安全性、收益性和流动性等方面。类似于价值投资中的"安全边际"，要取得债权人的信任，债务人需要提供足够的"麻袋"来缓冲"秤砣"的偿付压力，确保在必要时能够筹集到充裕的资金，覆盖各项带息和不带息债务。

站在资产负债表的角度，"秤砣"通常代表的是刚性的债务负担，需要到期还本付息，一旦违约将会造成严重后果，导致公司的资产负债结构失衡。"垫子"可以是股东权益，为债权人提供保护，包括股东注入的资本、公司经营积累的历年盈余、资产实现的增值等。如果把债务看作一项必须履行的责任，公司一方面需要考虑债务负担的合理性，另一方面则需要规划足够的"垫子"来让债务得到缓冲，让公司在适度的杠杆下统筹安全与发展。具体分析时，可以将为债务提供缓冲的"三个麻袋"拓展到公司将来偿还债务的潜在资金来源上，如经营活动产生的现金流、资产变现产生的现金流以及滚动融资带来的现金流或外部支持带来的现金流等。

站在分析的视角，首先关注的是"秤砣"，即负债的内容。负债的构成既包括短期的刚性负债，如短期借款、应付票据、短期融资券等，还包括长期的刚性负债，如长期借款、应付债券等。此外，应付账款、其他应付款、一年内到期的长期负债和长期应付款等也是负债的重要组成部分，虽然刚性没有银行长短期借款、应付债券那么强，但会影响到公司的日常运营，同样需予以关注。与此同时，很多公司还会存在一些表外负债、或有负债等，比如公司为其他单位提供的担保，这也应在债务分析时考虑。以 A 股上市公司甲为例，该公司在发布年度业绩预告及业绩快报时，宣称因为各种担保问题导致巨额的预计负债，涉及 34 笔担保，总金额超过 41 亿元。随后，公司在年报中确认的预计负债为27.91 亿元，在负债增加的同时，公司确认相应的营业外支出，在减少利润的同时，最终导致公司所有者权益大幅减少。从年报披露的数据看，公司当年年末负债总额为 56.42 亿元，换句话说，因为担保导致的预计负债，就让公司的负债总额接近翻番。当"秤砣"重量增加，加之营业外支出导致的所有者权益"垫子"变薄时，公司的债务风险就会显著增加，影响公司的安全性。

"三个麻袋"中的第一个"麻袋"是经营活动产生的现金流量，也是承受债务压力最主要的"垫子"。举个简单例子，张三贷款买了辆车，并用这辆车进行运营，对债权人来说，最好的还款来源，就是张三通过运营该辆车所产生的现金流，来偿付贷款的本息。分析人员需要将资金的来源、用途进行匹配，以准确评估资金使用的绩效。现实生活中，如果某家公司的经营活动产生的现金流量净额为负值，就意味着该公司通过日常经营活动产生的现金流，不足以支付公司大量的费用开支和银行利息，也意味着第一个"麻袋"失去了垫子的作用。

第二个"麻袋"是公司的资产变现能力。仍以张三为例，因为种种原因，张三通过正常的运营，无法产生充裕的经营活动现金流，但张三名下的车辆仍在，必要时可以通过出售车辆来偿还债务。也就是说，当经营活动产生的现金流量失去"垫子"作用时，公司可以考虑通过处置资产予以变现，以偿还债务，形成缓冲。在现实生活中，部分上市公司会将手中持有的房产、有价证券变现，以及时偿付债务本息。例如，在 2023 年发生的美国硅谷银行破产案中，作为上市公司的硅谷银行最初就是及时卖出持有的 210 亿美元政府债券来偿付债务的。中国的万达集团，也曾通过出售手中的酒店资产来偿付债务。当然，有些资产可能无法及时变现或本身就有虚增成分，或者说公司的决策者、管理层不愿意低价出售手中的资产，这时候第二个"麻袋"的缓冲作用就形同虚设了。

第三个"麻袋"是企业通过滚动融资取得偿付债务的资金。以张三为例，正常的运营无法产生充裕的现金流，因为二手车市场不景气，即使把车辆卖了，也卖不出好价钱，这时候张三就要找到新的资金渠道来帮自己还债，如通过其他银行的贷款，来偿付车辆的贷款。现实生活中，一些大型公司往往通过在金融市场发行债券、短期融资券、商业票据等，以实现"新债"偿付"旧债"，或者通过新发行股票、可转换债券等来增加"麻袋"的厚度，为债务提供缓冲。

当然，张三也可以求助于他的亲友，先垫付一部分资金，或者临时帮忙提供周转性的资金，将来再进行偿还。现实生活中类似的例子也很多，比如乐视网陷入困境时，实控人就找到了融创，融创前后向乐视注资超过 165 亿元，成为乐视的"白衣骑士"。此外，还有一些公司会寻求大股东或政府部门的帮助，或与已有债权人进行债务重组的谈判等，为债务清偿提供缓冲。

需要说明的是，评级机构所采用的分析方法会随着环境的变化以及宏观经济政策、政府和大股东支持力度等因素进行相应调整。此外，与本书第 3 章图 3-2 提及的通用财务分析框架类似，评级人员也会对评级对象所提供的财务数据进行会计、财务及前景分析，尤其是在对评级对象的会计数据进行技术性调整之后才会加以使用，同时他们还会考虑行业发展趋势、评级对象战略定位及融资策略等。在对企业发行的债务融资工具进行评级时，评级人员会对发行主体、债项分别进行分析，在考虑业务风险、财务风险等因素的基础上评估个体信用状况，进而考虑地方政府、控股股东和实控人等支持能力及意愿，最终得出评级的结果。

5.1.1 ABC集团的现金流分析

ABC 集团成立于 1998 年，是一家大型木业加工集团，20×2 年，集团开始在全国十多个省市推行造林计划。由于该项目资金需求量较大，两年内的累计投资就达到了 25 亿元，且项目的投资周期长，受地区政策影响较大，存在一定的投资风险。为了让项目顺利进行，集团不断扩大银行借款的规模。到了 20×4

年，集团披露的银行借款总额就高达 16 亿元，其中超过 14 亿元为短期借款。集团将这些借款全部投入造林计划中，由于借款大都是短期性质，需要及时偿还，而资金所投入的项目却是长期性质，这就客观上造成了"短借长用"的问题，进而在财务报表中积聚了大量的流动性风险。此外，集团资金的借款时间相对集中，一旦无法取得充裕的现金，很容易导致资金链断裂。

从偿还债务的资金来源看，ABC 集团最理想的现金流"垫子"应来自日常经营活动。然而 20×4 年，集团将正常经营所需的原材料采购资金，也投资到了造林计划之中，导致集团的正常经营出现了问题：一是造林工程短期内无法产生现金流，二是造林工程挤占了集团日常经营的资金，使得集团正常经营受损，在经营规模大幅缩减的同时，下属企业也先后出现停产的情形。到了 20×4 年末，ABC 集团下属的 21 家企业中只有 1 家企业仍然坚持开展小规模生产。从财务报表上看，20×4 年 ABC 集团主营业务收入在 4 000 万元左右，经营活动产生的现金流量净额为 −8 亿元，不足以支付集团的日常开支和银行利息，到期的贷款出现了全面逾期的违约情况。从财务分析的角度看，ABC 集团经营性现金流无法承受偿债压力，第一个"麻袋"失去作用。

从资产结构看，集团 20×4 年末的可变现资产总额为 14.75 亿元，其中货币资金 0.3 亿元，存货 4.97 亿元，房屋和建筑物 3.88 亿元，机器设备 5.6 亿元。由于存货存在冷背残次情形，房屋和建筑物虽有一定的增值空间，但因购入时间早，增值空间有限，机器设备的变现更加困难。因此，通过评估，ABC 集团预估实际资产的变现价值约为 12 亿元，无法覆盖 16 亿元的债务，第二个"麻袋"虽有缓冲作用，但不足以支撑银行贷款这一"秤砣"。显然，分析人员在分析第二个"麻袋"的时候，已经对财务报表中的可变现资产价值进行了技术性调整，以更贴切地反映这些资产的实际变现价值。

这时候，如果 ABC 集团要实现持续经营的目标，偿还债务的第三个"麻袋"就要发挥作用。例如，与银行进行谈判，实施债务展期；或与银行建立战略协议，让银行继续贷款以实现项目正常运行，并通过项目未来的现金流来偿还债务；还可以考虑与银行签约，通过停息留债或债转股的方式来缓解公司的债务压力；也可以寻找新的战略股东，通过让渡部分股权来取得新的资金来源，以缓冲债务压力。

在 2008 年的金融危机中，美国第四大投行雷曼兄弟因债务规模超过 7 000 亿美元，且这些债务所形成的很多房地产资产无法取得充裕的经营现金流，导致第一个"麻袋"无效；同时，由于整个信贷市场逐渐冻结，公司又不愿意低价出售资产（因为一旦低价出售资产，就会在报表上确认资产变现损失，进而引发投资者对类似资产进行价值重估，导致公司利润表上出现更大规模的亏损，影响公司的资本结构），而是通过抵押融资的方式来筹集资金，但在资产价值逐渐缩水的背景下，第二个"麻袋"也失去了足够的保护作用。当雷曼兄弟与包括巴菲特在内的多家潜在投资机构洽谈股权交易失败且美国政府也不愿意提供资助时，公司破产也就成了不可避免的结果。

5.2　评级用指标：财务加非财务

在资本市场中，评级机构是一股重要的力量。早在 20 世纪初期，一些评级机构如穆迪、标准普尔公司就开始对工业性公司的债券信用质量进行评级，他们从各种渠道收集必要的定性、定量信息，通过加工处理生成一个评级观点，并用简明的符号来传达证券的内在价值或信用质量。随着时间的流逝，这些机构的观点逐渐得到市场的认可，并在资源配置中发挥着重要的作用，其分析框架及指标也得到利益相关者的关注和使用。

我国的资信评级行业伴随着资本市场的发展，20 世纪 90 年代以来得到了长足的发展，以中诚信国际、上海新世纪等公司为代表的信用评级机构，在借鉴海外经验的基础上，逐步形成了自身的评级理念，通过结合中国的实际推出了相应的评级产品，为金融资源的有效配置发挥重要作用。投资者可以通过阅读评级报告、跟踪评级报告，获取目标公司相关的财务信息及评级结论，也可以据此了解评级机构的评估方法。

以万科企业股份有限公司为例，公司网站公开披露的信息显示，万科 2020

年面向合格投资者公开发行公司债券（第四期，品种二），发行规模为 16 亿元，债券期限为 7 年（附第 5 年末发行日赎回选择权、发行日调整票面利率选择权和投资者回售权），债券票面利率为 4.11%，发行价格按面值 100 元 / 张平价发行，每年付息一次，到期一次还本，付息日为 2021～2027 年每年的 11 月 13 日，兑付日为 2027 年 11 月 13 日，经中诚信国际综合评定，万科的主体信用等级为 AAA，该期债券的信用等级为 AAA，债券募集资金扣除发行费用后将全部用于偿还即将到期或回售的公司债券。

以上资料显示，万科通过公开市场发行债券筹集资金，并聘请了专业评级机构进行评级，债项和主体均获得了 AAA 级评级结论，该评级结果有助于降低公司的债务融资成本。同时，所筹集的资金用于偿还即将到期或回售的公司债券，表明公司拥有一定的财务弹性，可以通过公开市场滚动融资来实现债务的清偿。因此，万科有动机维持良好的市场形象和投资者信心，一旦发生重大负面事项，公司将出现股债价格大幅下跌、融资成本上升的情形，极端情况下甚至无法通过再融资的方式来偿还债务。

在实践中，由于评级指标的相对透明，一些公司为了维持自身的信用级别，会通过降低融资成本来确立竞争优势，有些公司还会通过粉饰报表来达成目标。例如，2001 年申请破产的美国能源巨头安然公司，在 1999 年 11 月这个距离其公开年度财务信息、告知评级机构全年业绩的关键时刻，安然公司发现离"目标"还存在 5 亿美元的资金缺口，为了维持公司的高信用级别，管理层通过推出纳汉尼项目（Project Nahanni）来粉饰报表。该项目发生于年末报表日前，由安然公司和花旗集团共同完成，花旗集团通过纳汉尼这个特殊目的实体，给安然一家子公司马伦戈（Marengo）提供资本并换取相应的权益，即马伦戈可视作安然公司和纳汉尼共同组建的合伙企业。其中花旗集团提供了 4.85 亿美元的负债以及 1 500 万美元的股本，纳汉尼立即用该笔资金购买了 5 亿美元的美国短期国库券，以取得马伦戈的少数股东权益。1999 年 12 月 29 日，安然指使马伦戈出售这批国库券，将所得款项在公司合并财务报表中列示为经营活动产生的现金流，安然公司再运用该笔款项偿还负债，从而实现美化报表、维系级别的作用。

类似的例子也发生在雷曼兄弟的案例中 [○]。对于雷曼兄弟这样的投资银行，其资产负债率很高，每天都需要从公开市场取得资金来维系公司的正常运作，因此维护公司的形象和建立投资者的信心就显得非常重要。而维护形象和建立信心的一个重要渠道，就是保持和评级机构及分析师的良好关系。在对雷曼兄弟这类投资银行进行评级的过程中，标准普尔、惠誉等全球性评级机构都着重考察的一个指标是净杠杆，该比率根据资产负债表中的基础数据，按照"（总资产 − 抵押协议）/股东权益"的公式计算而来，一般来说该指标越低，表明公司的信用质量越高。于是雷曼兄弟通过减少问题资产来操控杠杆，其操作手法是通过回购交易在资产负债表日"短暂"降低资产头寸。表 5-3 模拟了雷曼兄弟的资产负债表。

表5-3 模拟的雷曼兄弟资产负债表简表 （单位：亿美元）

资产	金额	负债	金额
现金	75	短期借款	2 000
金融工具	3 500	抵押融资	3 250
抵押协议	3 500	长期借款	1 500
应收账款	200	应付账款	980
其他资产	725	股东权益	270
合计	8 000	合计	8 000
总杠杆		总资产/股东权益=8 000/270 ≈ 30	
净杠杆		（总资产−抵押协议）/股东权益＝（8 000−3 500）/270≈17	

表 5-3 是雷曼兄弟在正常（没有回购交易）情况下的报表，为了将杠杆比率降下来，雷曼兄弟的管理层开展与第三方的回购交易，并通过回购交易所得的款项来偿还债务，这违反了会计准则，将该笔回购交易处理为"真实出售"业务，从而起到粉饰报表、降低杠杆的作用。举个简单例子，2007 年 12 月 27 日（资产负债表日前 3 天）雷曼兄弟与交易对手（如花旗银行）签订了一份总额为 500 亿美元的证券回购协议，以 5% 的利率获得短期资金来偿还回购产生的负

○ 参见袁敏，朱荣恩 . 雷曼兄弟事件中的会计问题及启示 [J]. 会计研究，2010（10）：26-33.

债，同时承诺 2008 年 1 月 3 日完成这些证券的回购。雷曼兄弟将该笔交易处理为由存货出售和远期回购合约组成的"回购 105 交易"，会计处理上增加了一个账户"长期存货—衍生品"来反映远期回购产生的衍生工具价值。在此交易中，雷曼兄弟在获得资金时会影响三个资产类账户：两个账户增加（分别是现金增加 500 亿美元、衍生品增加 25 亿美元）、一个账户减少（用作"出售"的证券类资产减少 525 亿美元）。同时，雷曼公司利用所获得的资金偿还前期回购产生的短期负债，导致现金（资产）减少 500 亿美元、抵押融资项目（负债）减少 500 亿美元，从而达到了期末将证券类资产"暂时"移出资产负债表，进而美化财务状况和降低杠杆水平的目的，如表 5-4 所示。

表5-4　雷曼兄弟通过"回购105交易"降低杠杆一览表　　（单位：亿美元）

偿还500亿美元负债前				偿还500亿美元负债后			
资产	金额	负债	金额	资产	金额	负债	金额
现金	575（↗500）	短期借款	2 000	现金	75（↘500）	短期借款	2 000
金融工具	2 975（↘525）	抵押融资	3 250	金融工具	2 975	抵押融资	2 750（↘500）
抵押协议	3 500	长期借款	1 500	抵押协议	3 500	长期借款	1 500
应收账款	200	应付账款	980	应收账款	200	应付账款	980
长期存货—衍生品	25↗			长期存货—衍生品	25↗		
其他资产	725	股东权益	270	其他资产	725	股东权益	270
合计	8 000		8 000		7 500		7 500
总杠杆				总资产/股东权益=7 500/270≈28			
净杠杆				（总资产−抵押融资）/股东权益=（7 500−3 500）/270≈15			

显然，通过回购协议，雷曼兄弟成功地将杠杆下降了大约 2 个点。当整个市场的平均总杠杆为 30，而雷曼兄弟的总杠杆为 28 时，市场参与者，尤其是交易对手就会对雷曼兄弟形成一个杠杆较小、风险较低的印象，再加上注册会计

师、评级机构等中介的背书，雷曼兄弟的财务报表得以美化，其信用级别得以保持在投资级别，从而有利于公司持续从公开市场上以较低的资金成本进行再融资。

当然，不同的评级机构针对不同的发债主体或融资工具，给出的评级指标体系和参照值都会存在一定的差异，且评级机构也会与时俱进地对方法论、指标体系等进行调整，以更好地反映评级对象的风险状况。在实务中，评级机构采用的基本框架基本由定性指标和定量指标组成。以 20 世纪 90 年代为例，标准普尔公司给出了其评级采用的基本框架如表 5-5 所示。

表5-5　标准普尔公司评级框架

定性分析——企业风险		定量分析——财务风险	
成长前景	● 行业及发展趋势 ● 行业内技术变更 ● 公司在行业中的地位及同业比较 ● 管理素质	现金流充足性	● 利息覆盖倍率 ● 现金流占总负债的比率 ● 经营性自由现金流占负债比率
资本需求	● 固定或营运资本密度 ● 增资需求 ● 研发开支需求	资本结构/资产保护情况	● 财务杠杆 ● 债务结构，包括对租赁、表外债务的评估
竞争环境	● 产品属性（商品或差异化程度） ● 竞争者状况（国内外） ● 进入壁垒 ● 生产的基础设施投入 ● 监管环境	盈利能力	● 特定财务目标：净资产收益率、总资产收益率、永久性资本回报率等 ● 历史的、当前的和项目的业绩状况 ● 商业周期业绩表现 ● 盈利波动性
分散化及所有权结构	● 管理分散化的能力 ● 与母公司的关系，包括财务、管理、经营、研发和技术支持、在集团中的位置及相对规模等	财务弹性	● 与法律问题、保险覆盖率、贷款合同中的限制性条款以及与附属公司的债务相关的因素等

资料来源：根据标准普尔公司公开评级资料整理。

显然，评级机构采用的具体分析框架较为复杂，可能会从国家、行业、公司、项目等不同角度切入，涵盖管理层素质、行业地位和竞争优势等定性因素，也涵盖利息保障倍数和盈利能力等定量因素。换句话说，评级机构在进行信用分析时，采用的是一种全景式的扫描，以更好地为评级对象画像。在实务当中，公司应该与评级机构充分沟通，以努力维护较高的信用级别，在树立市场信心的同时降低融资成本。

举个简单的例子，在评价公司的偿债能力时，经常使用的一个财务指标是利息保障倍数，其基本的计算公式为息税前盈余（EBIT）与利息支出（I）的比值，该比值越高，代表着债权人利益得到的保障程度越大，信用级别也就越高。以标准普尔 1998 年的工业企业评级版本数据为例，利息保障倍数在不同的水平，得出的评级结果就会存在差异，其中 EBIT/I 的比值超过 16，则为 AAA 级，超过 11 为 AA 级，超过 6 为 A 级，超过 4 为 BBB 级等，依此类推。尽管各家评级机构的评级理念和指标体系等有一定差异，但就具体某个市场、行业、企业而言，通常会关注类似的指标，在方法论上也有异曲同工之处。

需要说明的是，不同的评级机构针对不同的评级对象，给出的评级符号并不相同。以美国汽车公司福特为例，2006 年公司陷入巨额亏损，公司净资产成为负值，评级机构纷纷下调了公司的主体和债项的评级，并将公司的信用展望维持在"负面"上，给公司带来很大的压力，福特公司 2006 年末的评级情况如表 5-6 所示。

表5-6   福特公司2006年末的评级情况

评级机构	福特汽车				福特金融信用服务		
	主体	长期高级非担保	高级担保	展望/趋势	长期高级非担保	短期非担保	展望/趋势
DBRS	B	CCC	B	负面	B	R-4	负面
惠誉	B	B−	BB	负面	BB−	B	负面
穆迪	B3	Caa1	Ba3	负面	B1	NP	负面
标准普尔	B	CCC+	B	负面	B+	B-3	负面

资料来源：根据上市公司年报信息整理。

从表5-6可以看出，不同评级机构采用的评级符号并不相同，给出的评级结论也有差异，尤其是对不同类型的债务，如是否有担保、优先级别如何、期限长短等，给出的评级结论也不相同。投资者只有在充分了解评级机构的符号系统、针对不同评级对象采用的方法论及指标体系的基础上，才能够正确理解这些符号的含义，进而做出理性的判断和决策。

我国评级机构在发展初期，很大程度上借鉴了海外评级机构的方法论，部分评级机构甚至与标准普尔、穆迪等国际著名机构展开合作。早在20世纪90年代，中国人民银行上海总部就曾经对年末贷款余额达到5 000万元人民币的企业进行了评级，当时针对工业企业采用的评级指标如表5-7所示。

表5-7 上海市贷款企业评级指标体系

指标名称	基本指标	满分
企业基本素质	股东/人力资源素质/经营管理素质/竞争地位等	12
财务结构	净资产与年末贷款余额比率/资产负债率/资本固定化比率等	18
偿债能力	流动比率/速动比率/非筹资性现金净流入与流动负债比率/经营性现金净流入与流动负债比率/利息保障倍数/担保比率等	28
经营能力	营业周期/应收账款周转率/存货周转率/主营收入现金率等	12
经营效益	毛利率/营业利润率/净资产收益率（ROE）等	12
发展前景	宏观经济/行业背景/成长性和抗风险能力等	18

资料来源：根据上海市贷款企业年审采用的评级框架资料整理。

显然，上述指标同样包含了定性和定量两部分因素，其中企业基本素质和发展前景属于定性指标，占比30%；而财务结构、偿债能力、经营能力、经营效益属于定量指标，占比70%。分析人员结合上述指标体系，对评级对象进行打分，得出一个基本分值，再将分值与评级等级对应，就可以得出某家公司的具体信用等级，银行可以参考该信用等级，做出相应的信贷决策。

需要说明的是，即使是同一评级机构针对同一评级对象，在不同时间点给出的评级指标体系可能也会有所差异。例如，近年来很多评级机构在指标中增加了 ESG 因素。在 20 世纪 40 年代～60 年代，很多跨国公司出现，且这些跨国公司大都通过内源资金进行扩张，因此资产负债率并不会成为一个敏感指标。而到了 20 世纪 70 年代～80 年代，很多公司开始通过杠杆实现自身业务的扩张，资产负债率自然而然就进入了指标体系。

由于财务报表具有事后反映的特征，且来自财务报表的相关数据具有静态的特征，并不能体现风险动态变化，因此在实务中，也会适当使用一些预测性的方法，包括对宏观经济景气度的变化、行业发展前景等，甚至对财务数据进行一定的映射。

举个简单的例子，某家公司的盈利具有一定的稳定性，20×1～20×3 年的税前盈余稳定在 8 000 万元的水平。该公司在 20×3 年拟通过公开市场发行 10 亿元的债券，根据其历史融资状况及成本分析，该笔债券的融资成本为 10%。据此推算，如果该笔债券所筹集的资金无法在短期内产生足够的现金流，仅仅利息支出就会让公司原本的税前盈余消耗殆尽，从而导致公司的利息保障倍数显著下降，进而增加信用风险，降低信用级别，导致融资成本进一步上升。

当然，财务指标得出的仅仅是一个参考性的结论，一些公司还会涉及大股东支持、与银行签订战略协议、项目得到政府支持、取得高信用等级的外部担保等特殊外部支持，这些因素同样会对信用质量起到显著的提升作用。例如，万科的大股东是国有股东，在市场信心不足时，会通过不同形式表达对公司的支持以维持市场信心。公开资料显示，2023 年 11 月 6 日，万科发布自愿性信息披露公告，在当日下午股市收盘后，公司第一大股东深圳市地铁集团有限公司（简称深铁集团）在与金融机构的沟通会议上表示，深铁集团坚定看好本公司的发展前景，从未制订过任何减持本公司股份的计划，也从未在任何场合表达过要减持的想法。同时，为提振市场信心，深铁集团将研究制定并有序实施有效措施，全力支持公司。其中包括：①按照市场化、法治化方式，承接公司在深圳的部分城市更新项目，帮助公司盘活大宗资产，为公司注入新的流动性，交易金额预计超过 100 亿元；②深铁集团正积极准备，择机购买公司在公开市场发行的债券。显然，这些措施在一定程度上有助于稳定市场预期，并在财务指标的优化上提供助力。

需要强调的是，单个指标的得分与最终的信用等级之间不存在严格的一一对应关系，市场参与者应该充分了解评级机构的市场声誉以及采纳的方法论和评级模型，甚至需要了解该评级机构的信用评级委员会组成、评级分析师的资历、评级覆盖的期间、跟踪评级的情况、评级展望等，以更为全面、客观地理解评级符号的含义及风险揭示作用。

5.3 案例解析：牧原股份流动性遭问询[○]

5.3.1 案例背景

我国上市公司牧原股份（002714.SZ，牧原股份）在 2024 年 4 月 27 日发布了 2023 年年度财务报告，资料显示，该公司年内销售生猪数量达 6 381.6 万头，屠宰生猪 1 236 万头，销售鲜、冻品等猪肉产品 140.5 万吨，实现营业收入 1 108.61 亿元，净利润 −41.68 亿元。资产负债表显示，公司年末总资产为 1 954.05 亿元，其中货币资金 194.29 亿元，存货 419.31 亿元，固定资产 1 121.50 亿元；负债总额 1 213.68 亿元，其中短期借款 469.29 亿元，一年内到期的非流动负债 86.51 亿元，长期借款 98.63 亿元，应付债券 92.07 亿元。牧原股份 2023 年合并资产负债表如表 5-8 所示。

表5-8　牧原股份2023年合并资产负债表简表　　（单位：亿元）

项目	2023-12-31	2023-01-01	项目	2023-12-31	2023-01-01
流动资产合计	635.83	625.78	流动负债合计	946.59	781.67
其中：货币资金	194.29	207.94	其中：短期借款	469.29	291.65

○ 参见澎湃新闻·澎湃商学院的"会计江湖"专栏，2024 年 7 月 18 日，袁敏，《借钱也许容易：拿什么"还"需要慎之又慎》。

（续）

项目	2023-12-31	2023-01-01	项目	2023-12-31	2023-01-01
存货	419.31	382.52	一年内到期的非流动负债	86.51	96.92
其他	22.23	35.32	其他	390.79	393.10
非流动资产合计	**1 318.22**	**1 303.69**	**非流动负债合计**	**267.09**	**267.10**
其中：固定资产	1 121.50	1 063.59	其中：长期借款	98.63	106.46
在建工程	23.08	74.41	应付债券	92.07	89.21
生产性生物资产	93.15	73.35	其他	76.39	71.43
其他	80.49	92.34	**负债合计**	**1 213.68**	**1 048.77**
			所有者权益合计	740.37	880.70
资产总计	**1 954.05**	**1 929.47**	负债和所有者权益总计	**1 954.05**	**1929.47**

资料来源：根据上市公司年报数据整理。

2024 年 5 月 12 日，该公司收到深圳证券交易所发出的年报问询函，其中核心问题之一是，年报显示 2023 年公司归属于母公司股东的净利润为 −42.63 亿元。截至 2023 年 12 月 31 日，公司流动负债超过流动资产 310.76 亿元，资产负债率为 62.11%，较上一年末上升 7.75 个百分点；速动比率 0.23，比上年同期降低 25.81%，EBITDA 利息保障倍数为 3.88，比上年同期下滑62.29%；短期借款为 469.29 亿元，比上年同期增长 60.91%；一年内到期的非流动负债为 86.51 亿元。截至年报报出日，该公司已将于 2023 年 12 月 31 日到期的 124.33 亿元短期借款通过还本续贷的方式延期至 2024 年 12 月 31 日以后。同时，2023 年末，公司的货币资金余额为 194.29 亿元，其中受限货币资金主要为银行承兑汇票保证金、贷款保证金、期货保证金、信用证保证金等，金额为 56.53 亿元。核心问题是，该公司针对一年内到期负债的偿债计划、资金来源及筹措安排结合货币资金受限情况说明到期偿还上述债务是否存在不确定性，同时要求结合资产负债率、现金流、重要收支安排、融资渠道、资金成本等情况，分析说明公司债务结构、规模是否稳健、可控，量化分析短期、长期偿债能力，公司有息负债率是否与同行业可比公司存在较大差异及产生差异的原因；结合上述说明公司是否存在流动性风险，并充分提示相关风险。

该公司的回答中规中矩，从债务规模上看，截至2023年末，公司的有息负债余额为761.37亿元，其中一年内到期的有息负债为544.51亿元，绝对值看起来确实不小，有息负债占总资产的38.96%，这个数字略高于剔除极值后行业平均值的38.65%，但总体水平还算和同行业公司保持一致，具有一定的合理性。

从偿债能力上看，该公司有以下四个方面的资金来源。

一是公司持有的现金。年报显示，截至年末货币资金余额为194.29亿元，即使扣除了银行承兑汇票保证金、信用证保证金等受限货币资金之后，货币资金还有136.65亿元，资金储备较为充足。

二是资产变现能力较强。也就是说公司可以通过处置资产来还债，其中有存货419.31亿元，主要是消耗性生物资产及原材料等，而公司采用"钱货两清"的商业模式，具有良好的经营现金流创造能力，2023年月均经营活动产生的现金流入为99.07亿元。此外，公司还有生产性生物资产93.15亿元，必要时，可以作为偿付短期债务的资金来源。

三是公司具有较强的融资能力，也就是说可以借新债还旧债。例如，公司与银行建立了合作关系，有一定的融资授信额度，其中年末未使用的银行授信额度为270.59亿元，还有80亿元的储备债券批文尚未使用，目前公司已经审议通过公开发行债券的相关议案，募集资金总额不超过50亿元（含50亿元）。

四是控股股东能够在必要时为公司提供资金支持。根据2022年5月20日召开的2021年年度股东大会通过的议案，公司向关联股东申请的借款额度不超过100亿元，有效期3年，截至2023年末，未使用额度为81亿元。

除了上述资金来源，该公司还建立了专业的资金筹划团队，合理安排资金收支及有息负债偿还工作，以防范流动性风险。

5.3.2　案例分析

从已有的资料看，交易所站在投资者和债权人的角度，对上市公司的偿债能力及潜在的流动性风险等进行了关注和问询，而上市公司的回应在一定程度上消除了信息不对称，对增加信息披露的透明度、建立市场信心提供帮助。

综合牧原股份的回函，可以得出一个基本的结论：监管部门、投资者及债权人不用担心公司的流动性风险，公司对此已经有充分的认识，也有必要的资金储备。将上述四个资金来源加总，未受限资金余额 136.65 亿元，存货及生产性生物资产 512.46 亿元，银行授信额度 279.59 亿元，拟发行的债券 50 亿元，大股东借款尚未使用的额度 81 亿元，总计资金超过 1 000 亿元。

实际上，只要公司能够持续健康运营，确实不需要对流动性风险产生过多的疑虑。首先，公司的资产负债率为 62.11%，虽然较上年增长近 8 个百分点，但仍然低于剔除极值影响后的行业平均水平 64.51%。即使站在我国国资委对央企考核的角度，其资产负债率的控制水平也在 65%，换句话说，牧原股份的资产负债率尚属可控范围。

从债务负担角度看，该公司 2023 年的借款及债券利息支出为 27.72 亿元，按照年末带息债务 761.37 亿元的水平计算，筹资费用率在 3.6% 左右，这一数字相较于上年 4.3% 的水平下降明显。从公司 2023 年度经营活动产生的现金流量净额为 98.93 亿元来看，偿付利息不成问题。原则上，如果公司运行正常，与银行建立良好的合作信任关系，能够及时足额偿付利息，可以通过滚动融资的方式解决债务偿付问题。

当然，该公司的回函中或多或少仍然透露出了一丝隐忧。例如，前述四个资金来源并不完全是为了公司偿付债务而提供的。根据回函披露的信息，公司2023 年度经营活动和投资活动的月均合计现金流出为 107.53 亿元，而现有的资金储备需求往往根据当前营运资金及投资活动需求储备提供 1～2 个月支出，显然，货币资金扣除受限后的资金余额，更多是为了满足公司日常运营及投资所需，并非为了偿付债务，如原材料采购、工资发放、税金缴纳等，如果真的发生流动性危机，那么银行存款余额不见得能够用来偿付借款。

再如，公司偿付债务的最佳来源应该是正常经营活动产生的现金流，2023年度全年经营活动产生的现金流量净额为98.93亿元，这体现了公司在现金流管理及成本管控方面的努力成果，也是真正可以用来偿付债务的资金来源，但严格意义上是与货币资金余额合二为一的，这部分资金仅占公司带息债务761.37亿元的13%及一年内到期的带息债务544.51亿元的18%。

同时，对公司的资产变现能力也需要进行斟酌，例如，公司的存货虽高达419.31亿元，但真正能够出售的生猪等消耗性生物资产仅为326.5亿元，且这些资产的变现需要一定的周期；2023年月均经营活动产生的现金流入为99.07亿元，同时，月均经营活动产生的现金流出也达到了90.82亿元，如果扣除月均投资活动产生的现金流出16.71亿元，公司可动用的自由现金流就为负值。

至于银行提供的融资授信额度、已批复未完成的债券发行、大股东提供的资金支持等，同样需要以公司可持续健康发展为前提，其是否能够足额动用，尤其是在极端情况下仍能得到这些债权人及投资者的信任，可以低成本不受限地按计划动用，存在一定的不确定性。从这点上看，牧原股份偿债能力的提升，本质上还有赖于公司日常经营创造的利润和现金流。好在公司有正的现金流，如果猪肉价格持续上涨、收入持续健康增长，且公司能够努力实现有利润的收入、有现金流的利润，那么利益相关者就无需对公司的流动性风险产生太大疑虑。

站在债权人的角度，关注的是公司的偿债能力和偿债意愿问题。有时候意愿很难观察，分析人员就把精力更多地放在偿债能力上。偿债能力有很多指标，其中资产负债率就是一个非常基础的指标。对于牧原股份来说，资产负债率超过60%，大部分负债都是短期的借款，而资产则大量配置在固定资产和在建工程上，这就导致了资产负债存在一定的期限错配问题。如果市场信心不足，债权人要求公司快速偿债，而超过 1 100 亿元的固定资产又无法迅速、足额地变现，那么偿债能力的短板很可能就会暴露在市场中。因此，站在公司的角度，管理层应该充分认识到债权人是如何看待公司的，对债权人关注的指标加以研究并努力维持债权人的信心，以避免公司陷入流动性危机。

5.4 债权人视角的分析示例：相关案例

站在债权人视角，银行是否愿意提供贷款，以何种条件提供贷款，通常会考虑借款人的偿债能力和意愿。而站在公司的视角，则需要考虑如何满足债权人的需求，尤其是安全性及收益性方面的要求。

以福特汽车为例，该公司 2006 年的亏损额为 126.13 亿美元，这可能是福特汽车百年历史上亏损额最高的一年，福特汽车 2006 年合并资产负债表如表 5-9 所示。

表5-9 福特汽车2006年合并资产负债表简表 （单位：亿美元）

资产	2006-12-31	2005-12-31	负债及权益	2006-12-31	2005-12-31
现金及现金等价物	288.94	284.06	**负债：**		
市值证券	214.72	106.72	应付账款	235.49	229.10
借出证券	52.56	34.61	应计负债及递延收入	825.18	730.47
应收账款融资	1 068.63	1 059.75	债务	1 720.49	1 532.78
其他应收款	77.82	85.36	递延所得税	27.44	56.60
经营租赁投资净额	298.34	270.99	**负债合计**	**2 808.60**	**2 538.95**
应收款出售剩余权益	9.90	14.20	**股东权益：**		
存货	115.78	102.71	股本	0.19	0.19

（续）

资产	2006-12-31	2005-12-31	负债及权益	2006-12-31	2005-12-31
附属公司净资产权益	27.87	25.79	资本公积	45.62	48.72
物业净值	385.05	406.76	累积其他综合收益	−78.46	−36.80
递延所得税	49.50	58.80	库存股	−1.83	−8.33
商誉及其他无形资产	69.37	59.45	留存收益	−0.17	130.64
持有待售资产	—	0.05	**股东权益合计**	−34.65	134.42
其他资产	127.06	185.34	少数股东权益	11.59	11.22
资产总计	**2 785.54**	**2 694.59**	**负债及权益总计**	**2 785.54**	**2 694.59**

资料来源：根据上市公司年报整理。

从表5-9可以看出，截至2006年12月31日，福特汽车的负债总额为2 808.60亿美元，资产总额为2 785.54亿美元，这意味着公司已经资不抵债。公司的主体评级、债项评级等均被评级机构降至垃圾级，评级展望为负面。

公司当时面临的环境也不容乐观。一是行业产能过剩。根据专业的汽车行业研究机构CSM全球的报告，2006年全球汽车业轻型汽车产能约为7 900万辆，显著超过全球轿车和卡车的需求量6 500万辆。从北美和欧洲两大汽车业主要的市场看，产能过剩分别高达16%和14%，而这一产能过剩的趋势将维持数年。二是价格压力。由于产能过剩及叠加行业的一些主要竞争对手不断推出新产品，使得产品提价的压力日增，尤其是日本、韩国等新的竞争对手陆续在美国设立工厂，增加了制造产能，使得车辆定价面临很大压力，例如，丰田公司在美国得克萨斯的装配工厂就能够提供每年至少20万辆全尺寸的皮卡车。三是消费疲软。在美国次级贷款危机的冲击下，经济发展出现不利势头，根据公司的估计，在未来10年，美国及其他成熟市场的消费趋势都不容乐观。四是医疗开支影响。2006年，福特汽车美国雇员的医疗开支是31亿美元，尽管公司已经采取措施让员工和退休人员承担更高比例的医疗成本，但公司的医疗开支成本预期将持续攀升。五是商品和能源价格上升。伴随着商品价格的上升，尤其是钢材和树脂（这也是汽车业使用量最大的两类商品，很难通过对冲等进行价格管理）在全球需求持续上涨的背景下，价格也保持增长态势。同时，能源价格在 2006 年也显著上涨，其中仅汽油价格每加仑就上涨超过 3 美元，福特汽车认为能源价格将会维持在较高的水平，这将对公司的产品产生负面影响。

伴随着经营业绩的恶化，福特汽车也采取了很多的自救措施，例如从波音公司挖来了传奇的职业经理人艾伦·莫拉利并自 2006 年 9 月开始担任公司的CEO。在莫拉利的领导下，公司开始推行"一个福特"的战略，在考虑出售部分汽车品牌的同时，针对北美企业业务开展了一项重大的业务改良计划，称为"前进计划"（the Way Forward Plan）。计划包括将逐步关闭包括亚特兰大装配厂在内的九家工厂，同时宣布在正式关闭工厂之前，逐步减少部分工厂的生产线。同时，福特汽车进行了四个方面的变革，例如，对公司进行重组，在降低产量的同时调整车辆组合以期获得盈利；加速新车型开发并降低制造的复杂性；获得并维系足够的流动性，来为前述重组计划筹集充足的资金；全球管理团队聚焦于统一的、公司范围内的全球性业务，为整个公司建立明晰的绩效目标，让所有的职能部门（包括产品开发、采购、信息技术、制造等部门）协同一致，为达成公司的绩效目标共同努力。其中最具挑战性的工作之一，就是为公司重组计划筹集充足的资金。

福特汽车 2006 年末带息债务如表 5-10 所示。

表5-10   福特汽车2006年末带息债务   （单位：亿美元）

部门	2006-12-31	2005-12-31	同比增长
汽车部门	300.13	178.78	68%
汽车金融服务部门	1 420.36	1 354.00	5%
总额	1 720.49	1 532.78	12%

资料来源：根据上市公司年报整理。

从表 5-10 可以看出，2006 年尽管福特汽车经营业绩不佳，但债务规模却呈现出增长的趋势，尤其是汽车部门的负债规模增长明显，从 178.78 亿美元增至 300.13 亿美元，增长幅度高达 68%，这从一定程度上反映出公司已经在有意识地为即将开展的重组活动提前筹集所需的资金，也反映出公司需要通过再融资来填补经营活动产生的现金流缺口。

根据报表附注信息，福特汽车最重要的融资安排有两项：一是 2006 年 12 月 15 日发行了本金为 49.5 亿美元、30 年期的非担保高级可转换票据，票面利率为 4.25%，这些票据可根据转股条件转化为公司的普通股，每 1 000 美元在符合条件时可转化为 108.6957 股普通股，相当于转股价格为 9.2 美元 / 股，该价格比 2006 年 12 月 6 日收盘价 7.36 美元溢价了 25%。显然，该笔交易不仅仅帮助公司以较低成本筹集了可观数额的资金，而且因为有转股条款，可以在一定条件下增厚公司的所有者权益，从而优化公司的资本结构。

二是福特汽车与多家银行签订了担保型的信贷融通协议。2006 年 12 月 15 日，福特汽车与银行签订协议，银行提供 7 年期、70 亿美元的期限贷款融通和 5 年期、总额 115 亿美元的滚动信贷融通。截至 2006 年 12 月 31 日，福特汽车仍然有 111 亿美元的滚动信贷融通可供使用，这为公司提供了很好的财务弹性，可以一定程度上缓解公司的流动性风险。

当然，福特汽车经营业绩在恶化，信用等级在下滑，要想顺利筹集到所需的资金，不仅需要向债权人披露公司的业务前景、财务指标、股东支持等信息，还需要提供实实在在的信用增级措施以增强债权人信心。公开资料显示，福特汽车采用的措施，第一，为这些融资安排提供信用增级，最典型的是以自己拥有的资产作为抵押物。信贷协议明确指出，这部分信贷融通需要由福特汽车及其特定国内附属机构共同作为担保人，在该协议下，公司的借款、附属机构的借款人及担保人，将为福特集团的美国境内资产提供实质性的担保。福特汽车符合标准的抵押物包括福特集团在美国境内的制造工厂、应收账款、存货、最高 40 亿美元余额的市值证券或来自这些证券的现金收入、相关附属机构的股权、美国境内的福特知识产权及商标权等，如表 5-11 所示。

表5-11   福特汽车信贷融通协议下的借款基准安排   （金额：亿美元）

符合标准的抵押物	有资格的抵押物的价值	折算的借款基准
福特集团美国境内的应收账款	3	3
美国境内的存货	34	20
集团内公司票据的抵押物	75	47
福特信用及特定外国子公司的抵押物	107	80
美国受限于抵押限额的物业、工厂及设备	67	32
其他美国机器设备	45	18
知识产权和美国商标	79	25
合计	410	225

资料来源：根据上市公司年报整理。

显然，福特汽车把美国境内的大部分资产都拿来作为抵押物，甚至是象征福特汽车的标志性蓝色牌子，也在独立第三方评估的基础上被公司拿来抵押。这些抵押物根据资产的流动性、质量等进行了不同程度的打折。换句话说，金融机构并不傻，它们对福特汽车的资产进行了挑拣，从中找到了有价值的410亿美元资产，并在此基础上打了五折左右，给出了能够提供的贷款基准225亿美元。

第二，这些资金并不是直接提供给福特汽车，而是签订了相应的契约予以限制，例如，要求福特汽车持续遵循一个借款的基础条约（即借款额上限为225亿美元），同时包含一些其他限制性条款，包括禁止向普通股及B类股支付股利，要求公司维系总额最低40亿美元的现金及现金等价物、市值证券等金融资源。这意味着，基于借款基础确定的借款额为225亿美元，减去40亿美元的安全阈值，福特汽车实际可动用的资金为185亿美元，其中分为70亿美元的期限贷款和115亿美元的信贷融通。

第三，抵押物对贷款保持比较高的覆盖率。根据福特汽车披露的相关数据，计算出来的借款基准额为225亿美元（见表5-11），而公司实际动用的由抵押物提供担保的债务金额为74亿美元，据此计算出的抵押覆盖率为3.04（=225÷74）；假设福特汽车能够动用的115亿美元滚动信贷融通完全得到使用，再加上协议所规定的 15 亿美元非贷款的信用便利敞口也被充分使用，那么抵押物的覆盖率仍超过 1.1 倍 [=225÷(115+15+74)]，这表明债权人的利益能够得到充分的保障。

此外，公司还与金融机构签署了额外的 15 亿美元的其他汽车信贷融通协议，根据年报披露，截至 2006 年 12 月 31 日，这部分信贷融通中还有 14 亿美元可供使用。而且这部分的信贷额度不需要提供担保，不存在重大负面变化条款或限制性条款（比如债务权益比的限额，或者最低的净资产要求等），不存在所谓的信用评级扳机条款（即信用级别发生负面变化，公司需要提前偿还贷款或被银行取消信用额度），这为公司顺利推动业务重组提供了额外的金融便利。

经过四年的努力，福特汽车大量出售旗下的包括沃尔沃在内的优质资产，不断开发推出新的产品，多次发行普通股筹集资金等，到 2010 年，福特汽车基本走出泥潭，其在美国的汽车市场份额基本恢复到 2006 年的水平，如表 5-12 所示。

表5-12　福特汽车2006～2010年美国市场份额

项目	2010年	2009年	2008年	2007年	2006年
轿车市场份额	5.9%	5.5%	5.0%	4.6%	5.8%
美国市场排名	第4	第4	第4	第4	第3
卡车市场份额	10.5%	9.8%	9.2%	10.0%	10.2%
美国市场排名	第2	第2	第2	第2	第2
轿车及卡车综合份额	16.4%	15.3%	14.2%	14.6%	16.0%
美国市场排名	第2	第2	第2	第2	第2

资料来源：根据上市公司年报信息整理。

从表 5-12 可以看出，2010 年福特汽车的轿车及卡车市场份额均恢复到 2006 年的水平之上。在轿车市场，福特汽车被通用汽车、丰田、本田超越，排名第四位；在卡车市场，福特汽车也排在通用汽车之后。从轿车及卡车综合份额来看，福特汽车仍然排在通用汽车之后，但与 2006 年通用汽车 23.9% 的市场份额相比，2010 年福特汽车市场份额 16.4%，仅比同期通用汽车 18.8% 的市场份额少2.4%。从结构上看，福特汽车的小型车销售比例上升，而大型车的销售比例下降，中型/重型卡车的销量也有所下降，这在一定程度上表明公司的新产品策略发挥了作用。

与车辆销售回升匹配的是，福特汽车的汽车部门聘用的员工数量也开始出现回升趋势，其中福特汽车北美公司2010年12月31日聘用的员工数量达到75 000人，超过了上一年71 000人的水平。公司业绩也表现亮眼，从2006～2008年的连续亏损，发展到2009～2010年的连续盈利，如表5-13所示。

表5-13   福特汽车2006～2010年经营业绩   （单位：亿美元）

	2010年	2009年	2008年	2007年	2006年
销售收入	1 289.54	1 162.83	1 435.84	1 688.84	1 567.11
税前利润	71.49	25.99	−148.95	−42.86	−154.90
持续经营利润	65.57	27.12	−148.33	−28.19	−126.10
非持续经营利润	—	0.05	0.09	0.41	0.16
会计原则变更累计影响前利润	65.57	27.17	−148.24	−27.78	−125.94
会计原则变更累计影响	—	—	—	—	−0.07
净利润	65.61	27.17	−147.66	−27.95	−126.01

资料来源：根据上市公司年报整理。

应该说，公司经营状况出现了根本性的好转，表明公司"一个福特"的战略发挥了作用，不仅体现在为公司经营活动带来可观的利润，而且在客户信任、新产品开发、资产负债表改善等方面都取得了很好的效果。从表5-13可以看出，公司的净利润由负转正，在2008年亏损147.66亿美元的基础上，2010年实现利润65.61亿美元，而且这些利润全部来于持续经营，非持续经营、会计原则变更累计影响为0，表明公司的利润是实打实的健康业务产生。

伴随着公司经营状况的如期改善，福特汽车的债务压力也逐步缓解。2010年公司汽车业务经营活动产生的现金流为44亿美元，同时公司花费大量精力来减轻汽车部门的债务负担，将债务规模从 2009 年末的 336 亿美元降至 2010 年的 191 亿美元（见表 5-14），伴随着公司债务规模的下降，以及经营上扭亏为盈带来的净资产增加，公司资产负债表结构也因此得到改善。

表5-14　福特汽车部门现金债务情况　　（单位：亿美元）

项目	2010-12-31	2009-12-31
汽车部门的现金总额（a）	205	249
减去：滚动信用额度	8	75
自愿雇员福利协会（VEBA）	0	70
非担保可转换票据	7	26
期限贷款	41	53
所有其他债务	135	112
债务总额（b）	191	336
现金净额（a−b）	14	−87

资料来源：根据上市公司年报整理。

从表 5-14 可以看出，2010 年末福特汽车的汽车部门的现金总额为 205 亿美元，其中现金及现金等价物 63 亿美元，市值证券 142 亿美元。此外，汽车部门还有未使用的担保性信贷融通余额 69 亿美元，以及本地提供的、可供外国附属公司使用的信用额度尚未使用部分 5 亿美元，总计可动用的现金总额达到 279 亿美元。而同期福特汽车的汽车部门的债务总额为 191 亿美元，尤其是与美国汽车工业协会达成的、支付给退休员工健康医疗福利的负债 70 亿美元，已经全部完成了资产转让，伴随着这部分负债的顺利注销，福特汽车的汽车部门的现金净额已足以覆盖其自身的债务。

公司股价也扭转颓势，并在 2009～2010 年间恢复增长态势。其中 2009 年第 1 季度福特汽车的股票低点仅有 1.50 美元 / 股，但到了 2010 年第 4 季度，福特汽车股票低点价格为 12.12 美元 / 股，高点价格 17.42 美元 / 股，这在一定程度上表明投资者重新建立了对福特汽车股票的信心。福特汽车 2009～2010 年股票价格表现如表 5-15 所示。

表5-15 福特汽车2009～2010年股票价格表现 （单位：美元/股）

普通股股价	2009年				2010年			
	第1季度	第2季度	第3季度	第4季度	第1季度	第2季度	第3季度	第4季度
高点	2.99	6.54	8.86	10.37	14.54	14.57	13.24	17.42
低点	1.50	2.40	5.24	6.61	10.05	9.75	10.02	12.12

资料来源：根据公司年报公开披露的股价数据整理。

显然，伴随着福特汽车经营状况的改善，股票市场给出了积极正面的回应，公司股价自2009年以来几乎一路上扬，并持续创出了新高。同时，公司还在2010年第4季度以均价16.48美元/股的价格，回购了109 351股普通股，这表明管理层对公司未来充满信心，并通过股票回购向市场传递出公司价值被低估的信号。

在此背景下，评级机构也纷纷上调福特汽车的信用评级，并给出"稳定"或"正面"的展望，其中惠誉、穆迪都将公司的高级担保债务的评级结果提升到投资级别，给债权人注入了信心（见表5-16），这与2006年的评级情况（见表5-6）相比可以说发生了根本性的变化。

表5-16 福特汽车信用评级情况

评级机构	福特汽车				福特金融信用服务		
	主体	长期高级非担保	高级担保	展望/趋势	长期高级非担保	短期非担保	展望/趋势
DBRS	BB	B	BB	稳定	BB	R-4	稳定
惠誉	BB	BB−	BBB−	正面	BB−	B	正面
穆迪	Ba2	Ba3	Baa3	正面	Ba2	NP	正面
标准普尔	BB−	B+	BB+	正面	BB−	NR	正面

资料来源：根据公司年报数据整理。

福特汽车扭转颓势的因素有很多，既有汽车市场回暖的大环境影响，也有公司战略透明、经营方针明确且执行到位的主动作为。管理层采取的经营管理措施，在一定程度上可以通过财务报表反映。从本质上看，福特汽车的偿债能力主要取决于公司经营活动产生的现金流。当福特汽车的经营成果出现明显的盈利迹象，再加上负债规模的降低、自由现金流的优化时，无论是投资者，还是评级机构等市场中介，或公司管理层自身，都表现出对公司积极向好的信心。站在债权人的角度看，在公司经营状况良好的状况下提供信贷资源属于正常活动，在公司经营状况恶化并在短期内没有根本扭转的情况下，仍然愿意提供信贷资源，则体现出债权人的分析能力、信心和风险承担精神。2006年，福特汽车以相关资产作为抵押的背景下，如果能够确保债务得到足够的覆盖，债权人仍然愿意提供支持，让福特汽车在2008年遭受大幅亏损前，通过抵押优质资产获得足够的财务资源，以保证公司重组活动的顺利进行，体现了公司在财务管理上的前瞻性。当福特汽车经营走上正轨，盈亏状况正如管理层当初的预测，在2009年实现了扭亏为盈，公司汽车部门在现金管理上出现盈余就成为顺理成章的事。在福特汽车严格遵守债务契约履约、适度缩减债务规模、恢复公司财务弹性的背景下，公司和债权人成功实现了双赢。

　　福特汽车的做法，可以为负债管理提供很好的借鉴。近年来，在稳金融、防范系统性风险的背景下，我国的部分行业和公司也面临不同程度的债务危机，如何建立债权人和公司之间的信任，如何通过持续改善经营活动、有效进行资产抵押或处置、积极争取外部担保等信用增级措施，为债务提供安全"垫子"并建立债权人的信任，考验着各方的分析和决策能力。对未来有很好的预测，能提前做好资金的预算，敢于将资产用于抵押，能够在清晰的战略、一流的执行力的基础上，让公司按照预测的方向一步步走上持续产生正向现金流的道路，是帮助公司走出危机的基石。

第6章

透过数字改善经营
管理者的价值创造

公司的 CEO 就像驾驶着一辆汽车行驶在赛道上,如何让汽车安全、高效地运行并顺利达成目标,是一件有挑战性的工作。财务上的很多指标,就像汽车上的仪表盘,只有看懂、用好"仪表盘",才能够帮助管理者在合规的基础上多打"粮食"。

事实上,不止一位经理人将管理比喻成开车,阿里巴巴的前 CEO、嘉御资本的董事长卫哲,就在不同场合分享过他对财务管理的看法。阿里巴巴曾经赞助过 F1 比赛,卫哲在与 F1 的管理人员聊天中得知,尽管在技术上很早就能够制造出时速 500 公里的引擎,但在道路上根本看不到速度这么快的车,仪表盘也没有标注这么高的时速,原因之一是人们还没有研究出能够时速 500 公里的刹车系统。换句话说,公司就像一辆高速行驶的车子,不仅需要通过油门来加速,还应该有灵敏的刹车来制衡。很多公司利润和资产增长得很快,但归根结底是来自负债的膨胀,或者应收账款增长超过销售收入增长的速度,就可能导致公司发展的速度太快,如果没有资产负债率、资本充足率、加权平均资本成本等指标约束就很容易出问题。

日本丰田汽车的总裁丰田章男也曾经将管理比喻成开车[注]。2018 年 5 月,丰

[注] 片山修. 丰田章男 [M]. 陈知之, 译. 北京:中国科学技术出版社, 2021.

田章男在接受采访时坦承，当上总裁之后的 8 年就好像参与环赛，独自一人坐进丰田这一巨大企业的驾驶座，依靠自己的感觉在规定的赛道上快速行驶。在他看来，汽车环赛的规则是让车手们围绕着既定的赛道行驶，通过争分夺秒来赢得比赛。在此过程中，车手需要在比赛前牢记赛道的基本情况，包括可能的拐角和坡道，然后独自驾驶汽车上路，车手是非常孤独的。

从历史看，2008 年雷曼兄弟破产事件引发的金融海啸，给丰田汽车的经营造成负面影响并导致公司亏损，2009～2010 年间，因交通事故引发的召回事件，这些让丰田章男意识到，构建稳定的管理基础非常重要，而仅依靠他个人的力量来改变曾经有过无数辉煌成功的大企业是非常困难的。于是丰田章男开始反思，并将管理的理念从环赛转变到拉力赛上。同样是比赛，环赛往往有明确的赛道，而拉力赛则更多是在沙漠等没有公路的地方越野，或者是在天气、路面状况变动剧烈的普通道路上行驶。这时候成败就不仅取决于驾驶员一人，还需要有副驾驶员（领航员）的帮助，也就是说 CEO 是车手，首席财务官（CFO）、首席人力资源官（CHO）等是副驾驶员（领航员），为车手提供支持。

丰田章男把公司的总裁和集团企业高层的副总裁、各领域精英构成的公司外部董事，都视为自己的副驾驶员，他认为这些人从总裁的视角为其领航，在需要转换至更快达成目标的方法时，这些人不可或缺。他特别赞赏的"副驾驶员"之一是 CFO 小林耕士。在丰田章男的眼中，小林耕士不仅视野宽广，还对细节有很好的关注和重视，他拥有直言不讳的品格，经常面对面地给丰田章男提建议，比如"这里是不是跟总裁再说一下比较好？""这里交给总裁就好了？"丰田章男将小林耕士视为经常给他制造麻烦的"眼中钉"，但与此同时又非常器重他。"眼中钉"也许是一种戏称，但本质上是说小林耕士能毫无顾忌地说出一些让丰田章男觉得逆耳的话。

以丰田公司为例，其基本的原则是适当售价减去适当利润等于理想成本。因此公司将成本控制和丰田生产系统（TPS）视为基因，作为公司竞争力的根本，进而将成本视为公司管理的"导航仪"。而成本控制又与一般意义上的削减成本不同，成本控制是指通过减少工时、改善工程和改变工作方式来将成本控制在"理想"水平上。

小林耕士通过分析发现，近年来丰田的成本率很高，如果不注意对成本的监管，成本就会立即上升。如果在财务上比较松懈，各种费用就会上升得更快，而且公司有明确的品质标准，汽车又涉及成千上万的零部件，还有研发、广告、人工等各项费用，稍不注意，成本可能会像滚雪球一样迅速增加。

然而丰田技术部门却持不同的观点。在技术部门工作人员的眼中，为了制造出最好的产品，花多少钱都在所不惜；成本管理部门的职责是将成本压低以降低市场售价，这时两者之间的矛盾在所难免。技术部门不计成本，成本管理部门强调要压低成本，财务部门有时也会介入提出"设计图不对"的问题，这些都只能将矛盾激化。CFO 的协调作用应在此发挥作用。比如要集思广益，需持续改善，应精细控制成本等。当然，管理会计是无法通过口头教育的，或者说纸上谈兵是不够的，管理人员需要自己走进工厂，走到生产一线，亲自了解材料是如何制造的，在工厂中会得到怎样的使用，如何将材料转变为产品，这些仅依赖脑子记忆远远不够，还需要身体力行，通过现场感受来形成体验和判断。

举个简单的例子，财务报表上的盈利数字越来越难看，可以简单理解为收入与成本的匹配关系发生了不利变化，可能是收入增长速度没有赶上成本增长速度，也可能是市场竞争太过激烈，导致产品售价下降、销量下滑，还可能是公司采用了比竞争对手更高的生产成本，导致产品失去竞争力。价格往往是市场决定的，公司很难改变，如果要提升盈利，降低成本就是一个必然的选择。然而公司的成本却像滚雪球般的增加，业务部门认为很多成本都必须开支，而财务部门却一味强调要降低成本，在缺乏有效手段的情况下，很多预算指标最终只能流于形式。

在专业的财务人员看来，公司对成本管控的能力是一项核心竞争力，而成本是与原材料的流转、加工过程的管控等紧密关联。如果相关人员没有亲自走进工厂，去现场把握成本的实际形态，尤其是各个工厂的工程师和财会部门的负责人，若没有严密监视每一个零件的生产过程，则成本核算的准确性难以保证，更不要说对某个成本要素进行管控了。仅仅在技术部门、成本管理部门和财务部门之间进行口头讨论或纸上谈兵，难以解决实际问题，必须深入业务流程和价值链，对成本进行更精细化的管控。一个简单的做法是学会换位思考，比如公司要采购原材料，应有人站在原材料供应商的立场来客观看待公司在成本管理上是否比较粗糙。按照传统的成本会计理论，制造成本通常由原材料、人工成本和制造费用共同组成。对原材料占比较高的制造企业而言，降低成本的一个有效路径是压低原材料的价格或通过价值工程减少原材料的耗用量。在压低原材料价格的过程中，财会人员或成本管理专家需要对材料明细进行审查，其中一个环节便是需要有充裕的时间在现场对材料明细进行彻底研究。

　　福耀玻璃的创始人曹德旺先生，在自己的个人传记《心若菩提》[⊖]中，介绍了自己自学管理会计技术应用于分析控制成本的经历。他亲自深入车间调研，采集工厂的各项生产指标，在此基础上制定出一个目标；每道工序蹲守 10 天左右，仔细观察并算出该工序的成品率，了解每个工位的需求以及每个工人的职责。经过耗时 3 个月的深入调研，并对采集的数据进行汇总计算，曹德旺得出一个基本的结论：每平方米的夹层玻璃单耗应该是 2.26 平方米，这比原来管理层所认知的最佳的生产水平还少 0.6 平方米，换句话说，仅仅通过降低夹层玻璃的单耗，就可以将原材料的成本降低 26.5%。在此基础上，福耀玻璃将各道工序按照标准成本制定作业指导书，重新设计产品质量统计表，对进入相关工序的工人进行入岗前的应知应会培训，推出目标管理制度，为每个生产单位配置统计表，在准确核算成本的基础上，通过统计、分析、评估、纠正的不断闭环优化，促进目标成本的实现。

　　丰田汽车的 CFO 小林耕士也曾经多次前往各项事务的技术工作现场，从日常经营业务到大型项目，全面地对成本进行检查，结果发现许多工作都是完全交给外部去做的，由于信息不对称，外部的合作方报价相对较高，这与公司自

　　⊖　曹德旺. 心若菩提 [M]. 北京：人民出版社，2017.

己来做相比，造成了成本的浪费。比如新车发布活动的策划和运营，交给外包的第三方来做，这样一来，因为没有一手的体验，很难看出这些费用开支是否合理。如果没有对行情有一手的掌握，甚至不知道每笔支出是否真的有必要，那么成本费用中的水分也就可想而知了。"纸上得来终觉浅，绝知此事要躬行"，实践出真知，这是管理创造价值的要义所在。

当然，一个组织千头万绪，管理者要能够真正抓住重点，并不容易。这需要回到财务分析的基本框架上来，比如从战略出发，沿着治理、运营、管理、绩效的方向形成闭环。从战略的角度看，公司需要找到股东关心的指标，努力实现股东价值最大化，可以采用诸如净资产收益率、股息率等指标作为分析的起点；当然，分析人员也可以将会计指标与公司目标、管理层决策联系起来，选择恰当的绩效考核指标，从财务、客户、员工、流程效率等不同维度观察。

6.1　分析工具一：净资产收益率

净资产收益率（ROE），也称净资产回报率，是比较常见的一个衡量盈利能力的指标。最早的时候是美国杜邦公司进行资源配置时所采用的一个指标，我国国务院国有资产监督管理委员会（简称国资委）在对中央企业进行考核时，近年来对经营指标体系进行了优化，其中一个做法，是用净资产收益率替换净利润指标 ⊖。根据相关文件的解释，这种调整主要是考虑，净资产收益率能够衡量企业权益资本的投入产出效率，反映企业为股东创造价值的能力，体现了国资委履行保障出资人权益、防止国有资产损失的法定职责，体现了国资委作为出资人对中央企业资本回报质量的要求，符合以"管资本"为主的监管导向，有利于引导中央企业更加注重投入产出效率等。

美国通用汽车的前总裁艾尔弗雷德·斯隆在自己的传记《我在通用汽车

　⊖　袁野 . 优化中央企业经营指标体系 推动加快实现高质量发展 [J]. 国资报告，2023（1）：11-16.

的岁月》中曾经坦承[○]，在他了解的所有财务原则中，回报率是进行业务判断时最为客观的工具，当然还有一些工具，比如通过销售利润、市场渗透率等来评价业务经营的效果，因此管理者所面临的一个重要问题是，不仅要实现一段特定时间内投资回报率的最大化，还要确保公司长期的投资回报率的最大化。

通用汽车前 CFO 唐纳德·布朗 1912 年加入杜邦公司，在 1921 年成为通用汽车财务副总裁。由于布朗和斯隆在对业务运营进行详细而严格控制的观点上有相似之处，两人开始了很长时间的合作。通用汽车在 1919～1920 年间缺乏必要的拨款控制，导致各个事业部都在寻求最大拨款，面对资金的不断消耗、拨款超限、库存失控等问题，通用汽车先后出售普通股、信用债券和优先股来筹集资金，并被迫在 1920 年从银行借款 8 300 万美元。在此背景下，财务控制成为必须要做的事情，布朗将杜邦公司的管理经验移植到了通用汽车，其管理的立足点是要找到一个指标，来很好地衡量回报率，在此基础上决定资源的配置，投资回报率是其中的一个选择，并与成本、价格、销售量共同组成了通用汽车财务控制的基本元素。投资回报率被定义为利润率和资金周转率的函数，不仅可以用来评价各事业部的运营效果，还可以评价宏观的投资决策。

净资产收益率从某种意义上说，可视作投资回报率的一个升级版，通常定义为净利润率、总资产周转率、杠杆率的函数。具体计算公式如下：

$$净资产收益率 = \frac{净利润}{平均净资产} \times 100\% \qquad (6\text{-}1)$$

根据数学原理，式（6-1）可以进一步简单变形为：

$$净资产收益率 = \frac{净利润}{销售收入} \times \frac{销售收入}{平均资产总额} \times \frac{平均资产总额}{平均净资产} \times 100\% \quad (6\text{-}2)$$

式中，$\dfrac{净利润}{销售收入}$ 为净利润率，$\dfrac{销售收入}{平均资产总额}$ 为总资产周转率，$\dfrac{平均资产总额}{平均净资产}$ 为

○ 斯隆.斯隆自传：我在通用汽车的岁月 [M].卢双剑，译.长春：北方妇女儿童出版社，2017.

杠杆率。

要提升净资产收益率，可以通过提高利润率、总资产周转率和杠杆率三个指标来实现。其中，净利润来自利润表，可进一步分解为收入减去成本费用及税金。要提升净利润，可通过增加收入、降低成本费用和合理的税务筹划来实现。要提升总资产周转率，则可通过适当地管理资产结构，在保持收入水平不变的前提下，减少资产的占有来实现。依此类推，就可以不断深挖，最终找到可以实现公司净资产收益率提升的路径，企业价值驱动示意图如图 6-1 所示。

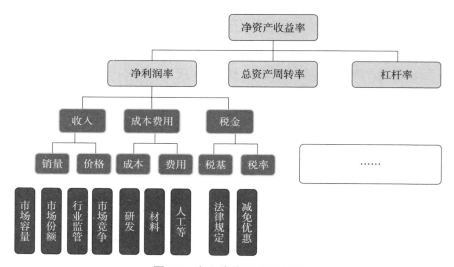

图6-1   企业价值驱动示意图

从图 6-1 可以看出，管理者需要找到市场容量、市场份额，研发、材料、人工等基本价值驱动因子并加以分析、管理。举个简单的例子，公司希望增加净利润率，一个最基本的路径是增加收入或降低成本费用。如果要增加收入，可以通过增加销量或提高价格来实现。如果要提高销量，可以考虑扩展市场容量，提高市场份额，例如，某公司在中国的产品市场占有率已经达到 30%，在行业中属于龙头，其销量已经很难有进一步提升的空间，但该公司通过国际并购，利用所并购的外国公司拥有的国际销售渠道进入欧美等海外市场，从而显著扩大了市场容量，即使该公司在海外市场占有一个不大的份额，也有望提升公司的销量。再如，某公司通过低成本战略，为客户提供非常有性价比的产品，并通过优质的售后服务逐步取得消费者的信任，进而蚕食了竞争对手的市场份额，那么即使在市场容量有限的前提下，公司的产品仍有望实现销量的增长。

显然，以净资产收益率为起点，通过对指标的合成与分解，就可以逐步了解公司业务运营中利润或亏损的结构，实际上是将目标逐步进行可视化呈现。当然，管理者可以根据指标的分解，来寻找或制定一些详细的标准，以衡量公司的利润生成逻辑，并分析该利润所需的运营资金及固定资产投入需求，或者理解成本中所包含的明细内容。同时，公司还可以结合行业、市场甚至对标一流公司的做法，制定相关成本及费用标准，并将这些标准与实际情况进行比较，以实现成本管控的目标，例如，库存规模是否可以进一步压缩，运营资金占用是否有减少空间，固定资产投入对公司资金周转的影响，销售或广告推广费用对利润的影响，人工成本由谁来负担等。

在通用汽车的创建初期，公司通过并购取得规模的快速增长，旗下的汽车品牌有很多，比如别克、雪佛兰、凯迪拉克、奥兹莫比尔等，都隶属于该集团。这些品牌中有些盈利能力较强（如别克），有些盈利能力较弱（如雪佛兰）。同时，定期推出新的车型是汽车行业的一个特征，这就会涉及资金的需求问题。资金和资源始终是有限的，而对它们的需求却可能是无穷无尽的，因此，公司如何进行资源配置就成为一个管理问题。

经过管理层的讨论，公司将投资回报率纳入目标之中，其管理的目标并不是追求可能达到的最高投资回报率，而是追求与可占有的市场份额相匹配的最高投资回报率。其朴素思想是，一方面需要保证销量增长带来的边际收益不得低于追加资金的边际经济成本；另一方面需要明确各项业务所占用的资金，以及这些资金的经济成本。此外，公司还需要考虑是维持高价格还是通过降价来寻求扩张，这时候就需要综合考虑公司所处的行业属于垄断行业还是自由竞争行业，或者明确需要管理的目标业务是否在品牌、技术、可持续发展能力等方面具有竞争优势。当然，高价格能够通过有限的产量得到很高的回报率，问题是高价格可能会牺牲效率甚至引发政府监管，而且可能会阻碍整个行业的快速扩张。通常来说，降价可能会扩大需求，但总销量的增长有可能弥补因降价带来的损失，尤其是在销量增长的情况下，能够提高产品线的生产效率，实现一定的规模经济，进而降低成本、提升利润。因此，公司需要综合考虑来进行理性决策。

苹果公司提升ROE的路径

当前，以净资产收益率为核心的财务分析仍然具有一定的实践意义，并成为衡量公司好坏、指导公司改善管理的重要工具。以美国公司苹果为例，其创始人史蒂夫·乔布斯于 2011 年 8 月 25 日辞去公司 CEO 的职位，并于当年的 10 月 5 日离世，CEO 由蒂姆·库克接任。在 2011 财年，苹果公司的年收入为 1 082 亿美元，净利润 259 亿美元；到 2023 财年，苹果公司的年收入达到了 3 832 亿美元，净利润也增至 967 亿美元，公司市值同样水涨船高，从 3 000 亿美元增至 2023 年末的 3 万亿美元。简单来说，公司的股价增长幅度超过了公司的收入和利润的增长幅度。

以净资产收益率（ROE）来计算，苹果公司 2011 年的 ROE 约为 42%，而到了 2023 财年，公司的 ROE 达到了惊人的 172%。苹果公司 2023 财年相关财务数据如表 6-1 所示。

表6-1　苹果公司2023财年相关财务数据　　　（单位：亿美元）

项目	2023财年/年末	2022财年/年末	2011财年/年末	2010财年/年末
净利润	969.95	998.03	259.22	140.13
净资产	621.46	506.72	766.15	477.91
总资产	3 525.83	3 527.55	1 163.71	751.83

（续）

项目	2023财年/年末	2022财年/年末	2011财年/年末	2010财年/年末
销售收入	3 832.85	3 943.28	1 082.49	652.25
ROE*	172%		42%	
净利润率	25%		24%	
总资产周转率*	1.09		1.13	
杠杆率*	6.25		1.54	

*计算时采用了平均值。

资料来源：根据苹果公司年报整理。

从表6-1可以看出，苹果公司在库克执掌下的2023财年与乔布斯离世的2011财年相比，净资产收益率增长了三倍多。然而从拆解后的指标可以看出，苹果公司的净利润率增长并不明显，仅从24%微升至25%；而从总资产周转率看，乔布斯时代与库克时代相比，甚至有下降的趋势，从2011财年的1.13降至2023财年的1.09，意味着资产管理能力略有下降。综合来看，苹果公司的净资产收益率增长主要来自杠杆的增加，即乔布斯时代的杠杆仅有1.54，到2023财年，苹果公司的杠杆已经达到6.25，增长了四倍多。也就是说，乔布斯和库克对财务管理的策略有显著差异，如今的苹果公司，更多是通过提高杠杆来提升公司的净资产收益率。

从单个数字来看，2010财年到2011财年，苹果公司的净利润、净资产、总资产、销售收入几乎同步增长，而在2022财年至2023财年，苹果公司的净利润、总资产、销售收入没有明显的增长，甚至出现下降的趋势，这在一定程度上说明，在乔布斯时代，苹果公司增长主要来自经营业务，而在库克时代，苹果公司业绩增长乏力，更多依赖财务手段来提升公司回报水平。

这仅仅是从苹果公司自身的财务报表来看，如果将苹果公司与同行业的其他公司相比，则可能得出的结论会有所差异。表6-2列示了苹果公司和小米公司的相关财务指标。

表6-2   苹果公司与小米公司的相关财务指标   （单位：亿美元）

项目	苹果公司（2023财年）	小米公司（2022财年）
净利润	969.95	3.59
平均净资产*	564.09	201.99
平均总资产*	3 526.69	248.59
销售收入	3 832.85	402.1
ROE	172%	2%
净利润率	25%	1%
总资产周转率	1.09	1.62
杠杆率	6.25	1.23

资料来源：根据年报数据整理。因苹果公司的财年结束时间是每年9月30日，而小米公司的财年结束时间是12月31日。因此在严格意义上，两家公司的财务数据不能直接对比。为适当体现可比性，小米公司的财报数据按照2022年末的美元汇率进行了调整。

表中数据已简化处理，其中"*"涉及的净资产、总资产均用"（年初+年末）/2"计算。

从表 6-2 可以看出，苹果公司和小米公司的净资产收益率差距很大，其中苹果公司的净利润率是小米的 25 倍，杠杆率也是小米公司的 5 倍左右，仅在总资产周转率上苹果公司小于小米公司。显然，小米公司要在指标上对标苹果公司，仅仅 ROE 就有很大的差异，如果要提升该指标，最应该着力的是净利润率，即通过提升产品的竞争力，在售价、销量、成本管控等方面加大投入。

翻开苹果公司的年报，可以发现其历史业绩也曾有很大起伏，例如，1997年苹果公司的净亏损就曾达到 10.45 亿美元，但到了 1998 年末，苹果公司就扭亏为盈，整个财年的利润额达到 3.09 亿美元，每股盈余则从 1997 年的 −8.29 美元 / 股，转为 2.34 美元 / 股。按照乔布斯的解释，苹果公司业绩的改善应归功于 iMac 的推出以及新产品线的业务重点突出，即乔布斯在 1997 年回归之后，在产品上下了很大的功夫：一方面强调简约，把很多的产品砍掉；另一方面通过市场洞察推出新产品。此外，苹果公司的管理效率也显著提升，尤其是库存周转率加快，报表显示，苹果公司的存货余额从 1997 财年的 4.37 亿美元，降至 1998 财年的 7 800 万美元，相当于存货周转次数从 13 次增加到 57 次。换句话 说，如果净利润率不变的话，仅仅靠存货的周转，就有望将公司利润增加 4 倍 以上。当然，公司业绩的改善是一个综合的结果，当苹果公司开出了第一家专 卖店后，实现了对终端销售的控制，从而实时、动态地掌握市场情况，并延伸 到采购、生产、配送等各环节。产品本身有吸引力，再加上客户体验变好，产 品的售价提升、成本降低、为支撑生产而占用的资产下降，公司业绩自然而然 得到明显优化。

6.2 分析工具二：平衡计分卡

2013 年，哈佛大学商学院教授罗伯特·卡普兰（Robert Kaplan）到访上 海国家会计学院，分享了他对管理会计相关问题的思考。同期，学院还组织了 一些中国企业进行管理会计工具平衡计分卡（Balanced Score Card）的实践和 思考，尤其是如何将该工具用于绩效考核和战略实施中，给大家留下了深刻的 印象。

事实上，平衡计分卡起源于 20 世纪 90 年代，是一项由卡普兰教授和实务 界的大卫·诺顿（David P. Norton）共同负责的旨在研究"组织未来的绩效评估 制度"的为期一年的研究项目。在项目开展过程中，理论与实务界的参与者共 同努力，逐步开发出一套将战略转化为行动的工具，使得公司的经营绩效能够 同时获得企业股东、员工及客户等利益相关者的认同。1992 年，该项研究成果 发表，平衡计分卡得到了广泛的运用，并逐步从工商企业界拓展到政府机构、 医院等非营利组织，应用的范围也从绩效管理拓展至与组织战略链接，甚至成 为一些组织制定和实施战略的地图。

图 6-2 列示了平衡计分卡的四个维度，分别由财务、客户、内部流程、学习 与成长（员工）组成。

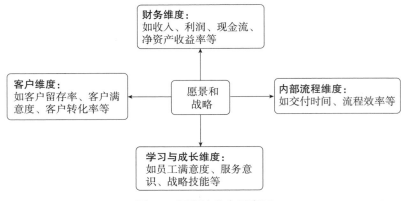

图6-2　平衡计分卡示意图

资料来源：根据Robert S. Kaplan和Anthony A. Atkinson所著的*Advanced Management Accounting* (3rd edition, Prentice Hall Inc, 1998, p369) 整理。

从图 6-2 可以看出，平衡计分卡作为一种绩效考核的工具，其最重要的特点是将评价指标从单一的"财务"维度拓展到了客户、流程、员工等不同维度，从而更加体现组织发展目标的"平衡性"。举个简单的例子，在篮球比赛中，甲、乙两队的人员、素质可能都差不多，影响最终成败的因素有很多，比如明星的效应、团队的合作能力、场上的氛围等。通常情况下，考核的指标是输赢，但这种输赢只是一个"结果"而已，造成整个结果的"原因"是什么，这需要总结和梳理背后的规律，并复制到其他的比赛中，从而帮助球队不断取得胜利。

站在分析的角度，可以将球队的胜利归因到每一个球员身上，那么如何评价一名球员呢？大家耳熟能详的是得分数，即某场球赛中某个球员得了多少分，但得分的往往是前锋，其他球员怎么评价，如果前锋被对方球员看死了，其他球员能否顶上来得分。因此，球队获得胜利，就不能仅仅局限于得分数，还要看篮板数、助攻数等其他计量和评价绩效的指标。如果在篮球比赛中不对助攻数进行测定，仅仅考核得分数，或考核得分和篮板数，那么造成的结果很可能是，每个人都不会传球，而是更多地选择自己切入篮下，即使非常困难也要选择由自己来投球。

然而站在理性的角度，为了球队能够获得胜利，在合适的时点选择将球传给其他位置更好的球员，就更容易得分，同时也可以提高自身的评价和球队的胜率。换句话说，改变评价的基准，就可能会改变人的行为。从战略的角度说，公司可能会制定一个关键业绩指标（KPI），甚至把该指标分解到每个部门、人员的头上。KPI 是实实在在的，然而有的组织在理念上却对 KPI 做出了新的解读，即 KPI 的目的不是为了最终的奖惩，而是在于激发整个团队的奋斗精神。正如华为公司的余承东一直强调的"遥遥领先"，其实是一种自我激励与团队激励的心理暗示，而任正非先生则更加强调"遥遥领先"的具体落脚点，比如你是"鱼香肉丝""麻婆豆腐"的领先，还是人工智能大模型、芯片的领先。这就要求组织考虑，如何将 KPI 做虚，例如把资源投入到改善组织氛围、文化建设、培训等方面。

对于平衡计分卡而言，某种程度上就是将 KPI 做虚，同时将公司的价值观、文化做实的一个工具。比如组织需要考虑财务、客户、流程、员工四个角度，每个角度又包括目标（Objective）、绩效目标（Target）、计量（Measure）指标、行动计划（Initiative）等方面，还要把这些因素之间联系或链接起来。举个简单的例子，公司目标是进入世界五百强，就需要确定一个绩效目标，比如收入及其增长；具体的计量指标，比如年复合增长率 40%；行动计划则可能包括开发新产品、进入新市场、增加广告投入等。

收入主要来自客户。这时候就需要对客户的需求、客户的收入组成等进行分析。站在公司的角度，考虑的一个基本问题是维系老客户重要，还是开发新客户重要？公司可能此前一直将精力、资源投放的重点放在现有客户身上，但如果公司提出了"重视新客户开发"战略，则应该如何管理？

首先，公司应该考虑的是找到一些衡量指标，比如新客户的访问次数、递交名片的次数等新的 KPI，进而对这些指标进行测定，将这些指标作为业绩评价的基准，甚至作为奖金发放的依据。这种做法有可能改变销售人员的行为，并让一线的销售人员更清晰地理解和执行公司的战略，尤其是销售人员自身在战略中应扮演的角色和采取的行动。简单来说，公司需要考虑自身的战略，同时将绩效评价与战略联系起来，否则就可能会让目标和评价的基准出现偏差，一线员工的前进方向也会出现混乱。

更进一步，把平衡记分卡作为公司落实战略的工具，这时候，就可以把平衡计分卡的每个维度与路线图相结合。首先，管理层需要明确导入平衡计分卡的目的，并与员工共享，所谓"上下同欲者胜"，在此基础上，绘制易于理解的战略地图，并对平衡计分卡的意义、使用方法和成果进行交流。其次，公司要培养和指定内部的推进负责人，可以是牵头部门，也可以是工作小组，明确其任务角色和要求。再次，公司应该考虑将平衡记分卡与日常业务联系起来，并持续加以监控和反馈，最好有信息系统甚至数字化智能系统进行适当的支持、在线实时动态的反映。最后，公司应该努力提高公正性和透明性，确保每位员工不但清楚知道自己的角色和定位、应采取的行动及行动的后果，还应该将绩效考核与其行为结果挂钩。

正如卡普兰在《高级管理会计》中所言，平衡计分卡的关键在于创造一个让全体员工理解的经营者目标和战略，保持员工较高的工作积极性，并能把握经营中重要数值的状态，正如驾驶汽车或飞机，管理者能够从仪表盘中实时读取关心的数据，如飞机的高度、汽车的行驶速度等各项指标。

平衡计分卡作为一个内部管理工具，公司需要了解其内在的逻辑关系和优缺点，将其精髓应用到日常的工作中来。举个简单的例子，某些初创型企业可能会更多地把资源投放在一线业务人员身上，其基本的逻辑是，只要拿到客户订单就好，这样就可以提高销售量，增加销售额，利润自然水到渠成。但这可能只是个错觉，比如业务部门人员就会有动机来降低条件接单，最终导致某些指标如应收账款、坏账准备等大幅增加，给公司长期健康发展埋下隐患。此时，财务部门就有必要通过经营分析进行纠偏，但前提是财务部门和业务部门之间能够达成共识，明确共同的目标，否则争议或矛盾就会出现。

因此，会计核算就是一种矫正的过程，定期地算一算账，就像 IBM 在 20世纪 90 年代那样，虽然开发了很多软件，并销售了大量个人电脑，但最后可能在财务上并没有获得实实在在的利润。也就是说，公司不能仅仅关注销售额，还要考虑成本、费用，并与行业最佳实践进行比较，才能够找到差距，当然也可以与预算、市场进行比较，通过计划、实施、检查、矫正等不断循环，以更好地实现目标。因此，公司每年定期发布的资产负债表、利润表就可以被视为一种成绩单，知道自己的差距，结合计划、预测、预算，再不断地予以复盘，就有机会找到差异的根本原因，并予以持续改进。

图 6-3 列示了一个简单的战略地图示意图，其逻辑是通过平衡计分卡这一工具将财务、客户、流程、员工整合起来，并与战略、绩效考核连接在一起。

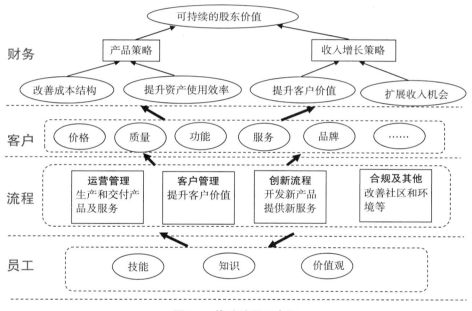

图6-3　战略地图示意图

资料来源：根据卡普兰教授2013年在上海国家会计学院演讲资料整理。

卡普兰在其《高级管理会计》中，曾经以美孚为例讨论了平衡计分卡的应用[⊖]。举个简单的例子，从财务角度看，公司的目标是提高美孚的资本回报率，

⊖　参见 Robert S. Kaplan, Anthony A. Atkinson 所著的 *Advanced Management Accounting* (3rd edition, Prentice Hall Inc, 1998)。

那么就需要统计核算公司实际的资本回报率，以及相对于同行业其他公司的
利润率等。要实现财务目标，就需要从增收、提高生产率两个维度制定策略。
以增收为例，公司需要了解客户的需求并实施相应的差异化管理；以提高生产
率为例，公司需要最大限度地利用现有资产，同时整合各种业务以降低总的
产品和服务成本。公司经过讨论，确定了具体的增收措施，比如通过扩建便利
店，从非油类产品中寻找新的收入来源，并争取出售更多的高档产品来提升
客户的利润贡献能力等，依此类推，将财务、客户、流程、员工等逐步整合
起来。

　　需要说明的是，图6-3仅是一个示意图，比如流程改善可能需要员工的技能
提升，同时，员工的知识丰富、价值观统一，也有利于流程的改善。此外，流
程效率的提升也会给成本结构的改善贡献力量，并在提升客户满意度的同时，
带来收入的增长。

　　对于公司来说，需要在战略的指引下，将实施战略的路径予以明确，即
找到图中每个要素、每个指标之间的连接。如果公司把战略描述为"股东价
值最大化"，那么财务指标可能就落地为"ROE不低于20%"，进而拆解为收入
增加、成本降低、分红等具体的财务策略，而要实现收入增加，客户的基数、
新增、黏性、客单价等就自然而然地逐步建立起来。在流程方面则体现在交付
时间、经营周期、营运报告、生产报告，并进一步落实到人力资源的数据、熟
练工人的数量、售后服务的质量等。当然，如果公司把战略描述为"客户第
一"，那么就可能将上述链条重新构造，最终在财务报告中体现为收入、毛利
或利润的增长，但在战略地图上则会体现为客户的价值主张及满足情况，公司
资源配置如何为客户创造价值，客户数量、满意度、客单价、利润贡献度的变
动等。

　　当然，平衡计分卡也仅仅是一个工具而已，正如锄头是用来种地、锤子是
用来钉钉子一样，不要为了炫耀锄头而忘了种地，也不要因为是锤子就看什么
都像是钉子。一个公司太过重视工具，反而会忘了最根本的目标，比如为客户
创造价值，为员工提供机会，为社会承担责任。工具越强大，掌握工具的人就

越要避免成为工具的奴隶，使用者应关注到工具背后的优缺点，并将其用来有的放矢地解决公司面临的现实问题。

事实上，外部投资者也可以从公司的财务报表中获得除财务指标之外的一些指标，或者对相关指标加以分解，获得更多的信息。以瑞幸咖啡为例，其在年报中就曾经披露一杯咖啡的成本及其构成。比如 2018 年第 1 季度，瑞幸咖啡每杯咖啡的平均成本为 28 元，随着时间的流逝，公司每杯咖啡的成本逐步降低，到 2019 年第 3 季度，每杯咖啡的成本已经降至 9.7 元。其中原材料从 2018 年第 3 季度的 6.1 元 / 杯降至 2019 年第 3 季度的 4.8 元 / 杯，店面租金及运营成本折算的单杯成本从同期的 7.4 元降至 3.6 元。此外，折旧、低值易耗品、物流、存储等费用也有不同程度的降低。从客户角度看，公司累积的活跃客户数量从 2018 年第 3 季度的 48.5 万人一路上升至 2019 年第 3 季度的 3 072.4 万人，新客户的获客成本在 2019 年第 3 季度达到 55.2 元 / 人。其中免费产品促销费用在 6.5 元左右，如果再加上公司披露的店面数量、单店成本等其他信息，结合公司的新零售模式、与星巴克公司商业模式的比较等，就可以得出一些有意思的结论。

例如，瑞幸咖啡在 2020 年底，店面层面的经营损失占自营店收入的 12.5%，而 2021 年、2022 年则分别实现了 20.2% 和 26.4% 的利润。从 2017 年 10 月公司第一家门店试营业到 2022 年年底，公司总自营店数达到了 5 652 家，原来有一种配送厨房店，到 2021 年 9 月则全部关停，绝大部分的自营店拥有 20~60 平方米的面积，座位很少甚至没有，以降低运营成本。同时，瑞幸咖啡提供很多高质量的食品和饮料，还根据市场及季节趋势提供一些特种咖啡，包括"酱香拿铁""椰奶拿铁"等爆品，引发了市场轰动，增加了其客户基础。此外，瑞幸为提高产品的便利性，推出了网上配送服务，并通过流程优化将配送速度大幅提升。通过公司自行开发的配送系统以及与快递公司配送系统的集成，根据门店位置、客户位置以及骑手的实时位置，改善订单与骑手的匹配度，提升客户的体验。按照年报披露，2022 年瑞幸咖啡有 99.4% 的订单被及时配送。应该说，无论是门店的网络布点，还是产品的质量与安全性、产品的定价、客户的体验等方面，都在一定程度上提升了客户满意度和触达率，再加上很好的供应链管理及运营效率，瑞幸咖啡的收入增长、盈利状况、市场声誉等都在持续改善。

6.3   案例解析：从价值创造到推动变革

浙江吉利控股集团有限公司前首席财务官尹大庆在一次分享时提及[⊖]，2010年吉利并购沃尔沃，首席财务官的主要任务是把后台的事情做好，如估值、尽职调查，尹大庆都全程参与，所有的谈判他都去旁听。以并购的交易价格18亿美元为例，这是买卖双方都认同的一个估值，涉及的内容包括当时需要投入多少资金，未来几年公司的现金流状况，并将相关的现金流折现，算下来的估值体现了金融危机期间沃尔沃的内在价值，该估值也成为最终确定双方交易价格的基础。事实上，早在2007年吉利就已经瞄上了沃尔沃，但那个时候的交易价格估计要70亿美元。从70亿美元降至18亿美元，一方面体现了并购时机选择的重要性，另一方面也考验着财务人员的专业性和决策力。尹大庆通过对并购标的不同时点的财务报表及相关资料进行专业分析，能够得出不同的估值结论，还通过参与并购谈判、协助确定并购合同交易条款，实现财务为公司创造价值的目标，不仅为吉利节约了大量的资金，还为公司的发展壮大和战略目标实现贡献了力量。

站在管理者的角度，一个很重要的任务是带领队伍将组织做大、做强、做优，这往往需要两个要素，一是要有本钱，二是要有本事。在所有权与经营权分离的状况下，要兼具这两个"本"，并不容易。此外，作为管理者或决策者，还需要解决的是定战略、搭班子、带队伍等各种问题，而最终体现在财务上，就是报表变好看了，利益相关者满意了。

举个简单的例子，在电视剧《理想之城》中，主人公苏筱是赢海集团下面

⊖   参见中央电视台《对话》栏目2010年4月25日之《解密首席财务官》。

一家子公司天成的总经济师，与赢海集团、集团的高管基本没有交集，她是如何得到集团董事长赵显坤的青睐的呢？根据电视剧的情节，集团要求子公司定期提供财务报表，赵显坤通过天成的报表洞察到了变化，于是他叫来人力资源部负责人玛丽亚，询问："天成是不是换了新的总经济师？"得到肯定的答复后，赵显坤立即让玛丽亚下调令，将苏筱调到集团担任副总经济师。

显然，赵显坤是懂财务的，而且从子公司的报表中看出了财务绩效变好的背后原因。当然，该电视剧情节也许是虚构的，但背后揭示的道理却是正确的。当苏筱来到天成之后，首先是帮助公司多打粮食，也就是"创造价值"。按照集团的规定，总承包公司每年会拿出一些项目分给五家"天字号"的子公司，但又怕这五家公司有"排排坐分果果"的想法，所以规定要通过内部竞标的方式获得项目。内部竞标，其实也是要靠实力来中标的，要知道这些子公司的实力，看看每次内部竞标的标书就清楚了。当苏筱将自己此前在国有企业众建所积累的经验移植到天成之后，成本管控得好，标书规范性高，报价有优势，中标是自然而然的结果，这就带来了更多的收入。苏筱通过经营分析，发现公司的成本中材料消耗太高，于是向俄罗斯采购木材，将成本降低了8%，再通过分包合同约定，将节省下来的材料由甲乙双方按比例分成，每个月又节约了几百万，综合下来，项目的利润率超过10%。有了新增的收入，控制住了成本，利润就好看了，公司的资产负债率就有望改善，报表自然而然变得顺眼了很多，这种实实在在通过业绩来改善各项指标的做法能够引起董事长的注意也就在情理之中了。

当然，每家公司所处的发展阶段不同，业务的成熟度有差异，资本结构也有很大不同，进行报表分析的切入点、关注点也会有所不同，但创造价值的点不会改变，通过报表分析洞察问题、改善运营、管控风险、推动变革的基本逻辑也不会改变。下面分别以美国苹果公司和IBM为例，介绍公司价值创造乃至推动变革的故事，以期对管理者视角的分析提供启示。

6.3.1　苹果公司初创时的融资故事[⊖]

2022 年 1 月，苹果公司的市值首次突破 3 万亿美元，引起市场的广泛关注。这个时候打开苹果公司年报，已经很难看到创始人乔布斯的名字，但他"打造一家可以传世的公司""动力十足地创造伟大的产品"这些理念，对苹果公司的影响却无处不在。

尽管传记、电影、媒体等对乔布斯进行了多维度的刻画，但给人留下深刻印象的，是他喜欢骂人的场景，以及对他人近乎苛刻的要求。比如他的同龄人比尔·盖茨，尽管也创建了一家著名的公司微软，却无法真正赢得乔布斯的尊重。按照乔布斯的说法，盖茨喜欢自吹自擂地说自己是做产品的人，但他真的不是，他是个商人，赢得业务比做出伟大的产品更重要。他最后成了很富有的人，如果这是他的目标，他实现了。乔布斯言下之意，是说要打造一家传世的公司或者创造伟大的产品，盖茨做得还不够。

再如他重金聘请的 CEO 斯卡利，最后也不欢而散，原因是"斯卡利本末倒置，把赚钱当成了目标"，在乔布斯看来，赚钱当然很棒，但根本的动力还是来自产品，赚钱只是帮助你制造伟大产品的推动力。赚钱和做产品，差别很微妙，却会影响一家公司的基因和文化，比如你会聘用和晋升什么样的人，在公司内部的会议上讨论什么事情。

翻开 2022 财年的报表，苹果公司每股股票的面值是 0.00001 美元，你没有看错，是小数点后面四个零，但每股股票的市场价格却超过 100 美元。影响股价的因素很多，但或多或少与乔布斯追求创新有些关系。

翻开乔布斯的传记[⊖]，你还能看到很多他"哭"的场景，比如刚开始创业的时候，他就被合伙人斯蒂芬·沃兹尼亚克的父亲弗朗西斯·沃兹尼亚克气哭了。原因是创业的时候，乔布斯负责的是销售，沃兹尼亚克是工程师。沃兹尼亚克

⊖　参见澎湃新闻的"会计江湖"专栏，袁敏，2022 年 7 月 7 日，《喜欢'骂人'的乔布斯：第一笔融资故事》。

⊖　艾萨克森．史蒂夫·乔布斯传 [M]．管延圻，魏群，余倩，等译．北京：中信出版社，2011.

的父亲历来认为，工程师的价值要远远超过企业家和营销人员，从这点上看，公司赚钱了，大多数的钱应该归自己的儿子，所以当乔布斯来沃兹尼亚克家里做客的时候，沃兹尼亚克的父亲就当面质疑，认为乔布斯根本不配得到这么多，也没有做出任何产品，这让乔布斯非常尴尬，再加上乔布斯的年纪本来就比沃兹尼亚克小，又不擅长控制自己的情绪，所以就哭了。好在朋友沃兹尼亚克很清醒，明白两个人是"共生"关系，是乔布斯把他的技术工程天赋商业化，并发展为蓬勃的生意，因此愿意继续保持合作。

1. 缘起：拥有一家公司的诱惑

当时，沃兹尼亚克任职于惠普公司，业余喜欢研究计算机，他通过微处理器，把小型机的一部分性能转移到终端机上，转变为一台"独立"的小型台式机，这也成为第一代苹果计算机的草图。乔布斯发现了其中的商机，计划付钱给熟人，请其帮助绘制电路板，以20美元的单位成本制作50张电路板，以40美元的单价卖出去，毛利就是50%，即使扣除一些诸如运费之类的杂费，也可以赚700美元左右。

问题是要赚这700美元，要花费材料、零部件、运输等杂费至少1300美元，这些钱从哪里来？乔布斯和沃兹尼亚克都是年轻人，手上没有多少余钱，但乔布斯的"画饼"功夫一流，"即使我们赔了钱，也能拥有一家公司"，在乔布斯的游说下，具有稳定工作的沃兹尼亚克开始考虑和他一起创业。

那就筹钱吧。沃兹尼亚克把自己的惠普65计算器给卖了，筹集了500美元；乔布斯把自己的大众汽车给卖了，筹集了1500美元。有了钱，就注册公司；有公司，还要有团队、章程、争议解决安排等。

"只有永恒的利益，没有永恒的朋友"，两个人如果发生冲突怎么办？乔布斯很聪明，拉来一个叫韦恩的朋友，给了他10%的股权。合伙协议同时明确，公司任何超出100美元的开支，都需要得到至少两名合伙人的同意；三名合伙人也明确了各自的职责，比如沃兹尼亚克负责电子工程，乔布斯负责市场营销，韦恩负责文书等。

再下来就是推销产品。当时的乔布斯只有一张"草图"来说服潜在的买家，好在有一个叫保罗的电脑商店老板被说动了，但他不想采购价值 50 美元的电路板，而是要订购"组装好的产品"，即电脑，当然价格也水涨船高，500 美元一台，货到付款，现金结账。

干不干？当然干，收入一下增至 10 倍啊，但前期零部件的成本投入至少需要 15 000 美元，乔布斯和沃兹尼亚克初始投入的钱连该成本投入的零头都不到。怎么办？乔布斯找朋友及其父亲借了 5 000 美元，再加上乔布斯的坚持，让一家供应商同意将零部件"预支"给他们，账期 30 天。你看，本钱只有 2 000 美元，靠"本事"又筹集了 10 倍左右的"第三方"供应商资金。工作场所就在乔布斯家中的车库，这个不需要额外的固定资产投资，也就没有"折旧"这样的固定费用；生产员工也都是亲戚朋友，比如乔布斯的父亲、朋友及其女友、妹妹等。所以成本比预计的低，生意很赚钱。50 美元电路板所收到的钱，可以支付 100 美元电路板的材料费，于是合伙人决定组装 100 台电脑，50 台给保罗，另外 50 台卖给亲戚朋友，这就赚到了公司的第一桶金。

2. 做大：融资来打造完美的产品

产品真的好吗？客户保罗给出了意见，你这个太粗糙了，下一代的电脑应该有漂亮的箱子，还应该把键盘内置，最好还把关键的元素比如电源、软件、显示器也整合起来。这引发了乔布斯打造"完整的全功能消费产品"的反思，要设计箱子、电源，要在别人看不到的地方也追求完美。但这需要钱，塑料箱子的加工要花费 10 万美元，实现量产还需要 20 万美元，这些钱从哪儿来？

当然不是自己身边的亲戚朋友，因为能给的基本上都给了，而且年轻人本来就没多少钱。找专业投资机构？人家不愿意投，因为你这个创业团队的专业性不够，乔布斯对市场营销一窍不通，商业模式也不清楚，要想让人投资，得找一个专业的合作伙伴，这个人要懂销售，还要能写商业计划书。

乔布斯的聪明劲再次发挥作用。虽然投资人不愿意给钱，但投资人提出的建议很中肯，那能不能请投资人推荐几个人选？于是马库拉就成为乔布斯眼中的"香饽饽"。时年 33 岁的马库拉当时已经处于退休状态，他此前供职于仙童公司和英特尔，凭着公司上市的股票期权赚了几百万美元；他精于定价、销售和财务。当然，马库拉也很喜欢苹果公司的产品和理念，于是帮助乔布斯写下了激动人心的商业计划书。

电脑行业在当时处于萌芽状态，可以看作十年一遇的商业机会，问题是如何把电脑带入寻常百姓家？如何将目标客户从业余爱好者拓展到大众？他们用电脑干吗？商业计划书对此进行了初步的预测，比如用来记录食谱、记账，还可以用来玩游戏、购物、消遣。公司已经卖给业余玩家 200 台电脑，而普通人的市场容量至少是业余玩家的 1 000 倍，也就是 20 万台，每台电脑随着功能完善及材质提升，价格可以定到 1 000 美元，这就至少是 2 亿美元的收入规模，再考虑到人口增长、国际开放等因素，市场空间诱人。马库拉大胆预测，两年后苹果公司就有望发展成为一家 500 强公司，他自己投入 9 万美元，占股 1/3。乔布斯算过账了，目前要把塑料箱子做出来并实现量产，需要的资金总额高达 30 万美元，马库拉意向投资的 9 万美元根本不够。乔布斯和马库拉商量，让马库拉再出 25 万美元，算公司借款，年息 10%，等到公司盈利还本付息。于是双方一拍即合，苹果公司从此一路狂奔。

3．思考：让别人拿钱，要会讲故事

对乔布斯而言，要打造完美的产品需要钱，靠什么拿钱？从短期的财报看，公司很不错，原始投资 2 000 美元，短短时间内卖了几百台电脑，赚了几万美元，问题是可持续吗？所以商业计划书很重要。计划需要执行，产品有市场吗？有没有专业的营销人才？目标客户在哪儿？于是团队很重要。投资人推荐的马库拉，不仅有很好的职业背景，还很有钱，最重要的是可以补乔布斯的短板，比如定价、销售、商业计划书的撰写。

光会挑刺显然是不够的，还要虚心纳谏。乔布斯的聪明之处，是听从了客户保罗的意见，开始思考打造完美产品的问题；听取了投资人的建议，找到了懂得营销的专业人士马库拉，重要的是马库拉除了出钱出力，还会写诱人的商

业计划书。据说乔布斯在和马库拉签订融资协议的时候，乔布斯还是非常佩服对方的，因为在当时，马库拉可能再也见不到他借出去的那 25 万美元了，但马库拉仍然愿意入伙，这种敢于承担风险的精神就值得钦佩。

当然，投资人投的是什么？不是财务报表里面的数字，比如注册资本多少、盈利情况怎样，而是创始人是否值得信任、团队是否专业、商业模式是否成熟、公司是否有前景。要让投资人心甘情愿地掏钱，就应该站在他的角度，拿出诱人的方案来打动他，最好还能在拿到钱的同时，从他那里得到一些点石成金的建议。

站在财务报表的角度，苹果公司典型地展示了一家公司从无到有、从有到优的过程，而且从 2 000 美元起步，做到市值 3 万亿美元，相当于在 1975～2022 年这不到 50 年的时间，市值增长超过 15 亿倍。表 6-3 列示了苹果公司 1993 年与 2023 年两个财年的数据对比，30 年的变化可谓天翻地覆。

表6-3　苹果公司近30年财务数据对比　　　　（单位：亿美元）

项目	1993年	2023年
股本	2.04	738.12
所有者权益	20.26	621.46
总资产	51.71	3 525.83
收入	79.77	3 832.85
净利润	0.87	969.95
经营活动产生的现金流	−6.51	1 105.43
ROE	4%	172%

资料来源：根据苹果公司年报整理。其中2023年所有者权益低于股本，原因是报表中存在114.52亿美元的"累计其他综合损失"和2.14亿美元的"累计赤字"。

简单看来，30 年间公司的收入增长了 48 倍，净利润增长了近 1 115 倍，同时，公司把赚到的钱全部通过现金分红、股票回购等方式分配给了股东，股票价格更是翻了不知多少倍，这充分体现了"股东价值最大化"的公司价值观。当然，公司的价值创造是多方努力的结果，但乔布斯打下的基础和留下的遗产发挥了重要的作用。

仅从苹果公司早期的发展看，一是需要筹集资金。初创企业不可避免的事情就是筹资、赚钱、分钱，如果赚不到钱，可能也就无法分钱，甚至筹钱也成很大问题。乔布斯很厉害，第一笔筹资就赚到了钱，这也让后面的路相对顺利了很多。二是需要有很好的财务表现。尽管乔布斯没有把赚钱作为目标，但通过打造传世的产品，不仅精益求精，而且追求极致，同时通过推陈出新，将硬件和软件、卖产品和卖服务整合起来，将销售收入、利润维持在一个很高的水平。三是有很好的团队。不仅早期拥有懂专业技术的合伙人沃兹尼亚克，还拥有会写商业计划书的投资人马库拉，还有拥有职业管理能力的斯卡利和顺利接班的库克，他们都能够让乔布斯获得非常好的帮助。当然，市场参与者不仅能够看到苹果公司的财务数据，更应该看到用户对苹果产品的认可、苹果公司对价值链的把控、公司内部流程的效率、优秀团队的贡献以及共赢共生的商业模式等。

早期要拿钱，需要画饼，需要有吸引投资人的商业计划书；光有饼还不行，要有产品、有市场、有团队、有战略、有前景。现在钱很多，产品、团队也还有，但决策者更多考虑的是要把钱用好，没有好的想法或去处，那就想办法把钱回馈给股东。

6.3.2 IBM扭亏为盈的故事

IBM 成立于 1911 年，早期是以生产磅秤、打卡机为主营业务的公司，1964年推出了以 S360 为代表的大型主机，1981 年发布个人电脑，1996 年提出电子商务战略，1997 年推出的"深蓝"超级计算机战胜了国际象棋冠军卡斯帕罗夫，向大众首次展示了人工智能技术，2008 年提出智慧地球战略，2019 年以来则在量子计算机、芯片技术上陆续投入精力，发布多份研究报告。

1993 年 4 月 1 日，IBM 历史上传奇的 CEO 郭士纳走马上任。当时的 IBM 处于连年亏损的状态，其中 1991～1993 财年的年度亏损额分别是 −28.61 亿美元、−49.65 亿美元、−81.48 亿美元。按照郭士纳的说法，他就像跳上了一艘正在缓缓沉没的泰坦尼克号，甚至能够听到冰层碎裂的声音。

　　上任之前，郭士纳曾经在麦肯锡咨询公司、美国运通公司、雷诺兹烟草和纳贝斯克食品公司任职，在他的个人传记《谁说大象不能跳舞》[○]中，郭士纳解释了为何要接受 IBM 掌舵人这份工作。他并非主动需要这份工作，而是接受邀请承担这份工作，"实际上是承担一个责任""一个对国家的竞争力和经济健康发展都关系重大的责任"，因为不止一个人告诉他，IBM 是国家的财富，不要把它弄糟了。

　　在郭士纳的领导及其团队的努力下，IBM 迅速实现扭亏为盈，此后一路高歌。等到郭士纳 2002 年离任时，公司股价在考虑 1997 年 5 月和 1999 年 5 月股票分割调整的情况下增长了 10 倍，从 1993 年 4 月 1 日的每股 12.58 美元，上升至 2001 年 12 月 31 日的 120.96 美元，郭士纳个人也成为美国职业经理人市场上的传奇人物。表 6-4 列示了郭士纳上任前后 IBM 的相关财务数据。

表6-4　IBM相关期间财务数据　　　　（单位：亿美元）

项目	1993财年	1994财年	2001财年
收入	627	641	859
净利润	−81	30	77
每股收益（美元/股）	−3.55	1.24	4.35

资料来源：根据上市公司年报数据整理。

　　从表 6-4 中可以看出，IBM 的净利润、每股收益的增长远远超过了收入的增长，尤其是在 1993 年和 1994 年的时点，IBM 迅速实现扭亏为盈，表明郭士纳的决断力和执行力非常强。根据公司年报披露的数据，1994 财年是 IBM 自 1990 年以来的首次盈利，IBM 采用了稳定运营、再造资产负债表、改进成本结构等一系列的手段，来增加股东价值。其中公司盈利 30.21 亿美元，包括出售子公司联邦系统公司（Federal Systems Company）、欧洲业务增长 5.8%、亚太增长

　　○　郭士纳 . 谁说大象不能跳舞 [M]. 张秀琴，音正权，译 . 北京：中信出版社，2010.

13.4%、加拿大增长 15.8%，可谓全面扭转颓势。

从根本上说，1994 财年的盈利，很大程度上取决于公司裁员和出售子公司，这是短期内节约开支和积蓄现金流的重要手段，在此过程中，公司时任 CFO 杰里·约克发挥了重要的作用。

按照郭士纳的说法，在加入 IBM 之前，约克是美国汽车公司克莱斯勒的CFO，郭士纳选择了 1993 年 4 月 13 日在纽约的 IBM 办公室面试约克。这是一次令人难忘的面试，约克穿着刻板的白色衬衫和蓝色正装外套，在郭士纳眼中属于"浑身上下打理的利索而完美"，具有"典型的西点军校风格"的专业人士。更让郭士纳动心的是，约克的性格也很爽快，一点也不腼腆，不会拐弯抹角，直言自己想要得到 CFO 这个职位，同时还展示了他筹划的一系列在他看来应该在 IBM 尽快实施的财务计划。约克的直率、厚道、坦然及分析能力，给郭士纳留下了深刻的印象，郭士纳认为，约克是一个非常务实的人，也是郭士纳所急需、IBM 很缺少的那种人，于是一个月不到的 5 月 10 日，约克顺利加盟 IBM。

此后，郭士纳及其管理团队开始大刀阔斧地变革，其中值得指出的主要有以下三件事情。

第一件事是筹集资金。当时的 IBM 面临着巨大的流动资金缺口，在 IBM 1992 财年巨额亏损的前提下，1993 财年的亏损额进一步放大，导致公司现金流短缺，面对这种状况，公司是否能够持续经营下去，是否会申请破产都是一个未知数。如果经营没有起色，通过正常经营无法产生足够的现金流来覆盖开支，那么变卖资产就成为渡过难关的必然选择。翻开报表，IBM 还有一些资产是可以出售的，问题在于能否在"公司流入现金流缩水、债权人不愿意再给予支持和合作"这个可怕的恶性循环之前，将这些资产出售出去，也就是说能否快速决断，在保守公司陷入困境这一秘密的前提下，将资产变现。于是 CFO 及其团队在 1993 年的秋天就开始着手出售那些质量还不错，但公司已经不再那么迫切或必要持有的资产，比如公司在纽约的总部大楼，再如公司过去 10 年所收集的大量重要的精美艺术品，最重要的就是出售"联邦系统公司"。

联邦系统公司的主要业务来自美国政府项目，拥有着辉煌的历史，而且在有关国家安全和空间计划方面都有着重要的技术突破。只不过因为承接的是政府项目，所以相关业务的利润并不突出。最终罗拉公司（Loral）于1994年3月1日花费15.03亿美元，完成了对联邦系统公司的并购，也为IBM贡献了每股0.43美元的盈利。

第二件事是削减开支和调整人力资源政策。郭士纳面临的头等大事就是要尽快扭亏为盈。于是公司召开了新闻发布会，陈述了公司准备着手实施的五件大事，包括使公司重新开始盈利、打赢客户信任这场仗、在客户机服务器领域加大力度、继续扮演整体服务商的角色以及提升流程效率增加客户满意度，比如快速回应客户的要求、更加关注客户需求、缩短产品生产周期、加快产品交付速度以提高服务质量等。

1993财年的IBM，公司员工总数在30万人左右，问题在于，公司前三年连续亏损，虽然郭士纳提出了1994财年盈利的目标，但能否真正实现仍然存疑，很多优秀人才在不断流失，竞争对手也在系统地挖走IBM最优秀的员工。与其坐以待毙，不如主动出击，既要想方设法挽留住那些准备加盟到竞争对手公司的重要员工，还要考虑如何减少公司冗员以改变亏损、现金流不健康的状况。1993年，IBM宣布了裁员计划，预计全球裁员约11万人，实际情况是，截至1993年年报日，大约有7.5万人离开公司，截至1994年年底，大约有9.8万人离开公司。

与此同时，公司制定了新的工资政策，将员工的薪酬支出建立在市场的基础上，这体现在两个方面，一是短期的工资奖金，二是中长期的股票期权激励。就短期而言，改变公司的薪酬政策，将原来的"平均工资"改变为建立在业务绩效及个人贡献的基础上，把"固定"奖金转变为"变动"或"灵活"的、与绩效挂钩的奖金；就中长期而言，给大家"股票期权"，通过股票这一利器，将员工利益与股东利益绑定在一起。如果公司整体业绩好转，市场股价就会有好的表现，那么持有股票期权的"优秀员工"也就可以从股票的市场增值中获益。

从结果上看，公司的工资总额逐年上升，其中仅 1997 财年的固定工资就增加了 5 亿美元，浮动工资（奖金）则增加了 13 亿美元；得到股票期权的员工数量在 1996 财年翻了一倍，1997 财年又翻了一倍。从人数上看，在 1992 财年，公司有接近 1 300 名员工持有公司的期权，且几乎都是公司的高层经理；到 2001 财年，公司超过 72 000 名员工被授予股票期权，而且授予非高层经理的股票期权数量是高层经理的两倍。

第三件事是如何对标一流改善运营。IBM 的历史非常辉煌，随着微软、英特尔等竞争对手的出现，IBM 的经营每况愈下。原来公司是销售电脑主机为主的，现在市场竞争日益激烈，电脑主机面临很大的降价压力且客户付费或持续付费的意愿在下降；原来是将不同的供应商的各种零件产品组装起来就能挣钱，现在客户更加看重你是否能够提供整体解决方案，能真正帮助客户解决问题。

于是，IBM 要获得客户的信任，花钱的地方就要发生转变。原来的钱集中投放在芯片速度、软件版本、专有系统等方面，现在则需要将钱投放在提升员工的服务能力和水平并帮助客户解决问题上。例如，客户所需的解决方案中涉及的软硬件不再需要 IBM 提供，而是通过整合各种供应商所提供的电脑零部件，并将技术整合到一个流程之中，帮助客户提升效率、改善运营。

基于对行业发展前景的判断，IBM 决定将公司的盈利模式从"技术主导型"转向"服务主导型"，并将服务业务作为公司未来增长的新引擎。于是公司创建了一个统一的服务机构，以响应客户的需求，引入外包制度和全球网络化服务机制，形成了一套共同的、普适性的问题解决方法。

从结果上看，1992 财年 IBM 的服务业务的价值为 70 亿美元左右，但到了 2001 财年，服务部门的价值上升到了 300 亿美元，员工总数也占到了公司总人数的一半左右。客户愿意在服务领域投入巨额的资金，原因在于他们迫切需要有人能够给他们提供整合服务，一方面是整合相应的技术，另一方面是将这些技术整合到核心业务程序之中，甚至是不同程序之间的整合，以提升效率。对 IBM 而言，要满足这一需求，就需要招聘并培养大量的技能型工作人员，同时还需要有能够精准报价、有效执行、提供优质后续服务的人才，而这些都需要公司的大量投入。显然，在郭士纳和约克等人的共同努力下，IBM 逐渐减少了主机服务器、个人电脑等硬件的业务收入，而把资源大量投入到了软硬件的整合、为客户提供整体解决方案上。表 6-5 列示了郭士纳上任之前的 1992 财年及离任的 2001 财年 IBM 业务构成。

表6-5　IBM 1992财年及2001财年主营业务收入构成　　（单位：亿美元）

主营业务收入构成	1992财年		2001财年	
	收入	占比	收入	占比
硬件	338	56.43%	257	31.50%
技术	0	0	80	9.80%
软件	111	18.53%	129	15.81%
服务	150	25.04%	350	42.89%
合计	599	100%	816	100%

资料来源：根据IBM的年报及郭士纳自传相关资料整理、计算。

表 6-5 中，原本占比很大的硬件收入，在郭士纳在任的 10 年内占比大幅下降，而软件业务收入虽水涨船高，但占比也有所下降，真正得以大幅增长的，是毛利更高的服务业务。事实上，在郭士纳上任伊始，真正需要解决的是扭亏为盈问题，其中一个关键的问题就是开支。CFO 及其团队通过深入分析，最终确定了 IBM 的开支内容，即将年收入比率作为确定开支的基准，其出发点是，公司需要投入多少的开支才能产生 1 美元的年收入，类似于一个成本率的概念。通过分析，财务人员发现，竞争对手一般需要花费 0.31 美元就能够带来 1 美元的收入，成本率为 31%，而 IBM 当时需要花费 0.42 美元才能得到同样的成果，也就是说按照 IBM 1993 财年的收入规模 627.16 亿美元计算，需要削减约 70 亿美元的开支，才有可能与同行形成真正的竞争。

当时公司确定了削减开支的计划，包括裁员、通过出售资产以降低累计折旧、通过信息系统改造以节约开支等，并加以有效执行，让公司得以轻装上阵。然而，要真正让公司健康发展，还需要在战略、业务等方面着力，尤其是在战略的透明性、世界一流的业务流程、高绩效的公司文化等方面下功夫，比竞争对手更快、更有效地做正确的事。在所有的决策中，具有代表性的策略之一是撤出应用软件业务。作为一个解决方案提供商，IBM 通常会为重要客户制作开发重要软件，然而财务数据显示，公司并没有从应用软件业务中获得收益，说得难听点几乎血本无归。CFO 用一个数据就帮助管理层下了决心，即 IBM 在此前 12 年的时间中，用于应用软件开发和并购的投资约为 200 亿美元，但利润回报却是负增长 70%。与此同时，公司硬件业务虽然有很好的利润，但客户却认为东西太贵，主机业务销售量在持续下降，同一时期真正实现高质量增长的是服务业务，虽然市场份额相对较小，但增长潜力和利润都不错，这也许是公司在后来的变革中出现的收入构成发生变化的原因所在。也就是说，2001 财年与 1992 财年收入构成发生变化的根本原因，在于公司在战略、运营方面的主动出击，通过分析发现公司的问题所在，进而将硬件收入压缩，将资源更多投放在技术、服务等方面，重新确定公司的竞争优势，并最终实现了将 IBM 打造为"不造计算机的计算机公司"这一目标。

第 7 章

围绕资金做好文章
财务人员的基本功

或许你不从事财务工作，但懂财务知识对你来说至关重要。财务英文的词根是"finance"，有资金融通的含义。赚钱和花钱是完全不同的学问，要赚钱先要有本钱，本钱是自己出，还是随着业务的发展不断地从不同渠道、以不同成本来筹集，这考验着管理者的能力；有了本钱还不够，还需要把本钱保值增值，能够赚取超过资金成本的超额利润；怎么安排赚到的钱，是用于股东分红还是扩大再生产，决策的依据是什么，这些都是利益相关者关注的重点问题。股东把"本钱"投入公司，职业经理人用"本事"实现资本的保值增值，公司能够为社会、为客户不断创造价值，这是一个公司能够长期健康发展的重要根基。

业务人员也可以做财务。以我国本土的华为投资控股有限公司为例，财务可以选择做业务，业务也可以选择做财务，最好是"混凝土"螺旋式上升，财务的队伍中有业务，业务的队伍中有财务，这样就可以做到"业财融合"，更好地实现价值创造。

对于专业财务人员而言，一个基本功就是做好资金管理，合理保证资金的安全和有效使用，不能让公司在资金链上陷入坑里。在大数据、云计算、物联网、区块链、人工智能、移动互联网等新技术的冲击下，财务人员传统的一些记账、算账的功能逐渐被替代，在这种情况下，财务人员如何实现进阶，转向更多价值创造，是一个现实挑战。但无论如何转型，财务与"资金"打交道的本质没有变，怎么修炼好"资金管理"这个基本功，如何在资金、资产、资源的管理上实现价值创造，是公司面临的现实问题。大道至简，财务需要满足利益相关者的需求，使其放心。

资金管理的内容非常丰富，近年来我国的国资委也下发多份文件，对中央企业资金的内部控制管理、司库体系建设、资金风险防控等做出明确规定，在2022年下发的《关于中央企业加快建设世界一流财务管理体系的指导意见》（国资发财评规〔2022〕23号）中，对资金管理提出"安全高效"的基本原则，其中司库管理成为重点，同时强调要切实加强应收账款、存货的"两金"管控和现金流管理，提出要强化客户和供应商信用风险管理，减少资金占用，做到应收尽收、"颗粒归仓"，实现收入、效益和经营现金流的协同增长。这些文件对财务人员更好地理解资金管理的重要性，打通资金管理中的资金预算约束、银行账户统一和资金集中管理、债务融资严格管理、资金结算规范管理、应收账款及供应链金融服务管理、战略决策支持管理等有很好的帮助。

7.1　资金来源：股权和债权

理论上，一家公司的资金来源无非两个：一是股权，二是债权。从公司诞生的时间顺序上看，股权在前、债权在后。随着公司经营业务的开展，股权和债权的结构会发生变化，初创类企业股权融资较多，成熟的企业会根据资本成本并结合战略、风险等因素来合理安排资本结构。当然，作为与资金关系最为密切的人员，财务通常会出于支撑公司战略和经营需求的目的，提前对资金进行规划、预测和筹集。报表阅读者也会通过报表对公司的未来前景进行预测，甚至对公司何时融资建立预期，如果某家公司出乎意料地在刚完成融资后不久就进行新的融资，或者融资计划、节奏超出预期，通常会被市场解读为坏消息。因此，公司也应该对资金的来源和用途进行有效管控，保持信息透明，以使投资者和债权人对公司建立信任。

英伟达公司（NVIDIA）的创始人兼首席执行官黄仁勋在一次分享中提及 [⊖]，生存永远很重要，"现金为王"。作为一名CEO，主要的工作似乎都是围绕钱展开的，比如赚钱、省钱、筹集资金，这三件事是CEO必须做的。他回忆，在英伟达成立的早期，公司一直为资金犯愁，一直在筹集资金。刚筹集完一轮的资金，黄仁勋很快又必须去筹集更多的资金，几乎一直在筹集资金，两轮之间可能就间隔一周的时间。作为一家初创的公司，随时都会面临倒闭的风险，这可能也是初创公司的定义，即一个总是快要倒闭的公司。

事实上，阿里巴巴在创业初期也面临同样的问题。创始人曾多次去硅谷面见投资人，也曾找国内的很多专业投资机构，但总是碰壁，直到蔡崇信加入之后，这一状况才有所改观。随着蔡崇信的加入，公司聘请了当时最好的会计师事务所之一普华永道进行审计，进而吸引以美国著名投行高盛领头的国际资本加入，随后再吸引孙正义的软银、杨致远的雅虎等战略投资者，进而在中国香港、美国纽约等资本市场公开融资，一步步解决了公司发展壮大中的资金难题。表7-1中列示了阿里巴巴2019年香港上市招股说明书中披露的资产负债表简表。

表7-1 阿里巴巴2019年香港上市招股说明书中披露的资产负债表简表

（单位：亿元）

项目	2019-03-31	2019-09-30	项目	2019-03-31	2019-09-30
现金及现金等价物	1 899.76	2 341.77	流动负债合计	2 076.69	2 439.49
其他	802.97	1 015.10	非流动负债合计	1 420.05	1 878.91
流动资产合计	**2 702.73**	**3 356.87**	**负债合计**	**3 496.74**	**4 318.40**
证券投资	1 570.90	1 676.90	**夹层权益**	**68.19**	**75.06**
股权投资	844.54	1 632.61	股本	0.01	0.01
商誉	2 649.35	2 766.33	资本公积	2 317.83	2 460.73

⊖ "黄仁勋：创业者核心关注三件事"，科技领袖商业洞察合集视频。

（续）

项目	2019-03-31	2019-09-30	项目	2019-03-31	2019-09-30
其他	1 883.24	2 163.06	未分配利润	2 578.86	3 514.12
非流动资产合计	6 948.03	8 238.90	⋮	⋮	⋮
			权益合计	6 085.83	7 202.31
资产总计	9 650.76	11 595.77	负债、夹层权益及权益总计	9 650.76	11 595.77

资料来源：根据阿里巴巴招股说明书整理。

从表 7-1 中可以看出，在 2019 年阿里巴巴香港上市的那个时点，公司最近一期（2019 年 9 月 30 日）资产负债表显示，总资产超过万亿元，从资产配置上看，主要集中在证券投资、商誉、股权投资等非流动资产上，流动资产占比仅为28.95%，主要是现金及现金等价物，基本可以覆盖公司的流动负债，说明公司的流动性很好。非流动资产中，非常重要的一个资产类别是商誉，达到 2 766.33 亿元，与之对应的公司的股权投资相较于期初几乎翻倍，说明公司近期有较多的股权投资，该项业务形成的商誉规模较大，一定程度上显示出公司在当时通过大量并购来构建其生态平台。

同时，从资本结构上看，对公司资产的要求权主要来自债权和股权，其中债权人拥有的份额为37.24%，公司发展所需的绝大部分资本来自股东权益，而从股东权益的构成上看，股东愿意溢价取得公司权益，计入股本的份额仅有区区 100 万元，大量的股东权益来自资本公积（主要是股东超面额缴入股本的金额）以及未分配利润（即公司近 20 年的经营积累）。可以预见，伴随着新股的募集，公司的资本结构将进一步优化，负债率有望得以实质性降低。5 年前的2014 年 9 月，阿里巴巴完成了美国存托股的首次公开发行和在纽交所的上市，成为当年全球最大的首次公开发行，而 2019 年在中国香港联交所的上市，则为公司提供了进一步扩大投资者基础并拓宽公司资本市场融资渠道的机会。

公司的时任 CFO 是蔡崇信，也是创始人团队认为的最好的 CFO 人选。根据 2014 年阿里巴巴在美国上市时所发布的纪录片《造梦者》的披露，也许正是因为蔡崇信的加入，才解决了阿里巴巴发展中的资金难题，推动了公司的快速增长。作为一家互联网公司，阿里巴巴以创始人"十八罗汉"投入的 50 万元起家，逐步发展为一家业务涵盖核心商业、云计算、数字媒体及娱乐以及创新业务的大型企业集团，同时还建立了非并表关联方蚂蚁金服，为其平台上的消费者和商家提供支付和金融服务，成为中国乃至世界著名的涵盖消费者、商家、品牌、零售商、第三方服务提供商、战略合伙伙伴和其他企业的数字经济体，在此过程中，蔡崇信带领的财务部门通过高效的资金管理为公司发展提供了稳健的资本结构，在顺利实现股权融资的同时，为公司未来扩张准备了充足的"弹药"。

尽管本质上可以将公司的资金来源简单划分为股权和债权，但现实生活中，公司的选择权会受到很多的限制。我国小米公司的创始人雷军曾言，在中国创业成功的，绝大部分是有一定经验的人，资本是逐利的，如果你无法让自己的亲朋好友愿意投资你，为何那些职业投资机构愿意把钱给你？银行虽然可以提供助力，但通常会对偿债能力和意愿提出很高的要求，甚至会要求提供担保或质押，这对初创企业而言也是非常困难的。因此，很多公司在进行资金的筹集时，会综合考虑公司的资本结构、债权人及股东的要求、公司的发展阶段、资金的用途及回报等诸多因素。

逻辑上，通常是公司战略决定经营业务，经营业务决定资金需求，资金需求决定资本结构，资本结构决定财务风险。对于财务人员而言，需要将战略、风险、绩效整合起来，通过资金的筹集、使用来帮助公司稳健经营。在此过程中，可能需要财务人员甚至通过财务人员来帮助管理层和治理层树立"现金为王"的理念，同时还需要通过预算等工具将资金需求明确为一个具体的数字，进而通过不同的渠道以低成本的方式筹集所需的资金。

对公司而言，意识到现金的重要性是一个常识。早在 2006 年，美国福特公司已经意识到汽车行业面临的困境 ⊖，无论是时任董事长卡尔·理查特，还是

⊖　霍夫曼. 统一行动 [M]. 武上晖，范申，译. 北京：中国纺织出版社有限公司，2021.

CFO 多内特·勒克莱尔，都高度重视现金。理查特是富国银行的前总裁，被视为美国最睿智的金融智囊，甚至被巴菲特称为商界最优秀的经理人，也是在福特家族的第四代"比尔·福特"走上 CEO 宝座后，董事会安排给比尔·福特的金融导师。理查特的口头禅是"现金为王"，而且通过日常的交流，向比尔本人、财务团队以及董事们反复强调现金的重要性，并经常督促比尔要关注现金，一般人可能把眼光放在营业收入、利润上，理查特却认为盈利固然重要，但真正应该引起重视的是现金——"现金、现金、现金，我们应该关注资金的流动性"。2006 年 4 月，理查特退休，仍然不忘提醒比尔，要尽可能多地拿到贷款。

勒克莱尔和理查特一样，担心信贷市场的形势会向不利方向发展，更担心公司的借款能力。2006 年 4 月的时候，美国的汽油价格达到 0.8 美元 / 升，福特汽车美国公司重要的盈利来源是皮卡和 SUV，随着油价的上升，消费者对皮卡和 SUV 这样的"油老虎"的需求快速下降，这导致公司的主要营收来源日益减少，进而会影响到公司的信用评级。作为谨慎的 CFO，他对公司的未来前景持悲观态度，并且坚持认为公司应该不惜一切代价争取贷款。

仅仅意识到现金重要，或者树立"现金为王"的理念还不够，公司应该将现金需求明确为具体的数字，比如日常经营所需的资金、并购扩张所需的资金、偿付债务或支付股利需要的资金、资金的安全库存等，并对资金的来源和用途进行周密的筹划，避免在资金上出现问题。在需要多少资金这个问题上，有些人会说"多多益善"，那么债权人和股东可能就要犯嘀咕了，如果连用途都说不清楚，那投资回报就更加说不清楚了。记得有位孵化基金的创始人，在编制基金计划时，将公司为每位员工提供的午餐补贴都纳入了商业计划书，虽然每份午餐的费用仅为区区数十元，但因为创始人的透明和坦诚，自然而然就建立起了投资者的信任。

以福特汽车公司为例，按照公开披露的信息，在 2006 年 11 月 27 日，公司宣布寻求 180 亿美元的融资；到 12 月 6 日，这个数字提升到了 230 亿美元；而截至 12 月 31 日，公司一共筹集了 236 亿美元。为什么需要这么多钱？按 CFO

勒克莱尔的说法，这是为了解决近期和中期负营运相关的现金流问题，为重组提供资金，并为经济衰退或其他难以预料的事情发生提供额外的资金。

显然，财务部门是在进行了测算之后才得出需要多少钱的。这些钱，是为了满足三个方面的需求。

首先是维持日常经营。尤其是公司陷入亏损境地的话，会不可避免地"失血"，即现金净流出，也就是所谓的"负营运相关的现金流"。事实上，福特公司 2006 年亏损了 126 亿美元，2007 年亏损了 27 亿美元，2008 年亏损了 147 亿美元，如果这些亏损全部是正常经营活动导致的话，那么仅仅维持公司存活下去就需要将近 300 亿美元。

其次是为重组提供资金。因为公司已经预计到了 2006 年的经营情况不佳，2007 年也不会好转，才期望引入职业经理人穆拉利以挽救公司。穆拉利的计划，包括关闭工厂以匹配产能进而提升盈利能力，通过裁员、与工会谈判等提高成本竞争力，开发新产品以满足客户需求等，所有这些都需要大量资金作为后盾。

最后是为"经济衰退或其他难以预料的事情发生"提供额外的资金，也就是立足长远，使公司在极端情形发生时仍然有充裕的资金。事实上，公司当时并没有预测到 2008 年的金融海啸，但在测算资金需求时考虑到了可能的经济衰退，因此在雷曼破产、信贷市场冻结的情况下，福特依靠这些预先准备的"粮食"顺利度过了"冬天"。

确定资金的需求只是一个基础，更重要的是从哪个渠道、以什么样的成本或代价取得资金。后来的事实显示，福特公司至少从四个来源筹集所需的资金：

一是申请了总额 110 亿美元的短期循环贷款。

二是获得了 70 亿美元的优先担保定期贷款。

三是发行了 50 亿美元的可转换债券。

四是主动与华尔街的主要投资银行沟通，争取到了 110 亿美元的信用额度，以备不时之需。在此过程中，除了 CFO 的极力推动之外，CEO 穆拉利也亲自出面，与华尔街的银行家们面对面交流以建立信任。

按照当时的计划，福特汽车希望在 2006 年底的时候手握 380 亿美元的流动资金。当年的年报信息显示，公司年末实际持有的现金及现金等价物为 288.94 亿美元，可以随时出售以换取现金的短期证券为 150.6 亿美元，仅此两项就已经超过了期望持有的流动资金额。

值得说明的是，为了筹集到尽量多的资金，董事长比尔·福特甚至把象征自己家族荣誉的福特商标也抵押出去了。如果福特汽车未能按期足额偿付银行贷款，就会失去福特商标。披露的贷款合同显示，只有福特还清了循环贷款，且三家主要的评级机构穆迪、标准普尔、惠誉中两家给出的信用评级为投资级，福特汽车才能够拿回蓝色椭圆形标志和其他抵押资产。由此可见，福特汽车在 2006 年就已经准备好背水一战了。

需要多少资金是一个问题，资金从哪里来可能是一个更重要的问题。对于福特公司而言，主要的资金来源是债务，而对于阿里巴巴而言，占主导地位的则是股权。债务融资相对于股权融资而言，可以在一定程度上放大股东的收益，但与此同时需要到期偿还本息，如果处置不当，则会放大股东的损失，因此管理者应谨慎决策。

举个简单的例子，甲投资者预测 X 公司的股票明天会涨停，于是把自有资金 100 万元全部投入，第二天 X 公司的股票果然涨停，于是甲投资者赚取了 10% 的回报。如果甲投资者认定 X 公司的股票会涨停，就可以考虑放杠杆，比如以 100 万元的资金来配资，先找到一家小贷公司 1∶5 配资，获得了 500 万元的资金，再找到一家正规的金融机构 1∶2 配资，就获得了 1 000 万元的资金，如果及时将 1 000 万元资金投入 X 公司的股票，那么在 X 公司股票涨停的背景下，就可以获得 100 万元的回报，因为是短期融资，1～2 天的资金成本非常有限，这样的话，相当于甲投资者在一天的时间内实现了资本额的翻倍。当然，这种预测可能是错误的，如果第二天 X 公司的股票没有涨停而是跌停，那么甲投资者就会被立即平仓，资本金 100 万元也就顷刻间灰飞烟灭了。

我国的 TCL 科技集团股份有限公司（000100. SZ，TCL 科技，本书中简称为 TCL 集团）在 2003 年推动整体上市，并在 2004 年 1 月成功完成吸收合并 TCL 通讯和新股发行，筹集了 251 340 万元的资金，在深交所挂牌上市，其中有 10 亿元计划用于收购兼并，为即将的国际化做准备。此后的 2004 年 8 月，TCL 集团通过下属的 TCL 多媒体与当时世界上最大的彩电生产商汤姆逊集团签署合并重组彩电业务的协议，9 月 TCL 通讯与阿尔卡特组建合资公司。两项并购使 TCL 集团在彩电及手机两个主流产业上进入了欧美主流市场，并将 TCL 集团从一家区域性企业，打造成为一家跨国公司。然而，汤姆逊彩电欧美业务及阿尔卡特手机业务在并购前存在较大亏损，并购后汤姆逊的业绩不如预期，TCL 集团在 2005 年亏损额达到 9 亿元，2016 年进一步放大亏损至 19 亿元，被交易所冠以"*ST"标志，银行的总信贷规模也从此前的 120 亿元降至 40 亿元。公司的负责人李东生后来在一次分享中提及，公司并购的资金结构出了问题，如果当时采用股权、债权相结合的方式，也许就不会有后来债权人催债、公司陷入困境的极端情形出现了。然而当时李东生太过乐观，认为自身的资本足够了，而且通过债务融资可以放大投资人的收益，但如果并购后标的没有产生预期的收益，亏损放大侵袭公司的资本垫子，债务以及相关的利息就可能成为压倒骆驼的最后一根稻草。

在危机时刻，TCL 集团通过收缩业务使经营保持稳定，没有发生实质性的金融违约，且经营现金流也呈现出逐步改善的势头。与此同时，TCL 集团在结算中心的基础上筹备成立了财务公司，逐步清理那些只带来规模、不带来利润的项目，并通过垂直管控和协调集团二级企业的营运资金，调动各种信贷资源，帮助主业渡过难关，最终在 2007 年实现整体扭亏为盈，开启了新的生命周期。经此一役，李东生开始反思公司的国际化战略，得出的基本结论是，公司国际化的方向没有错，但在文化和管理等方面出了问题。此后他一改公司以往规模扩张的发展模式，聚焦于"有效率地经营""关注盈利的可持续性"，将公司的稳健发展和资本结构很好地结合起来。表 7-2、表 7-3 部分列示了相关时点或期间 TCL 集团的财务状况、经营成果及经营现金流。

表7-2　2003～2007年TCL集团财务状况　　　　（单位：亿元）

项目	2003-12-31	2004-12-31	2005-12-31	2006-12-31	2007-12-31
流动资产	126.84	247.95	235.19	167.81	161.64
长期投资	12.54	9.50	8.72	8.59	6.64
固定资产	17.81	38.55	43.54	36.51	28.27
无形资产及其他资产	2.50	11.35	12.96	6.70	10.05
资产总计	**159.69**	**307.35**	**300.41**	**219.61**	**206.60**
流动负债	95.49	177.13	219.97	172.33	132.40
长期负债	12.24	33.73	3.21	2.68	17.69
负债合计	**107.73**	**210.86**	**223.18**	**175.01**	**150.09**
少数股东权益	29.32	41.90	28.10	14.85	21.74
股东权益合计	**22.63**	**54.59**	**49.12**	**29.75**	**34.77**
负债及股东权益总计	**159.69**	**307.35**	**300.41**	**219.61**	**206.60**

资料来源：根据上市公司年报整理。其中2007年数据因准则修订而列报有所不同，相关数据经过重新计算。

从表7-2可以看出，公司2004年年报披露的资产总额相较于2003年几乎翻一倍，与此同时，负债、权益等呈现出同等增长趋势，负债率从2003年的67.46%微升至2004年的68.61%。翻开年报可以看到，公司在2004年发行股份，导致股东权益增加141%，除此之外，公司还实现了对TCL通信的吸收合并，完成了对汤姆逊彩电业务和阿尔卡特手机业务的合并，导致资产规模扩张，这些活动也导致公司的多媒体电子、移动通信、数码电子的合并口径与上年不同。尤其是伴随着国际化的进程，以及汤姆逊彩电业务和阿尔卡特手机业务的并入，公司在2004年的收入比重也发生了变化，其中中国香港及海外业务的收入从2003年的33.24亿元增至2004年的159.75亿元，增长近4倍，这部分收入占公司总收入的比重从2003年的12%增至2004年的40%，说明公司国际化有了实质性的进展。

表7-3　2004～2006年TCL集团经营成果及经营现金流概览　（单位：亿元）

项目	2004年	2005年	2006年
集团净利润	2.45	−3.20	−19.32
其中：TTE欧美	−1.43	−8.19	−21.31
T&A	−2.83	—	—
经营活动产生的现金流量净额	−13.14	−20.37	11.35

资料来源：根据上市公司年报整理。

　　从表 7-3 可以看出，并购后公司的业绩呈现出断崖式的下滑，集团净利润从 2004 年的 2.45 亿元（因当年仅合并了四个月左右的海外业务）降至 2006 年的 −19.32 亿元，结合表 7-2 的股东权益，可以理解为公司二十多年的积累，因 2005 年、2006 年的持续亏损几乎清零，而公司业绩的糟糕表现与汤姆逊业务（TTE 欧美）的亏损紧密相关，一定程度上表明上市公司的业绩受并购拖累严重。

　　从经营活动产生的现金流量净额看，与公司巨额亏损 19.32 亿元不同的是，2006 年公司经营活动产生的现金流量净额转正，达到 11.35 亿元，表明公司在现金流的管理上下了很大的功夫，具体表现在压缩存货、加强款项的回收等方面，比如存货的减少额从 2005 年的 0.91 亿元大幅提升至 2006 年的 13.95 亿元，仅此一项创造的现金流就超过 13 亿元；除此之外，经营性应收项目的减少额也从 2005 年的 5.41 亿元大幅提升至 2006 年的 29.60 亿元，创造出的现金流超过 24 亿元。当然，伴随着公司经营业绩的恶化，供应商的付款条件可想而知会变得更加苛刻，公司经营性应付项目的减少额在同期从 13.72 亿元增至 25.14 亿元，从侧面表明供应商的信任度下滑。

　　值得说明的是，公司筹资活动产生的现金流量净额也发生了很大的变化，其中 2005 年筹资活动产生的现金流量净额为 15.22 亿元，到了 2006 年就变成了 −24.93 亿元，表明随着公司经营业绩的恶化，资金提供方在收回资金。从表 7-2 可以看出，随着公司经营业绩的恶化，长期负债在大量减少，同时流动负债在适度增加，一定程度上表明金融机构可能不再愿意提供长期资金，与此同时，公司 2006 年借款收到的现金为 113.54 亿元，而偿还债务所支付的现金则达到 138.29 亿元，说明公司已经无法实现借新还旧，迫切需要在经营上扭转颓势，通过经营活动实现正现金流来建立债权人的信任。

7.2　资金应用：安全与流动

没有钱，公司会有烦恼。有时候有了钱，公司也会有烦恼。以我国上市公司科远股份（002380.SZ，后变更为科远智慧）为例，公司在 2010 年 3 月 31 日实现首次公开发行股票，以每股 39 元的价格发行 1 700 万股，募集的资金总额达到 6.63 亿元，在扣除各项费用之后，募集资金的净额达到 6.234 8 亿元，而根据招股说明书中的阐述，公司上市募资项目计划募集 1.505 亿元，换句话说，公司超募的资金额高达 4.7 亿元，超募的资金是计划募集金额的 3 倍以上，这部分钱怎么花就成为一个现实问题。

具体怎么花呢？公司在当年的 4 月 26 日发布公告，称将使用超募资金提前偿还部分银行贷款，金额为 3 700 万元。而公司 2009 年的年报披露，短期借款仅为 3 300 万元，也就是说，公司拿着超募的资金，基本上把贷款全部还清了。这种做法对上市公司股东来说还算合理，毕竟在减少贷款的同时，也减少了公司的利息支出，在优化资本结构的同时，有利于公司增厚业绩。除此之外，公司在 4 月 28 日又发布公告，将此前公司投入募集资金投资项目的自筹资金用募集资金置换出来，总额为 6 086.19 万元；6 月 2 日，公告将以不超过 2 100 万元竞拍南京江宁开发区 4.55 万平方米的土地，用作主营业务自动化控制产品的生产、研发和物流等的生产经营用地。换句话说，公司拿着多余的钱，就要想方设法地用掉，包括投资一些原本不存在的投资项目。科远股份对超募资金的使用还算正常，同期有一些新上市的公司用超募的资金买房买地买车，比如某医疗器械公司，公告称用不超过 420 万元购买办公车辆 15～20 辆，可以想见，公司用从公开市场募集的超额资金给管理层提供了用车福利，而这部分资金的使用只会造成管理费用的增加，没有证据表明会给股东带来显著回报。还有公司用超募资金买房，对办公室进行豪华装修，购买商业大厦作为办公楼等，改善办公条件。

以 TCL 集团 2004 年上市时募集的资金为例，TCL 集团共计募集资金 25.13 亿元，2004 年当年仅使用 168.09 万元，到 2007 年已累计使用 22.65 亿元，即募集资金的 90% 已经使用，剩余 10% 的资金基本也不会再使用。但从募集资金的投入情况看，很多项目发生了变更，具体参见表 7-4 所示。

表7-4　TCL集团2004年募集的资金使用情况　　（单位：亿元）

序号	项目名称	计划投入	实际投入	是否符合计划
1	偿还银行贷款	5.70	5.70	是
2	2.4G无绳电话	1.77	0.27	否
3	企业信息化改造	1.95	0.38	否
4	物流平台技术改造	1.85	1.85	是
5	新型微显示器	1.94	1.00	否
6	半导体制冷	1.95	0	否
7	收购兼并	10.00	4.00	否
	合计	25.16	13.20	

资料来源：根据上市公司年报整理。

显然，从表 7-4 可以看出，TCL 集团在募股时对资金的使用做出了明确的安排，且募集资金数额与拟投入项目的计划资金使用量基本相当。但经过 3 年的时间，TCL 集团真正按照计划投入的资金仅为 50% 左右，七个项目中仅有偿还银行贷款和物流平台技术改造两个项目严格按计划投入，其他五个则有较大差异，其中 2.4G 无绳电话项目剩余的 1.5 亿元，企业信息化改造剩余的 1.57 亿元，新型微显示器项目剩余的 0.94 亿元均用于补充流动资金，半导体制冷项目则一分钱没花，TCL 集团公告称因外部投资、市场环境已发生重大变化，经临时股东大会同意，终止对半导体制冷项目的投入，相关资金同样用于补充流动资金。最大的一笔资金是用于收购兼并的 10 亿元，最后实际的投资额为 4 亿元，剩余 6 亿元资金用于补充流动资金。简单计算一下，TCL 集团募集资金的多个项目随着环境的变化而发生变更，多出来的资金几乎全部用于补充流动资金。

需要指出的是，TCL集团上市之后，真正用于并购的资金投入，主要集中在手机业务上，当时TCL集团投入了5 500万欧元与阿尔卡特组建合资公司，但相关资金需求最终并没有通过募集资金解决，而是通过自有外汇资金和境外银行贷款予以解决。虽然并购汤姆逊彩电业务并没有发生资本性开支，但由于彩电业务经营不及预期，连续发生亏损，需要补充一部分营运资金。当两个大型并购项目均没有产生预期的整合效应且出现了不同程度的亏损时，TCL集团面临的财务风险开始显现，尤其是两个并购项目的整合任务较为艰巨，在短期内再进行大型并购的可能性大为降低，6亿元的闲置募集资金用于补充流动资金也就顺理成章了。

站在财务的角度，资金链的安全和稳健是首要问题，对资金的来源和用途进行统筹规划，并随着时间、环境的变化适时进行调整，是财务人员的基本功。当预测到资金不足时，需要提前进行资金的筹集，努力做到"晴天修屋顶"，而不是等到"下雨""下雪"再去筹集资金，那时候面临的成本、压力和挑战是完全不同的。与之对应，当预测到公司的资金过多时，需要考虑将多余的资金用于财务投资（购买短期证券等）、战略性投资（并购等）、给股东分红以提升股东回报等。公司的资金管理活动如图7-1所示。

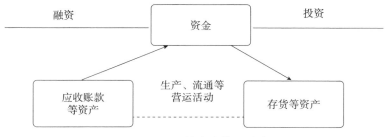

图7-1 公司的资金管理活动

从图7-1可以看出，公司财务的核心任务是保证资金的安全和流动，资金的首要用途应该是满足日常经营的需求，为开展经营业务提供充足的营运资本，并支持必要的长期资产投资，除此之外如果还有多余的资金，就可以考虑用于投资以增加收益，好的公司会思考现金及现金等价物的安全线，如同水库一样，有多余的资金就需要"泄洪"，资金不足就需要"蓄流"。最常见的是将"多余"的资金用于投资一些流动性很强的证券，比如国债、AA级以上的公司债等，或通过委托理财创造价值，需要现金时，可出售这些证券。

　　然而，现实生活中也有公司因资金安排不当闹出了笑话。以我国上市公司辅仁药业集团制药股份有限公司（600781.SH，辅仁药业）为例，2019年7月16日公司发布2018年年度权益分派实施公告，原定红利派发股权登记日为2019年7月19日，除权（息）日为2019年7月22日，现金红利发放日为2019年7月22日。然而到了7月25日，辅仁药业公告称"因资金安排原因，未按有关规定完成现金分红款项划转，无法按照原定计划发放现金红利。原权益分派股权登记日、除权（息）日及现金红利发放日相应取消"。与此同时，因公司资金存在限制性用途，流动性不足，生产经营可能受到影响，公司控股股东辅仁集团所持上市公司股份全部被冻结。

　　根据2019年4月20日发布的上市公司年报，截至2018年12月31日，合并资产负债表显示辅仁药业的货币资金余额为16.56亿元；2019年4月30日发布的第一季度财务报表显示，辅仁药业截至2019年3月31日的账面货币资金余额为18.16亿元，而公司7月16日发布的分红预案为每股派发现金红利0.1元（含税），预计派发的现金红利总额仅为0.63亿元，但就是区区6 000余万元的现金红利，让这家上市公司陷入了困境。辅仁药业公开提供的财务资料显示，截至2019年7月19日，公司及子公司拥有的现金总额为1.27亿元，其中受限金额为1.23亿元，未受限金额不到400万元。后来中国证监会的调查报告显示，辅仁药业2015年、2016年年度报告存在虚假记载、重大遗漏，重大资产重组文件中存在虚假记载，辅仁集团在重大资产重组中提供信息虚假，辅仁药业2017年、2018年年度报告存在虚假记载、重大遗漏，2018年未披露关联担保等一系列问题。其中2018年度，公司未披露辅仁集团、辅仁控股非经营性资金占用期末余额13.37亿元。辅仁药业在回复上交所的问询函中承认，公司资金压力较大，周转困难，部分债务逾期。

简单来说，公司账上的资金是假的，一笔 6 000 万元的分红款让公司资金紧张的现实暴露于大庭广众之下，公司向控股股东及关联方提供借款的总额达到 16.36 亿元，资金存在限制性用途，且存在债务逾期情况，资金流动性不足，资金短缺进一步造成产能不足，影响相关产品销售，并最终导致公司退市的严重后果。2023 年 5 月 23 日，辅仁药业发布公告，宣布收到上海证券交易所的《关于辅仁药业集团制药股份有限公司股票终止上市的决定》，同年 6 月 28 日公司股票被上海证券交易所终止上市暨摘牌。

我国财政部等五部委在 2010 年发布的《企业内部控制应用指引第 6 号——资金活动》中，强调了资金管理的基本要求，核心目标包括促进企业正常组织资金活动；防范和控制资金风险，保证资金安全；提高资金使用效益等。可以理解为，公司的资金活动需要在保证安全的基础上，适当提升效益。

然而现实中，一些公司却在筹资决策、投资决策、资金调度等方面存在各种问题，常见的风险如下：

（1）筹资决策不当，引发资本结构不合理或无效融资，可能导致企业筹资成本过高或爆发债务危机，近些年房地产行业爆发的债务危机，就与相关公司的资本结构和商业模式有很大关系。

（2）投资决策失误，造成盲目扩张或丧失发展机遇，可能导致资金链断裂或资金使用效益低下，比如雷曼兄弟大量投资次级抵押债券等有毒资产，美国硅谷银行大量投资收益率较低的政府债券，最终导致公司资金链断裂或资产负债错配。

（3）资金调度不合理、营运不畅，可能导致企业陷入财务困境或出现资金冗余，前述的辅仁药业就是典型的例子，早期的巨人集团也因将保健品业务的资金大量投入到房地产上，最终导致公司陷入财务困境。

资金活动管控不严，可能导致资金被挪用、侵占、抽逃或遭受欺诈，例如 2014 年 1 月我国上市公司酒鬼酒（000799.SZ）发布公告称，公司存放在中国农业银行杭州分行华丰路支行活期结算账户中的 1 亿元存款被他人分三笔非法转走；2020 年 6 月 18 日上市公司康美药业推迟发布的 2019 年审计报告显示，截至 2019 年 12 月 31 日，康美药业实际控制人马兴田控制的关联公司普宁市康淳药业有限公司和普宁康都药业有限公司非经营性占用公司资金，总额合计为 94.81 亿元。

上市公司资金被控股股东、实际控制人挪用、侵占等案例并不少见。从表面上看，货币资金不见了，可能是转化为了存货、在建工程等其他资产，但实际上可能涉及财务报表的虚假陈述，包括销售、采购、生产、研发、运输等日常经营活动的造假，影响较为恶劣。还有就是关联方交易、对外担保等信息披露方面存在重大遗漏，甚至募集资金投向也发生了重大变更，严重侵犯了中小股东的利益。

站在财务的角度，现金管理的要点首先是数字真实，比如对涉及资金的相关业务进行准确、及时的会计处理；其次应该保证账实相符和资金安全，尤其应预防盗窃、舞弊、大股东侵占等问题；再次应该确保足够数量现金的可获得性，以应对随时发生的大额开支；最后还应该在权衡安全性、流动性和收益性的基础上，对闲置资金进行管理，以避免不必要的大额资金闲置。

当然，资金活动会受到管理理念和风格的影响，一些谨慎的管理者通常会在秉持"现金为王"理念的前提下，对最低持有的现金余额做出明确的规定，比如美国伯克希尔－哈撒韦的 CEO 沃伦·巴菲特就曾明确要求，公司在任何时点所持有的现金余额不得低于 200 亿美元，翻开伯克希尔－哈撒韦公司的年报，2022 年末、2021 年末的现金及现金等价物分别达到 358.11 亿美元和 881.84 亿美元，如果加上短期投资于美国国债的数字，则分别达到 1 285.85 亿美元和 1 467.19 亿美元。截至 2023 年 12 月 31 日，公司的现金及现金等价物、可随时转化为现金的美国国债余额进一步上升至 1 676.41 亿美元，占公司总资产的 15.67%。尽管被批评账上留有大量的闲置资金，但巴菲特坚守资金安全的理念，在没有好的投资机会时，宁愿持有现金也不乱花。

我国企业家俞敏洪也曾公开表示，新东方必须随时保持足够的资金流动性，比如突然有一天公司停止经营，要把学生家长的钱全部退掉，把员工的工资全部发完，一分钱不欠地倒闭或者关闭。表 7-5 列示了新东方 2021～2023 财年的相关财务数据。

表7-5　新东方2021～2023财年相关财务数据　　（单位：亿美元）

项目	2021财年	2022财年	2023财年
净收入	42.77	31.05	25.45
净利润	2.30	−12.20	2.35
现金及现金等价物	16.12	11.49	16.63
经营活动产生的现金流量净额	11.30	−12.80	9.71
资产总额	101.51	60.35	63.92
现金及现金等价物占资产比重	15.88%	19.04%	26.02%

资料来源：根据上市公司年报整理。

从表 7-5 可以看出，尽管这三年公司收入呈现下滑态势，但公司持有的现金及现金等价物均保持在较高水平，尤其是在 2022 财年净利润为 −12.20 亿美元、经营活动产生的现金流量净额为 −12.80 亿美元的情况下，公司财年末的现金及现金等价物仍维持在 11.49 亿美元的水平。现金及现金等价物占资产总额的比重呈现逐年上升的态势，从 2021 财年的 15.88% 一路上升至 2023 财年的 26.02%，表明公司对资金管理的重视。从收入和利润看，2022 财年的数据较为异常，一个很重要的原因是我国颁布了相关的监管政策，其中包括中共中央办公厅及国务院办公厅于 2021 年 7 月发布的《关于进一步减轻义务教育阶段学生作业负担和校外培训负担的意见》，在此背景下，公司自 2021 年底终止为幼儿园至九年级学生提供学科类培训服务，由此出现了营业收入的下滑。与此同时，在截至 2022 年 5 月 31 日的财政年度，公司因部分业务终止，对包括多个学习中心及办公室的多项物业及设备、租赁物业装修等进行资产减值，从而带来 3.69 亿美元的减值亏损，若干租赁也在租赁期限到期之前终止，相关使用权资产的账面价值总额约为 7.81 亿美元，给公司经营业绩带来不利影响。

显然，因环境变化，公司关停了部分业务，导致 2022 财年收入下滑、公司大幅亏损，资产规模缩水。与此同时，在遣散相关教职工、退还学生家长的学费等因素的影响下，公司经营活动现金流出现负值。尽管如此，公司的现金及现金等价物余额仍保持在较高水平，从侧面反映出公司在现金管理方面的谨慎，为公司平稳过渡奠定了良好的基础。

俞敏洪在账上保留了大量的资金，并将留存的资金用在了为员工支付工资、为学生家长清退学费等方面，这是一种特殊情境下的特殊安排。但健康的企业会思考将钱尽量用于日常的经营活动，比如采购原材料、发放工资、开展研发、支付广告费等，并对各项开支进行精细的规划。如果在满足日常经营需求之后，仍有一定的余钱，这时候适度进行投资扩张、支付股东红利就成为一种选择。

以投资为例，上市公司云南白药集团股份有限公司（000538.SZ，云南白药）于 2023 年 12 月 29 日发布《关于 2024 年利用闲置自有资金开展投资理财的公告》，明确表示"在进一步聚焦主业、谨慎投资的原则下，公司已于 2023年三季度退出全部二级市场证券投资，并计划于 2024 年不再开展二级市场证券投资业务"。换句话说，公司不再进行二级市场的股票证券买卖投资，而是利用闲置自有资金进行银行的存款类产品、各大金融机构的理财产品、货币市场基金、国债逆回购及债券、债券型基金 / 资管计划等的投资，这意味着公司将多余资金投入到风险较低的投资理财业务上，标志着公司的投资风格发生了转变。

资料显示，早在 2014 年公司的资产负债表中就出现了 4.36 亿元的交易性金融资产，表明公司开始利用闲置资金涉足二级市场投资。此后，交易性金融资产的金额不断增加，2018 年的年报中该科目的期末余额达到了 72.65 亿元，但2021 年年报中披露的公允价值变动损失高达 19.29 亿元，这也被视为公司二级市场证券投资损失的标志性事件。表 7-6 列示了云南白药 2018～2022 年度的相关财务数据。

表7-6　云南白药2018～2022年度相关财务数据　（单位：亿元）

项目	2018年	2019年	2020年	2021年	2022年
货币资金	30.17	129.94	152.80	188.71	130.56
以公允价值计量且其变动计入当期损益的金融资产	72.65	88.21	112.29	47.20	24.16

（续）

项目	2018年	2019年	2020年	2021年	2022年
可供出售金融资产	1.25	—	—	—	—
其他非流动金融资产	—	—	9.63	8.68	3.81
资产总计	303.78	496.58	552.19	522.93	533.21
公允价值变动收益	0.42	2.27	2.24	−19.29	−6.20
营业利润	38.32	47.43	68.12	34.85	33.71

资料来源：根据上市公司年报整理。其中资产负债表中列报的"以公允价值计量且其变动计入当期损益的金融资产"即为交易性金融资产。

　　从表7-6中可以看出，云南白药的货币资金较为充裕，与此同时交易性金融资产占总资产的比重也较大，金额也逐年走高至2020年，甚至在审计报告中该项目多年一直被列为关键审计事项予以披露，2020年的交易性金融资产高达112.29亿元，加上其他非流动金融资产9.63亿元，两者占总资产的比重达到22.08%。与此同时，与交易性金融资产相关的公允价值变动收益在2018～2020年金额较小，占营业利润的比重也较小，但2021年的公允价值变动损失占营业利润的比重非常大，甚至直接影响到了公司的营业利润变动趋势，这也是引起市场广泛关注的问题所在，随之而来的是公司股价大跌。随后的2022年在公司交易性金融资产大幅减少的同时，公允价值变动损失仍然达到6.20亿元，表明公司在证券二级市场上的投资较为失败。也许正是因为公司这两年交易性金融资产的持续亏损，公司做出了改变投资风格的决策。

　　利用闲置资金进行投资是一种选择，把多余的资金以发放现金红利或回购股票的方式返还给股东也是一种常见的做法。以美国上市公司为例，苹果公司、星巴克公司每年都进行大量的现金分红和股票回购，而伯克希尔－哈撒韦公司却从来不分红，而是让投资者选择相信"股神"巴菲特的资金运用能力。我国上市公司近年来分红的热情也持续提升，媒体报道，2023年有3 495家A股上市公司进行分红，总额达到2.03万亿元，如果按照年末A股市值约90万亿元计算，股息率超过了同期的银行存款利息，其中银行、煤炭等股票分红金额较大，贵州茅台、中国神华、长江电力等公司分红比例位居前列。

表 7-7 列示了苹果公司近年来的分红和股票回购数据，显然，2021～2023
财年的数据显示出公司的盈利状况非常好，每年的净利润接近千亿美元，而与
之相关的经营活动产生的现金流量净额则超过千亿美元，表明公司有充裕的现
金，盈利质量非常好。与此同时，公司每年支付的股利较为稳定且呈现逐年上
升的态势，如果把支付股利和进行股票回购的金额加在一起，接近或超过公司
的净利润，可以理解为公司把赚来的钱全部用于回馈股东，在此背景下公司的
股价接连创出新高也就顺理成章了。

表7-7 苹果公司2021～2023财年分红及相关财务数据   （单位：亿美元）

项目	2021财年	2022财年	2023财年
净利润	946.80	998.03	969.95
经营活动产生的现金流量净额	1 040.38	1 221.51	1 105.43
支付的股利及股利等价物	144.67	148.41	150.25
回购普通股	859.71	894.02	775.50

资料来源：根据上市公司年报整理。

我国上市公司在分红上也不吝啬，以贵州茅台为例，公司每年拿出超过200
亿元的现金进行分红，相关数据参见表 7-8 所示。

表7-8 贵州茅台2020～2022年分红数据   （单位：亿元）

项目	2020年	2021年	2022年
净利润	495.23	557.21	653.75
经营活动产生的现金流量净额	516.69	640.29	366.96
支付的现金股利	242.51	272.28	275.23
支付股利占利润比率	48.97%	48.86%	42.10%

资料来源：根据上市公司年报整理。

表 7-8 显示，公司 2022 年经营活动产生的现金流量净额相较于上年大幅下
滑，公司在年报中也予以了披露，减少主要由两方面原因造成，一是集团公司
划转贵州习酒股份有限公司股权，贵州习酒股份有限公司不再是公司控股子公
司贵州茅台集团财务有限公司成员单位，公司吸收存款减少（2021 年此项增加

75.11 亿元，2022 年减少 89.16 亿元，两者数字简单相加，影响现金流 164.27 亿元）；二是公司控股子公司贵州茅台集团财务有限公司不可提前支取的同业定期存款增加（报表显示存放中央银行和同业款项净增加额 2022 年比 2021 年增加 124.79 亿元）。综合来看，两方面原因对经营活动产生的现金流量净额的影响为 289.06 亿元。与此同时，公司的净利润、支付的现金股利呈现逐年上升态势，表明公司盈利状况、盈利质量、股东回报稳步提升，从相对值看，公司把每年赚取利润的四成以上拿来分红，体现了稳定向好的股息回报率。

苹果也好，茅台也罢，在现金的使用方面，一定程度上体现了股东价值最大化的理念，通过现金分红、股票回购或两者组合的方式，将公司赚取的利润返还给了股东。但整体而言，这两家公司还遵循了一个基本的原则，即赚了钱再分配。星巴克则可以说更为另类，在 2018 财年和 2019 财年，分别拿出 72 亿美元和 101 亿美元回购了 13 150 万股和 13 960 万股的股票并注销，仅这两年注销的股份数量就达到公司总股本的 20% 左右。这一做法的直接后果是 2019 财年末的股东权益变成了负值，相当于借钱来返还股东的投资。此后，股票回购的规模缩小了但并没有终止，公司除了 2021 财年因为扩张店面及对员工投资而暂停外，每年仍然进行金额不等的股票回购，在资产负债表上仍然维持 "资不抵债" 的格局。按照财报数据大概算一下，2018～2022 财年，星巴克赚了大概 165 亿美元，但通过股票回购和现金分红，给股东的回报约为 330 亿美元，也就是赚了 1 美元，分了 2 美元。

稳定的现金分红，再加上大手笔的股票回购，带来了股价的大幅上涨，公司市值也轻松突破千亿美元大关。但债权人为什么这么傻，愿意借钱给净资产为负值的星巴克，并让它拿这些钱去分配给股东？

站在债权人的角度，债权人需要有安全性、盈利性的保证。根据星巴克披露的年报信息，在公司进行大手笔股票回购的 2018 财年和 2019 财年，公司一方面有一些保底的借款能力，比如有 20 亿美元的无担保 5 年期滚动信用便利、10 亿美元的无担保 1 年期信用便利可随时动用，公司可以将这些钱用于补充营运资本、资本性开支以及并购和股份回购等。当然，公司需要遵循一些特定的条款，比如公司能够通过运营达到最低额度的固定开支覆盖率，可以轻松支付公司的融资费用。

另一方面，公司还可以在任何时点发行总额为 30 亿美元、存续期间不超过 397 天的无担保商业票据，还可以发行期限、金额、票面利率不等的长期债券，比如 2017 年 11 月至 2018 年 8 月，公司就先后发行过多次债券，其中 2018 年 2 月发行了 10 亿美元、5 年期、票面利率为 3.1% 的债券，和 5 亿美元、30 年期、票面利率为 3.75% 的债券；2018 年 8 月，发行了 12.5 亿美元、7 年期、票面利率为 3.8% 的债券，7.5 亿美元、10 年期、票面利率为 4.0% 的债券，以及 10 亿美元、30 年期、票面利率为 4.5% 的债券。

这些债券最高利率也仅为 4.5%，按照年报披露的信息，2018 年公司通过发行债券筹集了 55.84 亿美元的资金，需要支付的年度利息按最高利率水平计算仅为 2.5 亿美元左右，而公司当年可以动用的自由现金流高达 99.62 亿美元，即使扣除了该财年第 4 季度将咖啡特许经营权授予雀巢咖啡带来的 71.5 亿美元，余额用来支付利息也是小菜一碟。只要公司能够持续经营下去，就可以通过滚动发行债券来偿还本金，相当于仅仅支付一笔金额不大的利息，就可以长期使用这些资金。

星巴克的财务操作，既保证了在符合规定限制条件下以低成本筹集债务资金的能力，又通过股票回购和现金分红将资金返还给股东以起到支撑股价的作用，债权人不担心利息的到期偿付，股东能根据既往的现金分红和董事会授权的股票回购计划预期投资回报，可谓皆大欢喜。

7.3　案例解析：保持核心与推动变革

从逻辑上看，公司是通过筹资、投资、经营等活动，将钱拿来、把钱用好、实现增值后再分配的一个平台。在此过程中，财务人员发挥了重要的作用，其核心是资金的筹集、使用和分配，并提供决策所需要的信息，即使环境发生了变化，这一核心仍予以保持，尤其是在资金链的健康、内部控制与风险管理的有效性、资金的调配及有效使用等方面，需要财务人员保持足够的胜任能力。

从表面上看，财务的最终产成品是财务报告，但当一些新的信息化、智能化系统逐步使用之后，账务处理在财务人员的工作内容中占比越来越少，而提升效率、提供实时在线动态的分析和洞察，以及以经营分析和业财融合为核心的价值增值活动等，成为财务人员工作的重点内容。

生物学家达尔文在其1859年出版的《物种起源》中提及，适应良好的物种并非起源于上天的特别赋予、创造的本能，而是因为一种普遍法则的多次小影响，造成所有生物的进化，也就是增生、变化，让强者生存、弱者死亡。这一观点不仅适用于生物界，也适用于公司、财务人员的进化。

举个简单的例子，迪士尼公司不断演变，其业务从早期廉价的卡通转变为整部的动画电影，再从米老鼠俱乐部、迪士尼乐园、大热门电影，扩展到欧洲、日本和中国的迪士尼乐园及衍生品销售，虽然它的业务随着环境的变化而有所调整，但核心工作"带给千百万人快乐"和使命"用我们的想象力，带给千百万人快乐"却没有改变。

将这一理念移植到财务上来同样适用。从早期的账房先生和算盘，发展到电算化、智能化甚至远程办公、数字员工，表现形式可以千差万别，但提供决策所需要的信息、为组织创造价值的核心没有改变，以财务报告为载体，以分析提供洞察的本质没有改变。

如果翻开一家公司10年的年报，很少会发现报表格式是一成不变的，这一方面是由于监管者对财务报表的格式规范进行了修订，另一方面也是为了适应报表使用者的需求，希望通过调整信息披露的格式和内容来提供增量信息。同样，一家公司10年前的办公室工作场景与今天也大相径庭，电子发票、电子档案、财务共享、机器人流程自动化、自然语言处理、人工智能、大模型等新技术、新理念、新趋势的发展，让财务工作的内容和财务人员的面貌发生了巨大改变。

从保持核心的角度看，财务人员的基本能力和职业道德要求没有改变，反映、监督、参与决策的基本职能没有变，比如要坚持准则，守责敬业，做好合规工作，不能让资金链断裂；要及时、准确、完整地提供符合会计准则和会计制度要求的财务信息，以建立利益相关者的信任；要像驾驶汽车一样管控好"油门"和"刹车"的关系，通过良好的风险管理和内部控制来帮助组织实现高质量发展；要体现出一定的资源调配能力，通过将有限的资源加以合理配置，迎接市场的挑战，实现盈利、发展甚至做大做强做优的目标等。

从推动变革的角度看，财务人员要拥抱变革，实现无纸化办公，提供的分析报告展现出在线、实时、动态的特征；通过规则的设定和技术解决方案的提供，实现内部控制要求的内嵌，进而实现业务、财务、税务、法务、审计一体化的运行；财务人员更多地将精力从价值核算转向价值创造，通过深入甚至融入业务，在概算、报价、投标、交付、收款等方面为一线人员提供帮助；财务人员在成为数据资源的治理者和应用者的同时，真正找到自己的"客户"，积极参与决策，成为 CEO 乃至董事会的参谋和助手等。

从理论上看，实现价值创造的路径可以简单分为三个：一是通过优化资本结构降低融资成本，二是通过优化业务流程提高经营效率，三是通过产品或服务的组合，更好地满足用户需求。很多公司往往把重点放在第三个路径，而财务人员则可以深入到三个路径中，比如金融业和房地产业，如果在经济繁荣期大量使用杠杆，就可以放大收益，还可以通过股票、债券、短期融资券等直接融资工具来降低融资成本；再比如在财务共享的基础上，很多财务人员得以从简单重复的凭证整理或记账业务中解放出来，投入到项目管理中，以更好地帮助一线部门梳理和优化流程，防范风险；还有一些互联网、物联网公司，通过线上线下业务打通、形成链群相互引流、推出爆品战略等实现协同效应，尤其是通过价值链分析和价值工程工具，消除不增值环节，提升价值贡献环节的效率，以实现价值增值。

有两家企业经常被放在一起比较——万科和华为。两者有诸多相似之处，比如创始人均有部队当兵经历，接任的董事会主席或轮值董事长有财务背景，两家公司均聘请"四大"会计师事务所进行审计，很少出现财务违规行为等，其对财务风险、资金安全的管理能力值得学习和借鉴。

7.3.1　万科的财务价值创造：资金来源是重要渠道

万科企业股份有限公司（000002.SZ，02202.HK）成立于 1984 年，1988 年经深圳市人民政府"深府办（1988）1509 号"文批准，实施股份制改革，1991年 1 月 29 日，公司发行的 A 股在深交所上市，1993 年 5 月 28 日，公司发行的B 股在深交所上市；2014 年 6 月 25 日，公司 B 股以介绍方式转换上市地，在香港联交所主板上市。现在万科已成为我国领先的城乡建设与生活服务商，2016年进入《财富》世界 500 强，位列第 356 位，2022 年位列第 178 位。目前公司在巩固住宅开发和物业服务的固有优势的基础上，将业务拓展至长租公寓、物流仓储、商业开发和运营、标准办公与产业园、酒店与度假、教育等领域。

公司创始人王石在其自传性著作《大道当然》中介绍了公司发展中的一些思考和做法，尤其是在公司初创期，先后以日本索尼和中国香港新鸿基地产为标杆，其中从索尼那里学来了服务，从新鸿基那里学到了房地产开发和营销。进入新世纪，公司又将美国的帕尔迪作为新的标杆，且由当时的公司总经理郁亮亲自抓公司的发展问题，根据后来的研究报告，在 2002 年调研的那个时点，美国的住宅市场规模达到 1.16 万亿美元，是中国商品住宅规模的近 20 倍。从美国经验看，房地产足以支撑世界级优秀公司的市场空间，这意味着中国房地产行业有很大发展前景。报告提及的帕尔迪是当时美国最大的住宅开发企业，连续 53 年盈利，业务遍及全美 27 个州、48 个城市，持续经营活动收入的年复合增长率达到 24%，股票投资回报是 10 年前的 2.18 倍，超过同期标准普尔 500 指数的 102% 和道琼斯指数的 153%，客户的实际重复购买率高达 40%。⊖ 通过对标学习这些一流企业的做法和经验，万科在一定程度上提升了战略、业务、预算、财务等方面的能力。

公司董事会主席郁亮 1990 年加入公司，在万科创始初期主要负责投资业

⊖　王石. 大道当然：我与万科（2000～2013）[M]. 北京：中信出版社，2014.

务，涉及的业务主要是参股股份制改造企业，待改造的企业上市后实现股票增值，进而将股票变现来获得利润，这种业务相当于投行的风险投资，这一阶段郁亮就初露锋芒，在此后的"君万之争"中，又帮助王石调查万科的股东变化和新开设的股东户头身份，与王石建立了很好的信任关系。郁亮在 1999 年任公司常务副总经理兼财务负责人，2001 年至 2018 年 1 月任公司总裁，牵头负责公司未来十年的战略制定，2017 年 7 月开始任公司董事会主席，成为王石的接班人。

换句话说，王石选择了具有财务背景的郁亮作为自己的接班人，而郁亮从投资、财务到管理一路走来，成为财务人员转型的一个很好的样本，其管理风格和理念也可以从公司的财务报表管中窥豹。

从表 7-9 可以看出，作为一家以房地产为主业的上市公司，万科的资产负债率逐年下滑，从 84.59% 下降至 76.95%，公司的主要债务总额近年来超过 1 万亿元，其中约 80% 为免息债务。与此同时，公司应付债券的规模逐年上升，相较于银行借款这种间接融资方式，债券的融资成本更低，可实质性减轻公司的利息负担。需要说明的是，债券属于公开市场融资，管理得好，能够有效降低公司的融资成本，管理不当，一旦出现本息违约或无法滚动融资，带来的负面影响很大。应该说银行贷款融资、债券融资、免息债务融资各有优缺点，如何对债务结构进行合理安排，是财务部门理应重视的工作。

表7-9　万科2018～2022年相关财务指标　　　（单位：亿元）

项目	2018年	2019年	2020年	2021年	2022年
预收款项/合同负债	5 050	5 778	6 316	6 382	4 668
应付账款	2 279	2 673	2 957	3 304	2 892
免息债务合计	**7 329**	**8 451**	**9 273**	**9 686**	**7 560**
银行借款	1 310	1 297	1 571	1 687	1 849
应付债券	471	496	436	530	688
付息债务合计	**1 781**	**1 793**	**2 007**	**2 217**	**2 537**
主要债务总额	**9 110**	**10 244**	**11 280**	**11 903**	**10 097**

（续）

项目	2018年	2019年	2020年	2021年	2022年
资产负债率	84.59%	84.36%	81.28%	79.74%	76.95%
利息费用	82	93	88	79	59
免息债务节省的利息	337	438	407	345	176
利润总额	675	765	797	522	524
免息债务利润贡献率	50%	57%	51%	66%	34%

资料来源：根据上市公司年报整理。表中银行借款包括短期和长期借款之和，上市公司的绝大多数借款均为长期借款。免息债务节省的利息，是用按照当年利息费用计算的有息债务融资成本，乘以免息债务额简单推算而来。

由于公司有大量的合同负债、应付工程款等免息债务，很好地减少了公司的现金占用，同时为公司节约了大量的利息开支。按照付息债务的融资成本简单推算，大约公司利润的一半可能来自免息债务所节省的利息，表明公司通过免息债务的有效使用，很好地节省了财务费用，从而帮助公司创造了更多的利润，财务通过资本结构的优化给股东创造了价值。

2023年以来，在受到宏观经济周期影响、监管部门加大房地产风险管控力度、商品房市场交易活跃度有所下滑的背景下，万科的债务问题引起了市场的广泛关注，如何加快存货的周转、降低资产减值损失发生的概率、统筹安排上市公司和项目公司之间的资金、提升债务的覆盖率、避免债券违约，仍然考验着万科管理层的能力。

7.3.2 华为的财务价值创造：更多体现在花钱上

华为投资控股有限公司（简称华为）创立于1987年，是全球领先的信息与通信基础设施和智能终端提供商。公司早期主要从事电信网络设备的代销，现如今则拓展到IT设备和解决方案、云技术与服务，以及智能终端的研究、开发、制造和销售服务等领域，为全球170多个国家和地区的30多亿人口提供服务。公司2019年全年收入达到8 588亿元，净利润627亿元，过去5年收入的年复合增长率达到 21%，尽管此后在美国"实体清单"的打压下被迫剥离荣耀品牌，但其 5G 技术、车辆智能驾驶解决方案仍然在市场上影响重大，公司的研发开支、员工开支一路上扬，为高质量发展奠定良好基础，每年的年报发布会更是受到全球关注，背后财经团队的努力和汗水不可忽略。华为首席财务官、轮值董事长孟晚舟的致辞和华为心声社区中的员工系列文章，以及媒体的广泛报道，隐约透露出华为财务转型的路径和成效，从侧面展示出财务人员从数字真实到数字管理、从项目财经到作战 CFO 或平台 CFO 的成长历程。

华为创始人任正非在 1987 年集资 21 000 元创立华为，1988 年任华为总裁，后推动《华为基本法》的制定，成为华为的灵魂人物。他在公开讲话、公司内部邮件中多次谈及对财务的看法。尽管在创业初期不懂财务，但在 1997 年带队去美国学习后，他下定决心学习美国 IBM 公司的流程管理经验，并在集成产品开发（IPD）、集成供应链（ISC）的基础上推行了集成财经服务（IFS），为华为建立核心竞争优势奠定了很好的管理基础。在此过程中，任正非要求加强管控和集成，提升财务人员的服务意识，要求财务人员懂业务；并听取海外顾问的建议，在公司推行轮值管理。

孟晚舟 1993 年加入华为，历任公司国际会计总监、华为香港公司首席财务官、账务管理部总裁，现任公司 CFO、副董事长，并于 2023 年 4 月 1 日起担任公司轮值董事长。作为具有财务背景的高管，孟晚舟在华为的财务体系构建、内部控制体系建设、财务支撑业务和战略等方面发挥了重要的作用。根据华为年报披露的信息，2003 年起，孟晚舟主导建立了全球统一的华为财经组织架构、流程、制度和 IT 平台。2007～2014 年，她在华为全球推行集成财经服务变革，使精细化管理成为华为持续成长的基因之一。2014 年，孟晚舟领导华为的数据变革，建立了完善的数据管理体系，实现"数出一孔"，使数据成为公司的战略资产。同一时期，她通过财报内控、账实一致、资金管理和税务管理等变革项目，使财经组织成为业务的伙伴和价值整合者，支撑公司业务在全球实现高速增长。此后，匹配公司的战略前瞻和长期发展规划，孟晚舟构建了财经数字化整体蓝图，通过风险探针、风险模型的建设，实现无接触式风控；建立敏捷经营管理体系，基于数据和 AI 算法，实现经营管理及决策智能化；建立作战指挥一体化平台，基于数据透明和实时交互，实现关键财经作业场景的协同作战，立体指挥。在她的带领下，华为财经已成为世界领先的数字化和智能化的财经组织，为华为打造了坚实可靠的经营底座，助力公司在新时代下的战略实现。

2020 年，纪录片导演竹内亮拍摄了名为"华为 100 张面孔"的纪录片，首站就来到了华为的财经部门，纪录片显示，公司的财经部门人员很少，办公室中央是一个电子显示屏，显示的"全球结账监控"标识非常显眼。除了全球结账总览之外，财经部门还对各项关键指标进行实时监控，每月出具 9 000 份财务报表。站在整个公司的视角，华为希望"营、销、供、服、研、人、财"七大模块都能够实现为客户提供 ROADS 方案，这也为华为财经团队的未来发展提供了指南，实时（Real-time）、按需定制（On-demand）、全在线（All-online）、自助服务（DIY）、社交化（Social）既是公司对客户的承诺，也是财务服务的远景。以提供财务及经营分析报告为例，华为财务可以为全球任一子公司，按需提供以当地会计准则、中国会计准则、国际会计准则为基础编制的不同财务报告，也可以为业务部门提供产品、区域、业务、客户群等多维度的责任中心经营报告。在开票、报销、结账方面，可以实现全球 7 天 24 小时的不间断循环结账，自动滚动调度结账数据，实现从合同概算到关闭回款的一站式服务。通过不懈努力，财经团队将真正融入公司的业务活动，从市场机会的捕捉，到参与产品的规划与市场分析，进而延伸至合同概算的编制、出差申请到费用报销的效率提升、资产管理如应收账款及存货管理的指标改善、税务筹划以创造价值、定价设计以获取竞争优势等具体流程和关键环节，再加上开票效率的提升、外汇风险敞口的管控、项目交付及回款周期缩短，都能看到财经团队人员的身影和影响力，在效率和洞察力等不同维度为客户提供 ROADS 方案及体验。

根据 2022 年华为官方网站发布的招聘宣传片，公司财经部门包括 9 个业务部门，具体如表 7-10 所示。显然，公司财经团队的核心职能已不再局限于基本的财报编制、风控和资源管理，而是进一步延伸到定价管理、销售融资、交易结构安排、子公司管理、财经数字化等领域，真正体现了变革融合、提质增效的要求。人们往往关注华为的业务、研发，但显然公司实现高质量的发展，离不开财经团队的深入参与和积极支持，尤其是在防控风险、提供分析和洞察、管理项目全生命周期等方面发挥着重要的作用。

表7-10　华为财经团队部门设置及相关职责

业务部门	职责
账务管理部	分设七大共享中心，每月提供9 000份财报和10 000份经营报告，使用机器人流程自动化（RPA）、光学字符识别（OCR）、大数据风控等技术提高效率
经营管理部	经营分析，包括经营管理规则拟定 宏观经济、地缘政治、行业、公司、产业链研究 进行场景推演，并提供中长期解决方案 匹配公司战略，深入洞察营商环境 提供预算、预测并支撑决策
资金管理部	制定资金管理战略：以业务战略为纲，以财务战略为本，结合外部环境，制定资金管理战略，保证资金全球充裕供给 保证资金资产安全，包括构建资金运作和监控体系，为资金提效益、增收益、降风险，确保零损失 确保资金收付安全、准确、及时 提供资金专业方案，直面业务挑战，对风险有预案，对诉求有方案，对资金安全有堤岸
销售融资部	满足客户需求，拓展并维护全球重点金融机构的长期战略合作关系，定制化融资方案 打造全球信用风险管理体系，及时、准确响应客户需求 以融资促销售，改善集团回款 了解投资整体规划，分析客户资信情况，在此基础上掌握客户真实融资需求
税务管理部	每年完成上万份税务申报，确保公司纳税遵从 洞察全球税政趋势，尽可能实现交易业务自动计税 保证集团税负整体合理，基于华为实际的业务场景，设计合适的解决方案 确保关联交易安排合规遵从

（续）

业务部门	职责
内控和企业风险管理部	负责建设风控体系，设定风控顶层架构，制定风险管理制度及开发相关工具，提供风险洞察、流程内控、风险地图管理、风险探针模型、风险数字化、业务持续性管理等 拥有全球视野，洞察格局演变，努力成为业务伙伴，帮助业务管住风险
子公司管理部	构建合理法人架构，以财报结果稳健、法人合规遵从为目标 法人全生命周期管理，保证财务遵从和财报健康 法人维度预算预测及采取利润平衡措施
定价中心	创新商业模式，探索价值定价模型与方法 深入剖析商业和生态环境，构建数据—报告—支持决策的价值链 多维数据分析及量化分析、盈利管理 商业模式设计及定价规划
财经数字化、集团财经质量与运营部	构建面向未来的财经数字大脑 负责财报、经营报告的编制以及财经各专业领域的IT架构设计 数据架构、数据分析能力和数据质量管理

资料来源：根据华为财经部门校园招聘广告整理。

　　业务也好，财务也罢，最终都是要实现公司的价值创造和价值增值。公司的钱从哪里来，用到哪里去，用得怎么样，一定程度上也体现了公司的管理绩效和价值观。孟晚舟在2021年9月回国后，参加的第一个公司重要活动就是年报发布会，对公司的相关指标进行了全面的解读，如加大对未来的投入，客户价值优先于股东利益，研发投入不受利润约束，其中公司2021年的研发投入达到1 427亿元，2012～2021年研发总投入达到8 450亿元；改善管理，优化产品组合，提升盈利能力和增加经营现金流，其中净利润从2020年的646亿元提升至2021年的1 137亿元，经营现金流从2020年的352亿元提升至2021年的597亿元；公司的资产负债率在2021年为57.8%，比2020年下降4.5个百分点，公司的稳健性进一步加强等。显然，以一个财务专业人士的视角向利益相关者解读公司的年报，更加体现专业性和针对性，也有助于建立市场的信任。

表 7-11 列示了华为 2018～2022 年的相关财务数据，这些数据可以帮助利益相关者从侧面了解公司的经营哲学。

表7-11　华为2018～2022年相关财务数据　　　（单位：亿元）

项目	2018年	2019年	2020年	2021年	2022年
收入	7 212	8 588	8 914	6 368	6 423
成本	4 430	5 361	5 642	3 294	3 604
毛利率	39%	38%	37%	48%	44%
雇员费用	1 466	1 683	1 661	1 645	1 769
雇员费用率	20%	20%	19%	26%	28%
研发开支	1 015	1 317	1 419	1 427	1 615
研发费用率	**14%**	**15%**	**16%**	**22%**	**25%**
税后利润	593	627	646	1 137	356
利润率	8%	7%	7%	18%	6%

资料来源：根据华为公司公开年报信息整理。

从表 7-11 可以看出，公司在 2020 年的收入达到顶峰，此后出现了下滑，2021 年同比下降近三成，主要的原因是被美国政府纳入"实体清单"，被迫剥离荣耀。与之形成对比的是 2021 年的利润却创出 1 137 亿元的新高，同比上涨 76%，主要的原因是"其他净收支"贡献了 608 亿元，如果将这部分扣除，公司利润不升反降。"其他净收支"主要是出售荣耀和全资子公司超聚变带来的"非正常"利润，这部分利润是不可持续的，预测价值较低。

按照孟晚舟的说法，华为最大的财富不在报表上，在长期研发投资所积淀和积累起来的研发能力、研发队伍和研发平台上，这也是华为用以构建、可持续发展能力的核心所在。从表 7-11 可以看出，公司的研发开支逐年上升，从 2018 年的 1 015 亿元上升至 2022 年的 1 615 亿元，研发费用占收入的比重也从同期的 14% 上升至 25%，这在华为被美国打压、公司营业收入下滑的背景下显得尤为可贵，从侧面体现了华为高科技公司的本质。《2021 年欧盟产业研发投入记分牌》显示，华为的研发投入排名全球第二，仅次于谷歌的母公司 Alphabet，研发投入差距也仅在 50 亿欧元左右。

实际上，研发投入是写入《华为基本法》的，也就是每年的研发投入不低于公司年度销售收入的10%。显然，华为对研发的投入并非短期行为，截至2023年以来的过去十年，公司的研发总投入接近1万亿元。

根据《华为基本法》，认真负责和管理有效的员工是华为最大的财富，公司主张在顾客、员工与合作者之间结成利益共同体，努力探索按生产要素分配的内部动力机制。从表7-11可以看出，华为雇员费用的绝对值高于研发开支，其中2021年的雇员费用高达1 645亿元，以当年年报披露的19.5万名员工计算，平均年薪达到84万元，如果再加上利润分红，员工的收入更高，真正体现了"以奋斗者为本"的理念。

显然，公司花钱的地方除了支撑收入所必要的成本之外，排在前两位的分别是雇员费用和研发开支，表明公司把赚的钱花在了人和技术上，充分体现了公司的花钱哲学，尤其是在独立自主的基础上，开放合作地发展领先的核心技术体系的技术追求。

华为的年报显示，支出比重排名前三的依次是成本、雇员费用、研发开支，如果说成本是为客户的开支，研发开支是对未来的投入，雇员费用是对员工的投资，把钱花在这些方面，体现了顾客、员工的利益共同体特征，以及公司建立持续技术优势的长期投入特点。

第 8 章

入门容易精通难
财报的抽象与还原

　　作为会计程序的产成品，财务报告是专业的人士以规范的流程、严格的标准精心加工出来的，归根结底是在"有借必有贷，借贷必相等"的规则下，用抽象的数字对真实的经济业务进行如实反映的结果。股东、债权人、管理层、员工、供应商、客户、社区、公众、监管部门等利益相关者都可以从中找到对自己有用的内容，并通过分析得出决策所需要的信息。数字是冷冰冰的，数字背后的故事或平淡或曲折，当你有了兴趣，并能够从中得到乐趣，最好还能找到应用的场景，那么看懂财务报告就是指日可待的事，然而要成为一个财务高手，还需要时间和实践的磨炼与检验。

8.1　回归本源：财报的"攻守道"

　　财务报告由财务报表和附注组成，其中报表是高度抽象的结果，是用货币来反映某个经济主体在某一时点或某一时段内的财务状况、经营成果、现金流量情况的文件。要看懂这份文件，需要了解数字背后的故事，将财务数据与业务场景、公司战略、运营、管理、绩效等结合起来。

　　首先，应了解财务报表的基本假设。根据我国财政部 2006 年发布的《企业会计准则——基本准则》的规定，常用的基本假设包括会计主体、持续经营、会计分期、货币计量和权责发生制。以会计主体为例，准则要求企业应当对其本身发生的交易或事项进行会计确认、计量和报告。最常见的会计主体是一家上市公司，年报中会分别披露母公司报表和合并报表，甚至会披露不同分部的财务信息。需要说明的是，这家公司的股东可能由不同基金所代表的机构投资者，以及战略投资者和成千上万的普通股民构成，但公司所发生的经济事务需要与这些股东的个人事务区分开来。站在报表阅读者的角度，应该明确报表反映的不是控股股东的事情，也不是某项业务、某个门店、某个厂房的事情，而是公司作为一个法人，在会计年度内发生的经济业务。

其次，应该在了解所有财务报表的基础上，聚焦于报表所反映出来的会计主体的能力。准则要求，企业应当以实际发生的交易或事项为依据进行会计确认、计量和报告。这些交易或事项最终通过会计的程序、语言加工成了具有规范格式和内容的报表，帮助报表使用者做出经济决策。最重要的一张报表可能就是资产负债表，而资产负债表通常反映的是公司的防守能力。有位企业家曾经说过，一个企业就像一个拳手，如果你打了对方成千上万拳，对方一点儿事情没有；结果对方打了你一拳，你就倒下了，显然你的防守能力太弱。真正的高手，首先需要练习的，可能就是抗击打能力，能够在遭受重击的情况下一次次站起来。站在财务报表的角度，资产负债表很大程度上就是反映一个公司的抗击打能力，比如资本金的大小、历年经营积累留存的利润厚度。当经济环境不好、战略决策或执行失误、公司运营不佳时，亏损可能是大概率事件，能够自公司成立第一年开始就盈利的公司、连续多年持续盈利的公司并不是没有，但现实中并不常见。尽管股东期望的是将本求利，但很多公司仍然应该做好亏损甚至亏掉老本的准备。这个"准备"很大程度上体现在公司资产负债表的"所有者权益"部分。举个简单的例子，甲、乙两家公司所处的经营环境相同，每年都亏损 5 000 万元，甲公司的所有者权益为 5 亿元，乙公司的所有者权益为 4 亿元，那么甲公司的"准备"可以支撑 10 年，而乙公司则只能够支撑 8 年。要知道，企业的忍耐力是一条线，能力是另外一条线，两者之间就是经济主体的生存空间，如果你能够忍他人所不能忍、能他人所不能，那么你的生存空间就会大一些，最后活下来的也就是你。"防守""准备""忍耐力"一定程度上可以从所有者权益部分看出来。

再次，仅有防守是远远不够的，最多能够让你立于不败之地，但要求胜就需要有进攻能力。金庸先生的小说《笑傲江湖》中，主人公令狐冲获得华山派剑宗传人风清扬的青睐，被传授"独孤九剑"。令狐冲非常聪明，尽管学的时间很短，但已经远超风清扬的期望。在令狐冲正式运用这些招式和田伯光开打之前，他做了两件事情，一是闭上眼睛把所学的东西简单地想了一遍，二是问了一个问题："太师叔，徒孙尚有一事未明，何以这种种变化，尽是进手招数，只攻不守？"风清扬的回答是："独孤九剑，有进无退！招招都是进攻，攻敌之不得不守，自己当然不用守了。"显然，令狐冲是个好学生，能做到学问结合；风清扬更是个好老师，回到创制这套剑法的独孤求败本人身上，阐述进攻是最好的防守这一理念。

从报表的内容上看，资产负债表是反映某一经济主体某一时点财务状况的文件。在"起点"时，公司只有"本钱"，亏完了也就没了；但随着时间的流逝，公司可能体现出"本事"的那一面，治理层、管理层、普通员工共同努力，运用"能力"开始赚钱，"赚钱"能力的大小体现在利润表上，这就是"进攻能力"，如果公司一直赚钱，"本钱"就永远安全，不会有被侵蚀的顾虑，那么也就好像"独孤求败"一样，有攻无守了。换句话说，所有者权益部分有很多账户，但这些账户可以简单分为两部分，一是"本钱"，即股东投入的原始股本；二是"本事"，即全体员工共同努力通过能力所赚取的留存收益。

最后，公司应努力做到攻守兼备，资产负债表的"实力"足够大，利润表的"能力"又足够强，能够给股东带来足够的安全感和回报。实务中，有些公司强调防守，有些公司体现进攻，这是由公司管理层的经营理念和风格决定的，通过资产负债表和利润表的动静结合，就可以对一个经济主体的财务状况和经营成果做出比较客观的评价。

以日本航空公司（Japan Airlines, JAL 公司）为例，该公司成立于 20 世纪 50 年代，最初是由日本政府立法成立的国有航空公司，经过多年发展，成为日本乃至亚洲规模最大的航空公司之一，顺利进入世界 500 强，甚至被视为"日本株式会社"战后经济繁荣的骄傲象征，在 2008 年金融危机之时，JAL 公司每年的乘客量高达 5 000 万。然而在金融危机的冲击下，公司经营出现巨额亏损，并在 2010 年 1 月申请破产保护。公开披露的信息显示，JAL 公司在 2008 财年（结束于 2009 年 3 月 31 日）经营亏损高达 508.84 亿日元，在 2009 年第一、第二财季销售收入继续下滑，经营亏损放大至 957.93 亿日元，在业绩表现糟糕且无明显改善的情况下，公司能否按规定条款偿付贷款本息存在疑问，甚至连持续经营都存在很大挑战。表 8-1 列示了 JAL 公司相关期间资产负债表简表。

表8-1　JAL公司相关期间资产负债表简表　（单位：亿日元）

项目	2009财年上半年（截至2009年9月30日）	2008财年（截至2009年3月31日）	项目	2009财年上半年（截至2009年9月30日）	2008财年（截至2009年3月31日）
流动资产合计	4 394	4 870	流动负债合计	6 672	6 499
固定资产	12 426	12 626	非流动负债合计	8 563	9 040
递延开支	7	11	**负债合计**	**15 235**	**15 539**
非流动资产合计	12 433	12 637	股东权益	2 465	3840
			估值、币值调整及其他	−1 089	−2 094
			少数股东权益	217	221
			净资产合计	**1 593**	**1 968**
资产总计	**16 827**	**17 507**	**负债和净资产总计**	**16 827**	**17 507**

资料来源：根据上市公司年报整理。

从表 8-1 可以看出，尽管日本公司的资产负债表与我国公司的资产负债表在列报项目上有所不同，但可以得出的基本结论仍然较为清晰，比如 JAL 公司在 2009 年 9 月 30 日的净资产仅为 1 593 亿日元，按照公司的亏损额及其趋势，在一年以内就可能将所有净资产亏完，公司存在资不抵债的可能性，持续经营存在很大的不确定性，因此申请破产保护也是情理之中的事情。

从另一个角度看，公司的股东权益截至 2008 财年末仅有 3 840 亿日元，如果公司每年亏损 1 000 亿日元，那么即使不考虑其他因素，公司也会在不到四年的时间内将股东权益亏完。公司的"防守"垫子不够，很容易受到市场环境不利变化的影响。要想扭转不利局面，JAL 公司的首要任务就是尽快扭亏为盈，在"进攻"上多想些办法。

当然，公司后来在日本"经营之圣"稻盛和夫的领导下，在每条航线上推行精细化的阿米巴经营方式，并引入京瓷公司"敬天爱人"的经营哲学，借此改变员工的价值观，此后的 2011 财年（截至 2012 年 3 月 31 日）、2012 财年（截至 2013 年 3 月 31 日），JAL 公司均实现较多盈利，报表列示的经营利润分别达到 1 952 亿日元和 2 049 亿日元，公司的留存收益也开始转正，同期的留存收益余额分别为 1 982 亿日元和 1 967 亿日元，公司顺利完成破产重组并重新上市，2012 财年末 JAL 公司的账面净资产总额恢复到 5 834 亿日元的水平，在净利润连年为正、净资产金额逐年上升的背景下，公司恢复财务弹性，成为一家"攻守兼备"的高质量发展的航空公司。

事实上，美国好莱坞电影《华尔街》（*Wall Street*）也讲述了一家小航空公司——蓝星公司扭亏为盈的故事。主人公巴德·福克斯劝说戈登收购陷入困境的蓝星公司，理由包括：他在蓝星公司工作过（事实上是实习生），有关系（巴德的父亲是蓝星公司的工会负责人），在内部有朋友，对公司有很好的了解。戈登询问详情，巴德解释说，蓝星公司有三个工会，占了蓝星公司 43% 的预算，驾驶员的时薪为 850 美元，这就是隐藏的价值，如果通过谈判把驾驶员的时薪降至 350～400 美元，这家航空公司就可能成为最赚钱的航空公司之一。再加上巴德与蓝星公司的关系，能够赢得公司内部人的信任，其父亲作为工会的负责人，也能够在降薪谈判中帮上大忙。巴德说服了戈登，于是戈登踏上了对蓝星公司的收购、重组、扭亏之路。

从剧情上看，蓝星公司确实前景不妙，每年亏损 2 000 万～3 000 万美元（那是 20 世纪 80 年代），没有年度分红，同时面临着大航空公司的激烈竞争和打压，管理层也不给力，可能很快就会让公司陷入困境。一旦公司启动破产保护，裁员是必不可少的选项，工会也会解散，这也使工会同意参与谈判。戈登给出了他的改革方案，吸引人的地方是有钱大家赚，公司也有望扭亏为盈。按照方案，戈登要求蓝星公司的全体员工降薪20%，每月的工作时间增加7小时，在约定的1年时间内，如果公司仍然亏损，降薪的行为将继续，一旦公司开始赚钱，就将员工薪酬恢复到原来的水平，与此同时，公司将给员工配股、分红，大家一起做公司的股东。显然，戈登是通过增加工作时长、降低员工薪酬的方式，实现成本的节约；同时通过股权激励计划将普通员工与公司的利益捆绑起来。仅降本是不够的，参与谈判的工会负责人更关心的是戈登的市场策略，也就是给出什么样的具体计划来让公司扭亏为盈。

巴德在感谢工会做出的贡献之后，给出了三个具体的方案：一是公司需要现代化改造，更新电脑设备，精确计算出每个舱位的里数成本，如果有人愿意出价379美元购买机票，就不必以79美元卖给他；通过电脑来有效管理存货，能够使载货量增加5%~20%，从而每年给蓝星公司带来5 000万~2亿美元的新增收入，这就意味着公司可以通过价格战打败主要的大航空公司。二是进行广告投入，要更加激进地打击大航空公司，换句话说就是从狼嘴里抢食。三是扩张，将蓝星公司的航线扩展至更多城市，与此同时，重新规划航线，以建立更大的优势，以更大的格局与大公司争地盘。这些方案取得了三个工会负责人中的两个负责人的认可，虽然巴德的父亲并不认可戈登的人品，但看在自己儿子的份上，最终同意了上述改革方案。

从巴德的方案中可以看出，蓝星公司的拯救计划强调的是"降本增效"，方案本身并没有考虑所谓的"防守"，更多强调的是"进攻"，也就是将公司扭亏为盈。从利润表的角度看，公司亏损的原因非常简单，就是收入无法覆盖支出，那么扭亏为盈的思路也就非常清晰，一方面需要增加收入，另一方面需要减少成本。巴德的方案在于增收，戈登的方案在于节支，而要说服工会认同，就要诉诸利益和理性，一旦员工短期的降薪有助于为公司带来长期的盈利，公司就有望起死回生。将来薪酬不仅可以在公司扭亏为盈之后恢复到正常水平，而且每位员工还有机会参与到有业绩支撑的股票分红，那么资方和工方就成了利益共同体。

从逻辑上说，成本或开支往往是可以管控的，也就是说裁员、降薪是员工面临的现实难题，但公司未来的收入或收入的增长却有很大的不确定性，将取决于市场环境、行业竞争状况、政府政策、竞争对手的竞争策略等诸多因素。改革需要决断力、勇气和说服力，决策者给出战略定位和方向，有可信赖、有能力的人参与，就有可能说服工会等利益相关者。巴德方案值得肯定之处，是通过精准的成本管控以及客户画像，给出了更好的定价、更优的存货管理思路以及每年 5 000 万～2 亿美元的增收预期，公司扭亏为盈的预期成为吸引工会负责人的重要手段。

蓝星公司的扭亏为盈是电影塑造的情节，JAL 公司的再造则是真实的资本市场实践。从 JAL 公司的重生经历看，公司再次赚钱是一个最重要的因素。稻盛和夫利用自身的影响力和管理哲学影响 JAL 公司员工的价值观固然很重要，但最初大幅裁员以降低成本，通过重新规划航线、精准定价并计算盈亏，给公司管理改进指明方向也不可忽视。截至 2023 年 3 月 31 日，JAL 公司的净资产为 8 570 亿日元，2022 财年的收入为 13 756 亿日元，在整个航空业不景气的背景下取得了 651 亿日元的经营利润，这进一步增加了公司的抗风险能力。表 8-2 列示了 JAL 公司 2008 财年和 2022 财年的财务数据对比。

表8-2   JAL公司2008财年和2022财年财务数据对比简表　（单位：亿日元）

项目	2008财年	2022财年	项目	2008财年	2022财年
流动资产合计	4 870	9 229	流动负债合计	6 499	6 696
固定资产	12 626	10 278	非流动负债合计	9 040	9 940
其他	11	5 699	**负债合计**	**15 539**	**16 636**
非流动资产合计	12 637	15 977	股本	2 510	2 732
			资本公积	1 558	2 736
			留存收益	−219	2 256
			其他	−2 103	439
			少数股东权益	221	407
			净资产合计	**1 968**	**8 570**
资产总计	**17 507**	**25 206**	**负债和净资产总计**	**17 507**	**25 206**

资料来源：根据上市公司资料整理。其中2008财年与2022财年报表列报项目发生较大变化，相关数据进行了合并简化处理。

从表 8-2 可以看出，经过十多年的发展，JAL 公司的总资产增加了 7 699 亿日元，相当于增长了 44%，这种增长主要来自净资产，负债的增长几乎可以忽略不计。从总额看，净资产从危机中的 1 968 亿日元增长至 2022 财年末（截至 2023 年 3 月 31 日）的 8 570 亿日元，相当于增长了 3 倍以上，当股东权益逐年增厚的时候，公司的抗风险能力得到较大提升，即使是像 2008 财年那样年亏损 500 亿日元，现有的 8 570 亿日元净资产也可以让 JAL 公司亏 17 年，表明公司有了足够的安全"垫子"，即使再次面临 2008 财年"进攻"乏力的情形，仍然可以在一定期间内拥有很强的"防守"能力。

总而言之，对于像 JAL 这样的公司，可以通过资产负债表了解公司的"防守"能力，也可以通过利润表观察公司的"进攻"能力。好的公司，应该努力做到攻守兼备，力争在激烈的市场竞争中先立于不败之地，再寻求可胜之机。在《孙子兵法》的"形篇"中，孙子明确指出："昔之善战者，先为不可胜，以待敌之可胜。不可胜在己，可胜在敌。""不可胜者，守也；可胜者，攻也。"将其引申到公司的财务报表中，就是先要管理好自己的资产负债表，尤其是应该留有足够的净资产，即使环境再恶劣，公司仍然有足够的"底子"抵御风险，同样每年亏损 500 亿日元，拥有 8 000 亿日元的"底子"就可以活 16 年，拥有 4 000 亿日元的"底子"只能活 8 年，多存续几年，就有机会迎来经济的回暖。再就是管好自己的利润表，尤其是努力做到收入最大化、费用最小化，通过大额的净利润来增厚公司的"底子"，实现"可胜"。

8.2 因敌变化：分析要有的放矢

公司是一个经济主体，管理层是财务报告的编制者，投资者、债权人、政府及有关部门、社会公众等利益相关者是财务报告的使用者，每个利益相关者只关注对自己有用的内容，正如寓言盲人摸象所说的那样，各自"摸"到了一块。专业的报表阅读者，应从公司已经提供的财务状况、经营成果和现金流量等有关会计信息中，获得有助于评价管理层受托责任履行情况和做出理性经济决策的洞察。

8.2.1　对因敌变化的理解

第一次看到"因敌变化"，是在《孙子兵法》的"虚实篇"中，孙子阐述得很清楚，"兵无常势，水无常形。能因敌变化而取胜者，谓之神"。简单来说就是，作战并没有一成不变的形式，水流也没有固定不变的形态，如果能够做到根据"敌情"的变化采取不同的方式来取胜，就可以称得上"用兵如神"了。延伸到报表阅读上，即阅读报表的方式方法各不相同，如果报表阅读者能够结合决策意图，根据报表编制者所处的行业、生命周期以及它的战略规划、经营理念和风格、管理绩效等，做出有针对性的分析，那么也可以称得上阅读报表的高手了。

在分析财务报表时，不同的利益相关者关注的要点会有所不同，外部的投资者可能更关心盈利能力和收益性；债权人更多关注本金安全和偿付能力；管理者更多考虑在合规的基础上多赚钱，以获得更大的"红包"。

金融行业更多运用杠杆，制造业更多关注研发和产品竞争力，互联网企业则对消费者和用户更有洞察，每个公司的特点也会从资产负债率、资产的配置、花钱的重点等方面体现出来，但比较分析的基本方法论却具有一定的普适性，通过知彼知己的路径来实现百战不殆的目标这一逻辑仍然成立。

报表的编制者即使知道利益相关者的不同需求，也很难做到给每个利益相关者提供个性化定制的报表，只能以统一的财务报表格式公平、公开地披露信息，让报表阅读者各取所需，自主决定取什么数据、用什么指标、做何种决策。

8.2.2　有的放矢的分析

有位资深的 CFO 在首次与公司员工碰面时，问了一个最简单的问题："你是怎么理解财务的？"员工的回答并不一致，有人说"向利益相关者提供决策所需的信息"，即财务人员日常最重要的工作就是编制定期财务报告；有人说财务是"管钱的管家"，即负责日常的资金收付，报销、付款、收款构成其核心工作内容；还有人说财务是负责管理风险的归口责任部门，需要合理保证各项业务合规开展，及时支付员工工资、缴纳税金、偿付债务，还要应对审计、监管检查，保证公司健康发展。

事实上，财务干的有些工作比如报销、报表编制、纳税申报，市场参与者能看到，但更多的工作比如资金预测、风险防控、尽职调查、辅助决策，局外人无法看到。但无论这些工作能否为他人观察到，利益相关者都能够根据"财务报表"这一产成品评判财务工作甚至战略、经营、管理的效果。以福耀玻璃2021年年度报告为例，整个报告有182页，内容涵盖董事长致辞、公司简介和主要财务指标、财务报告等12节内容，怎么看可谓仁者见仁智者见智。

不管怎么看，第一张报表一定是资产负债表，代表的是公司的实力，这个实力首先体现在看得见的第一个会计科目"货币资金"上，合并报表显示公司2021年12月31日的货币资金余额为143亿元，相较于2020年12月31日的88亿元，增加了大约55亿元。这是一个静态的数字，是两个年报日之间货币资金余额的简单对比，你可以关心143亿元的构成，也可以关心55亿元的新增情况。

1．两个时点货币资金的构成

先看时点数。公司的年报很清楚地列报了货币资金的组成，具体参见表8-3。

表8-3　福耀玻璃不同时点货币资金的构成　　　　　（单位：元）

项目	2021-12-31	2020-12-31
库存现金	37 621	52 344
银行存款	14 325 284 539	8 807 899 889
其他货币资金	2 034 102	2 033 620
合计	14 327 356 262	8 809 985 853

资料来源：根据上市公司年报整理。

从表8-3可以看出，公司的货币资金由三个部分组成，一是库存现金，比如放在保险柜里面的现金，包括纸币、硬币等，这一部分现金几乎可以忽略不计；二是银行存款，也就是存放在开户银行中账户上的余额，可能存放在工商银行、交通银行、建设银行等各家银行，也可能涉及基本账户、结算账户等不同类别账户，这是福耀玻璃年末占比最大的一部分资金，可以说公司的几乎全部货币资金都存在银行里；三是其他货币资金，比如外埠存款等，这部分资金和库存现金一样，在整个货币资金的构成中也几乎可以忽略。

2．分析55亿元新增资金的情况

对于公司如何在一年的时间内将货币资金的余额提升55亿元，可以通过披露的合并现金流量表来了解，具体参见表8-4。福耀玻璃披露的信息显示，现金流量表中的现金及现金等价物，与资产负债表中的货币资金之间的差额为2 034 102元，即其他货币资金属于"受到限制"的现金，需要在现金流量表中扣除，因此表8-4中列示的"六、期末现金及现金等价物余额"为14 325 322 160元，与资产负债表中的货币资金余额存在一定的差额。

表8-4　福耀玻璃2021年现金流量表　　　　（单位：元）

项目	2021年
一、经营活动产生的现金流量：	
经营活动现金流入小计	25 623 920 272
经营活动现金流出小计	19 946 910 631
经营活动产生的现金流量净额	5 677 009 641
二、投资活动产生的现金流量：	
投资活动现金流入小计	477 154 304
投资活动现金流出小计	2 339 832 619
投资活动产生的现金流量净额	−1 862 678 315
三、筹资活动产生的现金流量：	
筹资活动现金流入小计	14 323 519 994
筹资活动现金流出小计	12 371 702 264
筹资活动产生的现金流量净额	1 951 817 730
四、汇率变动对现金及现金等价物的影响	−248 779 129
五、现金及现金等价物净增加额	5 517 369 927
加：期初现金及现金等价物余额	8 807 952 233
六、期末现金及现金等价物余额	14 325 322 160

资料来源：根据上市公司年报整理。

从表8-4中可以看出，公司的现金之所以增加，取决于四个方面的因素：一是经营活动产生的现金流，仅此一项就增加了约57亿元，也就是说公司的货币资金余额之所以增加，经营活动的贡献最大；二是投资活动产生的现金流，这个项目导致现金净流出约19亿元；三是筹资活动产生的现金流，这个项目导致现金净流入约20亿元；四是汇率变动影响，约为−2亿元。四个项目加总，导致期末的货币资金余额增加了约55亿元。也就是说公司的经营、投资和筹资三大经济业务，以及因为持有美元、卢布等外币资金而产生的汇率变动影响，共同带来了年末约55亿元的货币资金增长。

3．经营活动分析

从表8-4可以看出，公司的钱增加了，主要来自经营业务，可以简单地理解为公司通过提供产品或劳务，在覆盖了必要的开支之后，带来了货币资金余额的增长。

如何理解这部分资金的增加呢？同样可以通过报表附注加以理解，具体可以参见表8-5。从表中可以看出，经营活动产生的现金流量净额既可以从现金流量表中直接得出来，也可以通过"间接法"调整而来。这种调整以净利润为起点，即从利润表中的净利润3 142 980 793元开始，对利润表、资产负债表中影响现金流的相关科目的数字进行调整后计算而来。现金流的变化，几乎涉及利润表和资产负债表中的所有会计科目。

表8-5　福耀玻璃2021年经营活动产生的现金流量净额分析　（单位：元）

项目	2021年
净利润	3 142 980 793
加：资产减值损失	18 976 018
信用减值损失	5 436 372
固定资产折旧	1 816 292 295
使用权资产摊销	123 037 830
无形资产摊销	70 365 542

（续）

项目	2021年
长期待摊费用摊销	241 956 999
处置固定资产、无形资产和其他长期资产的损失（收益以"−"号填列）	103 003 542
公允价值变动损失（收益以"−"号填列）	9 396 901
财务费用（收益以"−"号填列）	567 719 920
投资损失（收益以"−"号填列）	−77 625 641
递延所得税资产减少（增加以"−"号填列）	87 681 484
递延所得税负债增加（减少以"−"号填列）	−16 185 157
存货的减少（增加以"−"号填列）	−1 065 034 904
经营性应收项目的减少（增加以"−"号填列）	−261 733 125
经营性应付项目的增加（减少以"−"号填列）	986 313 659
递延收益摊销	−75 572 887
经营活动产生的现金流量净额	5 677 009 641

资料来源：根据上市公司年报整理。

比如资产减值损失、信用减值损失，虽然名为损失，但做账的时候，是借记"减值损失"，贷记"减值准备"，站在会计账务处理的角度，这些减值准备直接与资产负债表中的存货、固定资产、应收账款等科目备抵，也就是说这些减值准备在利润表中被当作减项造成当期利润的减少，但并不影响现金流，因此在计算现金流量时需要把这部分资金加回来。

再比如固定资产折旧，这个项目列报的金额高达 1 816 292 295 元，是继"净利润"科目后，对经营活动产生的现金流量净额影响最大的子科目。与"减值损失"类似，固定资产折旧属于期末调整账户，做账时借记"成本""费用"等，属于利润表的减项，贷记"固定资产折旧"，而固定资产折旧则与"固定资产"的科目余额进行备抵，同样不影响现金流，因此在调整时，也需要将其加回来。由于福耀玻璃属于制造业企业，一定程度上属于"重资产"类公司，固定资产的金额、计提折旧的金额都比较大，这也从侧面反映出，公司要维持现有的生产规模，未来进行固定资产更新改造的压力较大。

当然，固定资产折旧的具体金额并不能从报表中直接读取，需要用报表附注中的相关数据计算得出，还需要验证这一数字的真实性。所有资产负债表科目的变化，都遵循着"期初余额 + 本期增加 − 本期减少 = 期末余额"的基本公式。从报表附注可以看出，福耀玻璃 2020 年 12 月 31 日固定资产的期初余额为 14 260 438 910 元，2021 年 12 月 31 日的期末余额为 14 501 764 063 元，具体是由房屋及建筑物、机器设备、运输工具、电子设备及其他设备共同组成的，在 2021 年，公司计提的累计折旧金额合计为 1 816 292 295 元，这一数字也成为表 8-5 中"固定资产折旧"项目的数据来源。

表 8-5 中对经营活动产生的现金流量净额影响较大的科目还有"存货的减少"，因为列报的金额为 −1 065 034 904 元，是负值，实际上代表的是"存货的增加"。从资产负债表附注中可以了解到，公司的存货包括原材料、在产品、库存商品、周转材料和合同履约成本，期初存货余额为 3 280 989 599 元，期末余额为 4 327 048 485 元，金额确实增加了，只不过增加的金额为 1 046 058 886 元，考虑到存货也会因为冷背残次等原因减值，公司单独设置了相关的科目来反映这部分减值，报表附注显示当年计提的存货跌价准备金额为 22 741 978 元，这部分需要在"存货的增加"中调整。除此之外，报表附注显示存货跌价准备及合同履约成本减值准备中还有"其他"项目 −3 833 342 元，综合来看，存货的期末增加额约为 10.65 亿元。这个数字无法直接从报表或附注中读取，而计算的过程又因为公司相关数据的缺失，可能并不精确，但并不影响最终的结论。从另一个方面来说，公司应该警惕存货期末的余额增加，主要为原材料和库存商品金额的增加，站在管理的角度，应明确是因存货涨价预期主动进行的存货安全储备，还是因客户需求变动而导致的存货余额被动增加，并适时调整相应的管理策略。

当然，对经营活动进行分析，最直观的是通过利润表展开。表 8-6 揭示了福耀玻璃 2020 年和 2021 年的经营成果。

表8-6　福耀玻璃2020年和2021年利润表简表　　（单位：亿元）

项目	2021年	2020年
一、营业总收入	236.03	199.07
二、营业总成本	201.13	171.01
其中：营业成本	151.29	126.41
税金及附加	2.05	1.98
销售费用	11.51	10.51
管理费用	19.44	19.01
研发费用	9.97	8.16
财务费用	6.87	4.94
加：其他收益	2.42	3.53
三、营业利润	37.62	32.67
加：营业外收入	2.18	0.58
减：营业外支出	1.61	2.15
四、利润总额	38.19	31.10
减：所得税费用	6.76	5.11
五、净利润	31.43	25.98

资料来源：根据上市公司年报整理。

从表 8-6 可以看出，福耀玻璃的利润率在 13% 左右，其中 2021 年的收入相较于 2020 年增长 19%，净利润增长 21%，这符合一般的规律，即因为固定成本的存在，公司利润的增长速度往往会超过收入的增长速度。当然，由于公司生产销售不同的玻璃产品，经营场所也不仅仅局限于中国本土，因此产品结构的不同，可能会导致公司的毛利、利润呈现不同的变动趋势。

值得说明的是，公司的各项费用伴随着收入的增加呈现不同的增长趋势，其中增长较为明显的是财务费用，增长了 39%。利息费用从 3.55 亿元降至 3.19 亿元，即支付的利息费用是下降的，但利息收入从 2.9 亿元降至 1.69 亿元，下降更为明显，综合结果导致公司的财务费用总额上升较多。由于报表信息披露的充分性，报表阅读者虽然无法准确知道这一变化的具体原因，但可以推测，公司之前可能通过购买理财产品获取了相应的利息收入，但伴随着公司降杠杆的行为，这些原本用来购买理财产品的资金被用来偿还银行贷款，在降低银行利息的同时，也减少了公司的利息收入。与此同时，从报表附注中可以看出，对财务费用影响最大的因素是汇兑损益，其中2021年的汇兑损益净额为5.28亿元，占同期财务费用6.87亿元的77%左右，基于简单的理解，公司应关注外汇敞口的风险管理，以更好地控制财务费用的异常。

4．投资活动分析

从2021年的年报中可以看出，福耀玻璃的投资活动相对比较简单，影响现金流入、流出的最重要项目分别是"收到其他与投资活动有关的现金"，发生额为3.34亿元，以及"购建固定资产、无形资产和其他长期资产支付的现金"，发生额为23.29亿元。

翻开报表附注，所谓的"收到其他与投资活动有关的现金"，主要是"收回的理财产品本金及其收益"，也就是公司利用手中多余的现金进行了理财活动，比如购买保本型的理财产品，事实上在2020年度，公司发生的购买理财产品的支出高达30.5亿元，本期并没有购买支出。

2021年度最大的投资开支项目体现在"购建固定资产、无形资产和其他长期资产支付的现金"，这个数字无法从报表中直接读取，需要结合资产负债表相关科目及其附注计算得出，比如固定资产购置增加了5.18亿元，在建工程本期期初23.54亿元，期末19.77亿元，转入固定资产18.64亿元，可以推测出本期在建工程的投入约为14.87亿元，再根据报表附注得知，无形资产购置增加了0.38亿元，长期待摊费用增加了2.84亿元，基本可以得出固定资产、在建工程、无形资产、长期待摊费用等投入约23.27亿元，与现金流量表中的数据相差无几。

从报表结构看，福耀玻璃2021年12月31日的资产构成如表8-7所示。

表8-7 福耀玻璃2021年12月31日的资产构成简表 （单位：亿元）

项目	2021-12-31	占比	2020-12-31	占比
货币资金	143.27	31.99%	88.10	22.93%
应收账款	43.11	9.63%	37.34	9.72%

（续）

项目	2021-12-31	占比	2020-12-31	占比
应收账款融资	11.14	2.49%	13.02	3.39%
其他应收款	1.61	0.36%	5.27	1.37%
存货	43.27	9.66%	32.81	8.54%
其他	4.43	0.99%	9.06	2.36%
流动资产合计	**246.83**	**55.11%**	**185.60**	**48.30%**
长期应收款	4.62	1.03%	—	—
长期股权投资	2.29	0.51%	2.07	0.54%
固定资产	145.02	32.38%	142.60	37.11%
在建工程	19.77	4.41%	23.54	6.13%
无形资产	12.35	2.76%	12.71	3.31%
其他	16.97	3.79%	17.72	4.61%
非流动资产合计	**201.02**	**44.89%**	**198.64**	**51.70%**
资产总计	**447.85**	**100%**	**384.24**	**100%**

资料来源：根据上市公司年报整理。

从表 8-7 可以看出，2021 年末公司的资产中，流动资产占比 55.11%，其中货币资金是最大的项目，占总资产的比重近 32%；非流动资产占比 44.89%，其中最大的项目为固定资产，占总资产的比重超过 32%。可以简单理解，福耀玻璃在 2021 年 12 月 31 日这个时点，固定资产、货币资金是占比排序最为靠前的科目，一定程度上表明公司是一家重资产公司，流动性也在持续优化，公司主要将资产配置在货币资金和固定资产上。结合现金流量表的数据，可以得出一个简单的结论，公司在赚钱，与此同时花钱比较多的地方是固定资产投资，这也一定程度上说明，公司财务部门在对资金进行安排时，应考虑支持正常经营所必需的营运资本，以及必要的长期资产投资。

5. 筹资活动分析

以 2021 年为例，福耀玻璃全年筹资活动现金流入的总额为 143.24 亿元，现金流出为 123.72 亿元，据此计算出筹资活动产生的现金流量净额为 19.52 亿元，

相较于上一年 −32.80 亿元的筹资活动净现金流，表明公司在适度扩张（具体构成参见表 8-8）。

表8-8　福耀玻璃相关期间筹资活动产生的现金流量　　（单位：亿元）

项目	2021年	2020年
吸收投资收到的现金	35.79	
取得借款收到的现金	89.45	136.70
收到其他与筹资活动有关的现金	18	30
筹资活动现金流入小计	143.24	166.70
偿还债务支付的现金	99.76	175.72
分配股利、利润或偿付利息支付的现金	22.78	22.19
支付其他与筹资活动有关的现金	1.18	1.58
筹资活动现金流出小计	123.72	199.49
筹资活动产生的现金流量净额	19.52	−32.80

资料来源：根据上市公司年报整理。

从表 8-8 可以看出，公司筹资活动中最重要的资金来源是取得借款收到的现金，即债权融资；最重要的资金用途是偿还债务支付的现金，简单来说，公司最主要的还债方式是借新还旧。从数字上看，2020 年借款 136.70 亿元，还款 175.72 亿元，可以理解为公司在债务管理上趋于谨慎，伴随着筹资活动的现金流量为负值，意味着公司在勒紧腰带还债，进而使得公司的资产负债表变得更为谨慎。从 2021 年的数字看，公司除了借款之外，还吸收了投资，这意味着公司一定程度上在对资产负债表进行重构，在降低杠杆的同时提高公司的抗风险能力。此外，公司在 2020 年和 2021 年将分配股利、利润或偿付利息支付的现金控制在较为稳定的水平，从侧面可以反映出公司的资金使用成本相对平稳。

结合公司的资产负债表时点数据，可以对福耀玻璃的资本结构有进一步的了解，具体参见表 8-9。从表中可以看出，公司的总资产在扩张，但资本结构显得更为稳健，其中资产负债率从 2020 年的 43.81% 降至 2021 年的 41.29%。与此同时短期借款、长期借款等带息负债都在下降，而应付票据、应付账款等不带息负债在增加，一定程度上表明公司更多通过负债结构的调整来降低公司的债务负担，尤其是通过占用供应商的资金来积累公司的优势。与负债结构调整同步的，是公司所有者权益的增加，其中实收资本、资本公积金额都有所增加，表明公司通过股权融资来实现杠杆水平的下降；与此同时，未分配利润的金额也从 2020 年末的 103.06 亿元增至 2021 年末的 112.45 亿元，从绝对值上来看，公司所有者权益从 2020 年末的 215.91 亿元增至 2021 年末的 262.94 亿元，增加了约 47 亿元，而总资产也从 2020 年末的 384.24 亿元增至 2021 年末的 447.85 亿元，增加了约 63 亿元。可以简单理解为，公司的规模扩张主要是通过股东权益部分的增长来实现的，其中因发行股份和经营盈利，公司的资本实力进一步加强，抗风险能力有了一定的提升。

表8-9　福耀玻璃相关期间资本结构　　　　（单位：亿元）

项目	2021-12-31	占比	2020-12-31	占比
流动负债：				
短期借款	59.26	13.23%	61.66	16.05%
应付票据	16.23	3.62%	11.66	3.03%
应付账款	15.25	3.41%	13.00	3.38%
合同负债	8.64	1.93%	7.56	1.97%
应付职工薪酬	5.30	1.18%	4.89	1.27%
应交税费	3.20	0.71%	3.02	0.79%
其他应付款	14.97	3.34%	13.77	3.58%
其他流动负债	24.34	5.43%	5.75	1.50%
流动负债合计	**147.19**	**32.87%**	**121.31**	**31.57%**
非流动负债：				
长期借款	11.39	2.54%	19.85	5.17%
应付债券	11.99	2.68%	11.99	3.12%
其他非流动负债	14.34	3.20%	15.17	3.95%
非流动负债合计	**37.72**	**8.42%**	**47.01**	**12.23%**
负债合计	**184.91**	**41.29%**	**168.33**	**43.81%**
所有者权益（或股东权益）：				
实收资本	26.10	5.83%	25.09	6.53%
资本公积	97.01	21.66%	62.23	16.20%

（续）

项目	2021-12-31	占比	2020-12-31	占比
其他综合收益	−4.30	−0.96%	−3.74	−0.97%
盈余公积	31.80	7.10%	29.31	7.63%
未分配利润	112.45	25.11%	103.06	26.82%
归属于母公司所有者权益（或股东权益）合计	263.06	58.74%	215.95	56.20%
少数股东权益	−0.12	−0.03%	−0.04	−0.01%
所有者权益（或股东权益）合计	**262.94**	**58.71%**	**215.91**	**56.19%**
负债和所有者权益（或股东权益）合计	**447.85**	**100%**	**384.24**	**100%**

资料来源：根据上市公司年报整理。

更进一步，可以发现公司的实收资本从 25.09 亿元增至 26.10 亿元，增长 1.01 亿元，资本公积从 62.23 亿元增至 97.01 亿元，增长 34.78 亿元，两者合计增加了 35.79 亿元，与现金流量表中"吸收投资收到的现金"项目的金额一致。翻开附注，可以了解到公司于 2021 年 5 月 10 日成功配发及发行 101 126 000 股 H 股，每股面值人民币 1 元，配售价为每股 42.90 港元，其中面值部分计入实收资本，导致公司的会计期末实收资本从 25.09 亿元增至 26.10 亿元，与此同时因为资本溢价，扣除了承销费及其他发行费用后，导致公司的资本公积本期增加了 34.78 亿元。

会计行业有句俗语，世界上最遥远的距离，不是从南极到北极，也不是从马里亚纳海沟沟底到喜马拉雅山峰顶，而是资产负债表上的第一个科目"货币资金"到最后一个科目"未分配利润"之间的距离。未分配利润是一个计算的结果。根据年报数据，福耀玻璃 2020 年 12 月 31 日的未分配利润为 103.06 亿元，2021 年因为经营业务的顺利开展，在利润表中确认的"归属于母公司所有者的净利润"为 31.46 亿元，根据公司法的规定，公司提取了法定盈余公积 2.49 亿元，应付的普通股股利为 19.57 亿元，期初余额加上本期赚取的利润，扣除提取的法定盈余公积和分红款，期末的未分配利润变成了 112.45 亿元。

报表显示，福耀玻璃 2020 年宣告的现金股利为 18.81 亿元，2021 年宣告的现金股利为 19.57 亿元，这两个数字都远远超过支付的财务费用金额，从数额上看，公司 2021 年赚取了 31.46 亿元的利润，分红了 19.57 亿元，可以简单理解为公司将赚取利润中的超过 62% 回馈给了股东。当然，股东也可以根据自身的持仓成本、福耀玻璃的公司股价来计算自身的股息回报率。

表 8-9 还显示了另外一个现象，即公司的带息负债少于不带息负债。以 2021 年为例，公司的短期借款、长期借款、应付债券的总额为 82.64 亿元，占负债总额的 45% 左右，低于上一年 56% 的水平，仅以报表数字而言，公司的带息负债不论是金额，还是比率都呈现下降趋势。结合当时国际国内的经济形势，可以理解为公司管理层偏向于谨慎，在有意识地降低杠杆，增强公司的"防守"能力。

8.2.3　因时因事因势分析

上述分析，是基于公司财务报表披露的公开信息进行的简要解读，现实中要复杂得多，真正的分析也比财务报表上简单数字的分析要困难得多，尤其是站在决策者的角度，还需要考虑公司的历史、行业的周期，并通过与世界一流企业的对比来更好地发现趋势，揭示管理的优势和不足。

福耀玻璃的创始人曹德旺是一位对会计颇有研究的专业人士，他多次参加中央电视台的《对话》节目，由美国前总统奥巴马监制、获得美国奥斯卡最佳长纪录片奖的电影《美国工厂》也是以其在美国代顿的工厂为原型进行拍摄的。无论是电影，还是采访，都揭示了曹德旺惊人的分析能力，他将分析很好地应用于管理决策。

1．经营决策

2001 年 12 月 11 日，中国成为世界贸易组织的正式成员，但早在 2001 年 3 月，美国商务部应三家美国玻璃生产商的要求，对中国 31 家汽车挡风玻璃生产厂进行反倾销调查，指责其产品在美国的售价比在中国便宜 9%～57%，福耀玻璃也被卷入这场风波。福耀玻璃是这31家中国公司中规模最大的，在中国出口美国的所有挡风玻璃制品中，福耀玻璃的产品占70%。根据媒体报道，中国汽车挡风玻璃在美国占有相当大的市场份额，当时福耀玻璃占有全北美12%的市场份额。根据年报的重大诉讼仲裁事项的说明，在2002年2月4日，美国商务部对中国出口到美国的维修用汽车前挡风玻璃的反倾销调查做出最终裁定：自2002年2月4日起，对福耀玻璃出口到美国的维修用汽车前挡风玻璃加征9.67%的反倾销税。因计算机计算软件的错误，于2002年3月15日，美国商务部将反倾销税率更正至11.80%，该税率自2002年3月15日执行。

　　面对突如其来的反倾销调查，曹德旺选择了正面迎战。在聘请外国专家和律师的同时，还成立了专门的反倾销应诉办公室，并在2002年4月10日向美国国际贸易法院对美国商务部提起诉讼。美国当地时间2003年12月18日，美国国际贸易法院对福耀玻璃上诉美国商务部案做出裁决，对福耀玻璃上诉书中的九点主张，支持其中的八点，主张同时将美国商务部对福耀玻璃反倾销案的原裁决驳回，要求参照法院的裁决说明重新计算福耀玻璃的倾销税率。2004年5月7日，美国商务部公布了就来自中国的汽车挡风玻璃行政复审的初裁结果公告，福耀玻璃出口至美国的汽车挡风玻璃2001年9月至2003年3月期间的行政复审初裁倾销税率由原11.80%降低至0.13%（小于0.5%视同为零倾销税率）。2004年10月15日，美国商务部公布了就来自中国的汽车挡风玻璃行政复审的终裁结果公告，今后对福耀玻璃仅征收0.13%的关税，并返还之前预交的390万美元的反倾销税。从立案到裁决，经历近四年时间，花费超过1亿元人民币，最终以福耀玻璃的大获全胜而告终。福耀玻璃也因此成为中国第一家状告美国商务部并赢得胜利的企业。

　　曹德旺在接受《波士堂》节目采访时坦陈，美方对他的背景并不了解，其实他对财务、对会计非常专业，在创办企业初期，就建立了一个很完整的会计系统，1999年开始引进美国甲骨文公司的"企业资源计划"系统，与此同时，公司每年赚取多少利润、向国家缴纳多少税收，都有税单证明，也就是说美国商务部搞错了对象，福耀玻璃的价格、成本、税收信息都是非常完备的，经得起调查。换个角度说，一定程度上是因为创始人对会计的精通、对会计基础工作的重视，让福耀玻璃赢得了反倾销官司。

事实上，当美国决定对包括福耀玻璃在内的中国玻璃厂商征收反倾销税时，福耀玻璃的管理层进行了内部讨论，当时有意见认为，福耀玻璃美国市场的收入占整个公司收入的比重并不大，离开美国市场，福耀玻璃照样可以经营得很好，与美国商务部打官司费时费力，投入也不会少，而且最终不见得能够打赢官司，何必干这种吃力不讨好的事呢？但在曹德旺看来，福耀玻璃的客户是全世界八大汽车厂商，这些公司通常都是集团统一集中采购，如果失去了美国市场，也就失去了这些大汽车厂商，会对公司的长远健康发展产生不利影响。花费巨资与美国商务部打官司，单纯站在短期投入产出的角度看，可能是得不偿失的（花费1亿元人民币，得到390万美元的返税），但站在战略的角度看，公司建立了很好的市场声誉，在赢得大客户的同时，也在美国市场站稳了脚跟。

2. 投资决策

早在1995年，曹德旺就希望把玻璃产品卖到美国市场，他在美国的投资早在1995年就已经开始了，原来是拿几百万、1 000万美元进行投资，在观察了近20年之后，终于决定在美国开设工厂。

2016年10月，福耀玻璃美国代顿项目竣工庆典召开，意味着福耀玻璃在走向全球、扩大品牌知名度和影响力方面迈出了关键一步，但与此同时，很多人也在质疑，是不是企业家要跑路，为什么要把工厂开到美国去。

曹德旺在不同场合对这一决策进行了解释。他在接受记者采访时提及，当时的美国在推行恢复制造业大国地位的政策，很多地方的招商力度都很大。曹德旺之所以决定在美国开设工厂，很重要的原因之一是，美国的客户再三要求。但现代经济是市场经济，市场经济一个典型特征是市场这只"无形"的手在发挥作用，买卖双方只有在达成共识的前提下才会签约。美国客户要求只是一个拉动因素，曹德旺通过对每块玻璃的成本构成和毛利进行分析，发现在美国生产玻璃销售给美国客户，比在中国生产之后再运到美国卖给客户更赚钱，这是曹德旺决定在美国开设工厂的推动因素。

　　福耀玻璃在美国俄亥俄州代顿的工厂，总面积达到 18 万平方米，为实现投产所花费的资金总额达到了 4 000 万美元，但美国政府补贴给福耀玻璃的资金就超过 4 000 万美元，换句话说，对福耀玻璃而言，当时在美国建工厂的成本并不高。问题在于，仅仅有固定资产是不够的，还有生产成本。按照曹德旺的解读，美国的成本主要高在人工，白领工人的薪资平均下来是中国的 3 倍，蓝领工人的薪资平均下来是中国的 8 倍，但这可以通过自动化改造来适当降低（在纪录片《美国工厂》的结尾部分，陪同曹德旺的代顿工厂管理人员说，公司已经进行了无人化工厂的建设，有望在未来给公司节约大量的人工费用）。然而在电费、天然气费用等方面，可能美国具有一定的优势。曹德旺得出的基本结论是，在中国生产一块玻璃的工资成本约为 1.2 美元，在美国生产同样的一块玻璃，工资成本约为 8 美元。问题是福耀玻璃的一些客户在美国，玻璃在中国生产后需要运输到美国，每块玻璃的运费约为 5.5 美元，关税为 1.8 美元，简单来算，同样一块玻璃，中美之间的工资差距为 6.8 美元，但运费和关税就超过了这部分增量工资，如果再算上电费、天然气费用等，美国工厂的利润更有吸引力。

　　需要说明的是，政府补贴是计入利润表的，而建厂成本计入资产负债表中的固定资产部分，两者不能简单冲抵。在接受中央电视台《面对面》节目采访时，曹德旺说，美国俄亥俄州代顿的工厂，原来是美国通用汽车的一个皮卡工厂，不包含空地，原来的厂房面积近 40 万平方米，厂房的屋顶上可以开汽车，质量非常好。但这么好的厂房，却闲置在那里无人问津。曹德旺还分享了他与厂房业主谈判的有趣经历。在看过厂房之后，曹德旺对其非常满意，按他的话说，如果自己来盖这个厂房，永远盖不到这个水平。曹德旺问了厂房业主一个问题："你不要说一平方米多少钱，请你回答一个最基本的问题，用什么办法能够让我（曹德旺）留下来？"业主不知道如何回答。曹德旺单刀直入："我跟你讲，你要把价格降下来，让我觉得便宜到跟白菜一样，我就向你买！"要知道，最初公司的管理人员拟花费 3 000 万美元以内的价格购买 8 万平方米的厂房，但最终曹德旺仅用了 1 500 万美元就购买了 18 万平方米的厂房。简单来说，按照固定资产折旧的算法，因为厂房购买成本的下降，一块玻璃中包含的折旧成本仅为最初的 1/4 左右。

美国工厂 2016 年投产当年，亏损近 1 亿美元，到 2018 年基本持平，从 2019 年开始持续赚钱，到 2022 年，福耀玻璃在美国的五个州拥有工厂，每个工厂都赚钱，这与曹德旺对玻璃行业的了解和洞察分不开，更与他会算账的本事密不可分。

3．采购精打细算

对于一家制造汽车玻璃的公司，采购是价值链中必不可少的一个环节。根据福耀玻璃 2022 年年报的数据，公司前五名供应商采购额达到人民币 20.15 亿元，占年度采购总额的 16.84%，其中前五名供应商采购额中关联方采购额为人民币 3.13 亿元，占年度采购总额的 2.62%。据此推算，公司的年度采购额约为 119 亿元。公司对供应商的准入以及采购的价格、数量和质量等方面都应该有严格的要求。

通过多年前曹德旺接受记者采访时的谈话，或多或少能够对公司的采购管理有所了解。当时福耀玻璃需要向一家日本供应商——积水中间膜（苏州）有限公司采购材料[⊖]，按照该供应商总经理张俊的说法，福耀玻璃与该公司的交易有超过 20 年的历史，每年交易双方都有一个针锋相对的、很激烈的谈判，平均要谈六七次，日本公司的一群人从日本飞过来，张俊从上海飞到福耀玻璃的总部，双方谈得天昏地暗，最终谈到小数点后面第二位。谈到最后，曹德旺总结说："算了，算了，就这样吧。"张俊刚松口气，升级版又来了，曹德旺接着说："张俊，这样吧，价格就这样了，你赞助一下我们的高尔夫球赛！"，一场赞助几万美元，张俊算下来，通过谈判好不容易得到的让步，又因为这笔赞助费被曹德旺赚了回去。在很多人眼中，曹德旺就是这样，用一种不容分说的口吻，给谈判一锤定音，从而落下抠门、小家子气的名声，其实都是曹德旺精打细算的表现。

当然，曹德旺也不局限于降价的谈判，有时候也会站在整个产业链的角度

⊖　参见央视财经 2016 年 4 月 17 日《对话》节目。

来考虑生态系统的稳定和繁荣。他的自传《心若菩提》中讲述了一个他与印度尼西亚 ASAHI 公司打交道的故事。在亚洲金融危机中，福耀玻璃每个月都会向印度尼西亚 ASAHI 公司购买一船的玻璃原片，大约为 4 000 吨，这一数量占到公司用量的 80%～90%。福耀玻璃的管理人员想不通：在危机中印度尼西亚受灾很严重，老板向 ASAHI 公司购买那么多的玻璃，为什么不同对方商谈价格？

曹德旺坦陈，在亚洲金融危机中，发生的是货币崩盘，不是贬值。在当时的极端环境下，印度尼西亚盾的市值几乎为零，而市场上的交易基本都是用美元结算的，这样一来，印度尼西亚 ASAHI 公司的产品几乎无法出售，换句话说，对方所处的竞争环境可能比大家了解到的还要困难。对福耀玻璃来说，当时的短板是公司自身没有浮法玻璃的生产工厂，所用的玻璃原片主要通过外购来取得，而当时中国只有两家企业为福耀玻璃供货，这无法保证供应链稳定，因此站在福耀玻璃的角度，印度尼西亚 ASAHI 公司的健康发展是公司希望看到的。换句话说，曹德旺是站在整个产业链的角度来看待问题的，上下游企业之间虽然存在着买卖关系，但只是分工不同而已，绝对不能仅考虑自己的利益，每家公司也绝对不是孤立存在的。如果想让福耀玻璃长期健康发展，不仅需要自身产品的下游即客户端用户繁荣，也需要产品上游供应商发达，只有整个产业链共同健康，才能够让自身的发展有保障。

除此之外，从公司的现实情况看，每个月公司都需要采购几千吨的玻璃原片，如果分开从几家供应商采购，那么这些分散的采购量会让每家供应商都觉得少，而集中向印度尼西亚 ASAHI 公司采购，就能够产生一定的规模效应，在帮助 ASAHI 公司的同时，实际上也是在保护福耀玻璃。

等到金融危机过去，亚洲经济回暖，浮法玻璃出现了供不应求的市场格局，在需求旺盛、有效供给有限的情况下，玻璃原片的价格也开始出现上涨的趋势，甚至出现今天谈好价格、隔夜就上涨的现象，即使已经和供应商签订了合同，也会拿不到货。但由于在危机中建立的信任关系，ASAHI 公司每个月一艘船的供货量得以保证，而且直到一年以后，玻璃原片的价格几乎都翻番了，福耀玻璃才收到涨价通知。

从中可以看出，曹德旺很会算账，不该花的钱一分也不愿意多花，但他不会做出趁火打劫的举动，而是会算"大账"，能够站在整个供应链的角度思考问题，在考虑福耀玻璃个体利益的基础上，思考整个供应链的稳健和健康。

4．生产精益求精

从福耀玻璃的历史看，曹德旺在受到多方面的启示之后，确定了玻璃的主业。在确定了玻璃的主业之后，就要思考福耀玻璃靠什么能够建立自身的竞争优势。按照《心若菩提》中的说法，在传统观念中，国内玻璃生产厂商主要是作为维修市场的供应商，对产品的质量要求不高，成本不需要控制，只要能将玻璃卖出去，对于每片玻璃几百元、上千元的售价，几十元甚至上百元的成本不算什么。

但曹德旺却希望建立自己在玻璃行业的长期竞争力，通过质量、成本来取胜。于是他自学管理会计，用于分析与控制成本，不仅亲自下车间调研，亲自收集工厂的各项生产指标，还在此基础上制定出一个目标成本。在对玻璃生产过程进行分解的背景下，他确定了每一道关键的生产工序，并在每道工序蹲点10 天左右，仔细观察并计算出该工序的成品率，了解每个工位的需求和每个人的职责。

与此同时，曹德旺还向先进企业学习。作为早期的胶片供应商，积水公司就曾经扮演过老师的角色。每年积水公司与福耀玻璃都会就采购进行谈判，然而谈判只是整个决策的一个环节，福耀玻璃会根据预算制定一个降本增效的目标，积水公司的代表会在谈判中直接问福耀玻璃今年的目标是多少，比如曹德旺回答是成本降低 15%，对方代表说："只要将成本降低 15% 是否就可以？"曹德旺回答说："当然是。"结果对方的销售价格一分都没有降低，而是把福耀玻璃生产过程中在使用胶片上的浪费找出来，经过这个过程，福耀玻璃在生产线上节约下来的成本，已经超过了当时要求供应商的降价水平。在接受积水公司建议的基础上，福耀玻璃还把对方的方法运用到自己公司的管理上来，如推动精益管理，尤其是对成本进行了近乎苛刻的管理。

翻开福耀玻璃2022年的年报，公司的收入主要来自主营业务和其他业务，其中主营业务为汽车玻璃和浮法玻璃，其他业务主要是销售废料、材料及其他（如出租自有房屋及建筑物）。其中汽车玻璃占收入比重最大，且毛利率相对稳定，这与公司的生产精益求精应该密不可分，具体如表8-10所示。从表8-10中可以看出，汽车玻璃的收入占公司总收入的90%以上，且毛利率保持在35%左右，相对稳定。

表8-10　福耀玻璃经营成果　　　　　　　　　（单位：亿元）

项目	2022年	2021年
营业收入	280.99	236.03
其中：汽车玻璃收入	255.91	213.80
汽车玻璃收入占比	91.07%	90.58%
营业成本	185.35	151.29
其中：汽车玻璃成本	180.02	149.53
毛利率	34.03%	35.90%
其中：汽车玻璃毛利率	29.65%	30.06%
净利润	47.53	31.43
利润率	17%	13%

资料来源：根据上市公司年报整理。

单纯从毛利率看，2022年公司的毛利率为34.03%，相较于2021年35.90%的水平下降了1.87个百分点，公司管理层对此也进行了清晰的解读，主要是因为能源和纯碱的价格上涨，其中能源同比涨价人民币4.15亿元，影响毛利率同比减少1.48%；纯碱同比涨价人民币1.84亿元，影响毛利率减少0.65%。

5．销售大胆决策

公司的资产负债结构改善也好，成本管控也罢，都与自身的努力有关，但对公司财务报表产生最大正面影响的，显然是销售收入的稳定增加，这也是公司市场竞争力的重要体现。表8-11列示了福耀玻璃2020～2022年的收入及其质量概况。

表8-11　福耀玻璃2020～2022年的收入及其质量概况　（单位：亿元）

项目	2022年	2021年	2020年
a. 营业收入	280.99	236.03	199.07
环比上年增长	19.05%	18.57%	−5.67%
b. 销售商品、提供劳务收到的现金	291.41	247.33	203.85
c. 净利润	47.53	31.43	25.98
d. 经营活动产生的现金流量净额	58.93	56.77	52.78
销售现金收现比（=b/a）	1.04	1.05	1.02
利润现金比（d/c）	1.24	1.81	2.03

资料来源：根据上市公司年报整理。

从表 8-11 中可以看出，2020～2022 年公司营业收入呈现出稳定增长的态势。与此同时，公司的现金流状况很好，每年经营活动带来的现金流量净额都在 50 亿元以上，无论是销售现金收现比，还是利润现金比都超出 1 的水平，表明公司的收入是实实在在的，利润也是有现金保障的，这也从侧面表明，公司的收入质量、盈利质量都很不错。

相较于汽车行业的产销量，2022 年福耀公司玻璃的销售收入增长幅度较大，福耀玻璃对此的解释是，这是公司加大营销力度及提升高附加值产品占比所致。根据年报公开的信息，公司的主营业务收入主要来自汽车玻璃和浮法玻璃，2022 年汽车玻璃的收入占比为 91.07%，与 2021 年的汽车玻璃收入占比 90.58% 相比，提升了 0.49 个百分点；与此同时，2022 年汽车玻璃的毛利率为 29.65%，也高于浮法玻璃的 26.62%，伴随着公司汽车玻璃的销量增长，销售收入增长是意料之中的事。与此同时，公司的销售费用从 2021 年的 11.51 亿元，上升至 2022 年的 13.51 亿元，增长 17%，一定程度上表明公司在营销上投入了较多的资源，这也对公司营业收入的增长起到了很好的促进作用。

事实上，福耀玻璃长期以来一直保持着较好的营收增长和现金流状况，即使在爆发金融危机的情况下，2008 年的年报显示，公司年收入仍超过 57 亿元，比上年增长超过 10%，这一增速在危机时刻显得尤为不易。根据公开信息，由于美国次贷危机引发的全球金融危机的影响，2008年中国的汽车工业也遭受了较大的冲击，全年汽车累计产量为934.51万辆，同比增长5.21%，相较于2007年的增速，回落了16.81个百分点。

在2008年美国爆发危机之后，美国通用汽车、克莱斯勒、福特三大汽车厂商申请破产保护，作为这三大汽车厂商的供应商，福耀玻璃面临着艰难的决策，管理人员提出的一个最基本的问题就是，是否继续向这三大汽车厂商发货。曹德旺经过分析得出的结论是可以继续发货，等到后来，干脆只要三大厂商提出发货要求，不管要多少，公司就都发给它们，也就是说，客户要多少玻璃，福耀玻璃就发多少。

做出这一决策的前提是，曹德旺认为三大汽车厂商不会真正破产倒闭，主要的原因有三点。首先，美国是一个地广人稀的地方，是一个建在轮子上的国家，美国普通民众的生活离不开汽车，也就是说汽车已经成为美国民众的必需品，不可缺少。其次，三大汽车厂商的从业人员总计高达500万人，这些从业人员主要分布在整车厂、零部件公司，以及销售公司，如果三大汽车厂商破产，这500万从业人员的安置将是一个巨大的问题，美国政府可能需要为此支付数千亿美元，而救助这三大汽车厂商可能只需要几百亿美元，作为理性的决策者，美国政府不会放任它们破产而不管。最后，三大汽车厂商存在的问题，本质上并不是汽车厂商自己的问题，虽然主要问题是它们缺乏有竞争力的产品，缺少轻便、低油耗的新车型，因此竞争不过日本和韩国的汽车厂商，但造成这种局面的，不是三大汽车厂商自身的技术与生产能力存在问题，而是美国政府以前以非常低的价格给公众提供充裕的汽油，从而使美国人喜欢开大而笨、笨而重、油耗高的车，而现在因为金融危机，以及油价持续上涨，美国民众突然发现不能再开油耗高的车了，但三大汽车厂商应该不需要耗费多大的力气就可以解决这个问题。当然，汽车制造过程中耗费的人工成本过高，一个很重要的原因是，美国政府出台政策以实现与民众共享国家兴盛的红利，具体表现为扩大工会权力、刺激金融业发展等，这些举措导致三大汽车厂商的人工成本居高不下，从而失去了公司产品在全球市场的竞争力，这一问题的根本责任在美国历届政府而不是汽车生产厂商。

美国政府不希望三大汽车厂商破产，美国民众对汽车有刚性需求，也需要留下三大汽车厂商，再加上三大汽车厂商本身有很好的基础和能力，据此，曹德旺得出三大汽车厂商不可能真正破产的结论，在此基础上福耀玻璃决定持续不断地供应汽车玻璃给三大汽车厂商，这可能也是福耀玻璃在 2008 年金融危机期间营业收入仍然保持较高增长的原因之一。

8.3   实践出真知：看活地图

纸上得来终觉浅，绝知此事要躬行。会计作为一门应用性很强的学科，需要变革融合，逐步从核算价值向创造价值转型。会计的产成品——财务报告，则是创造价值的一个重要途径，通过对财务报告的深入洞察和分析，可以找到提升价值的驱动因子，从而推动公司取得更好的绩效。

就财务分析而言，仅仅纸上谈兵是远远不够的，最好的方法是找到一家感兴趣的公司，运用基本的财务会计知识，对其报表进行分析解读。这种解读，可以通过诸如"给股东的一封信""管理层讨论和分析"来导读，也可以结合具体的某张报表、某个科目、某笔业务来展开，通过自己的"慧眼"来找到自己感兴趣的领域。

财务报表仅仅是反映公司状况的一个窗口，要想了解一家公司，可能需要从战略、运营、管理、绩效等多个方面进行分析，也可能涉及股东、债权人、管理层、监管者等不同视角，不同视角分析的框架、着眼的数字、关注的焦点、得出的结论会有很大差别。如果说资产负债表是静态的，那么利润表和现金流量表就是动态的，结合利润表和现金流量表的数字，就可以对资产负债表的数字变化进行灵活的解读。如果把报表阅读者看作一位指挥官，那么报表就可以被视为一张地图，能够把一张地图看"活"，不仅需要基础的地理知识，还需要不断地摸索、实践，甚至需要天赋。

8.3.1　每个人都有读懂报表的潜力

商场如战场。在财务上，簿记作为"对过程的控制和对观念的总结"是另一种形式的地图，资产负债表体现的是防守能力，利润表体现的是进攻能力。问题是，决策者能否看得懂，并由此获得见解、智慧、办法和信心。

举个简单的例子，在电视剧《理想之城》中，主人公夏明、苏筱、集团公司的董事长赵显坤、集团CFO高进都是看报表的高手。比如夏明通过有意识地将他所在的子公司天科做亏损，以实现集团将天科剥离的目标；赵显坤仅仅通过子公司天成近期报表的改善，就知道一定有一个人在背后帮助天成实现经营业绩的增长。

再比如苏筱也是一个看报表的好手，让她负责五家子公司的重组，她就从天科的报表中发现了异常。天科作为一家建筑行业的公司，资产负债表上的无形资产很少，然而三年前的报表中却增加了一项无形资产，翻开明细发现，是郊区一块土地的使用权。苏筱并不清楚这是一项什么性质的资产，于是找到天科的总经济师夏明询问，夏明虽然心知肚明，却揣着明白装糊涂，认为公司的报表经过了审计，并没有什么问题。苏筱单刀直入地指出，由于这项资产的金额很小，换句话说没有达到会计、审计上"重要性"的水平，因此也就避开了审计的深度核查。通过现场调查，苏筱发现这块地的账面价值很低，面积却很大。夏明解释说，公司前些年做了一个棚户区改造项目，公司是赔钱做的，业主没有现金支付项目款，因此把其所拥有的这块郊区土地的使用权抵给了天科。在夏明的主导下，公司将这块闲置土地利用起来，雇用附近的几户农户种植有机蔬菜，还学习行业经验搞了会员制，客户是公司的员工和熟人。但苏筱太了解夏明了，为了这点儿微不足道的收益，夏明是不可能如此费心的，于是苏筱又亲自去现场看了看，还带着董事长亲赴现场，最终发现夏明隐藏了这块土地的价值，在城市的战略规划发生改变之后，这块土地的潜在收益巨大，这块土地以及夏明隐藏这块土地价值背后的动机，最终成为赵显坤和夏明合作的推动力。显然，苏筱是通过审查资产负债表，发现了天科的资产价值被低估，为赢海集团的正确决策奠定了基础。

　　当然，专业的财务人员也是分析不可规避的要点。在天科出现了亏损之后，集团CFO高进带队进入天科，首先找到的谈话对象是天科商业合约部经理杜永波，问的问题也很直接："公司怎么就亏损了呢？"杜永波显得很委屈，说："经营方面的情况，我不是特别清楚，要不我叫夏总（夏明）过来跟您说说？"高进继续质疑："你是商业合约部经理，你不清楚哪里亏损了？"显然，在CFO眼中，亏损是因为市场进攻不力，财务数据的好坏与一线的管理人员密不可分，商业合约部首先应该对项目及其盈亏情况负责。换句话说，报表是经营管理人员甚至十分清楚全体员工共同努力的成果，每个人都要对自己的行为及其后果负责，也要对经济行为的发生及其报表影响十分清楚。杜永波无法推脱，于是对天科的亏损进行了自己的解读："先是桃源村安居工程项目，因水泥质量导致墙体倒塌之后，公司赔偿了一笔钱；还没有填完窟窿，（公司）又接了群星广场项目，一直垫资承建，利息支出成倍增加；然后（公司的总经理）黄总生病了，银行贷款贷不下来，分包商挤兑，（天科的）资金链就出了问题。不过，等群星广场开始预售，就会好的。"

　　这段对话的信息含量非常丰富。首先，公司的亏损是多方面的因素造成的，一是有个项目因质量问题给公司带来了额外的赔偿支出，这部分费用理论上应该计入"营业外支出"，二是新承接的项目仅有支出，还没有收入结转，但因为是垫资承建，导致"财务费用"成倍增加，这两个科目在没有营业收入覆盖的情况下，自然而然造成了公司报表上的亏损。其次，建立利益相关者的信任很重要。公司还是那个公司，仅仅因为总经理生病住院，就导致银行不愿贷款，与此同时分包商开始挤兑，当公司的现金大量积压在建设项目上时，日常经营开支包括支付工资、供应商货款等方面就显得捉襟见肘了，如果"应付账款"或"应付工程款"的对象一起来要钱，公司的资金链就会紧绷，严重的情况下甚至会导致公司破产。最后，利润表是期间报表，虽然当前是亏损的，但未来可能会变好，原因是公司投入的资金积压在项目上，一旦这些项目开始出售，就会有现金流入，当群星广场的房子受到市场追捧时，房价的上涨就指日可待，预售所带来的资金也就可以覆盖相关的利息支出了。当然，这里会涉及对未来的预期，即房价会上涨，如果房价没有实现预期的上涨甚至出现下跌，那么建成后的房屋就无法带来预期的收益，天科的财务状况、经营成果和现金流量也就无法实现根本的改观。

现实生活是复杂的，公司发生的经济业务也纷繁复杂，但通过苏筱、夏明、杜永波、高进等几个人的对话，就可以对天科的现状及前景有一个较好的刻画。简单来说，公司当前亏损，但未来有望扭亏为盈；公司资产中资金较少，在建工程较多，在巨额亏损的情况下公司可能资不抵债，但有一块潜力无穷的土地价值被严重低估，资产负债表很可能会因为这块土地性质的变化而产生重构；公司能否扭亏为盈、现金流状况能否改善在很大程度上取决于群星广场的房屋销售，但房价会受到很多因素的影响，能否摆脱困境，存在一定的不确定性。

显然，对于《理想之城》中的天科，由不同的人、从不同的视角、结合不同的报表及其会计科目，可以给集团的决策者提供一个地图。集团的董事会或经营班子，就可以根据这个地图做出理性的决策，比如是现在就剥离账面上亏损的天科，还是通过资产重组让天科渡过目前的困难时期，期待它未来的经营改善为集团的健康发展添砖加瓦，而做出理性决策的前提之一，就是决策者取得、阅读、发掘天科的报表数据，并从中发现价值、揭示风险，找到理性决策的依据。

8.3.2 没有报表，也可能因为"相信"所以"看见"

我国企业家宁高宁是专业的财务出身，他曾感慨，很多很有潜力的公司，第一大股东并不是中国人○，比如阿里巴巴和腾讯等，这从侧面表明中国投资者在"战略"思维上有所欠缺。为什么孙正义愿意在没有看到报表的情况下就投资阿里巴巴？为什么南非报业愿意从盈科数码手中取得腾讯20%股份并成为腾讯的第一大股东？这表明一些投资者并不仅仅依赖于报表来做出决策。换句话

○ "宁高宁：战略管理，人是全部"，企业观察报，2023年4月4日。

说，这些投资者已经"预见"到公司的发展机会和前景，财务报表也许仅仅是对这些"预见"的验证而已。

如果"预见"是一门学问，有的人会从用户深度入手，有的人会从理解商业模式入手，还有的人可能从标的公司的管理者个人特质入手。对于需要资金的创业者来说，也就需要用投资者"听得懂"的话来影响其决策。

今日资本的徐新曾坦陈 ⊖ ，她错过了抖音是可以理解的，因为她承认对内容不熟悉，不在能力范围之内；但错过拼多多是不可原谅的，因为拼多多在她的能力范围之内。此前她已经投资了京东、投资了唯品会，赚了很多钱。她认为忽略拼多多的原因可能是她还不太懂第一线群众是怎么生活的。拼多多的创始人黄峥在他的演讲中非常清晰地描绘了公司，即"拼多多是开市客加迪士尼"，开市客很多人都理解，是零售，但为什么黄峥敢说自己是迪士尼呢？迪士尼是给别人带来快乐的，拼多多如何给人带来快乐？徐新觉得很难理解。于是她打了很多电话给三四线城市四五十岁的人，结果发现拼多多真的给这些用户带来了很多快乐，第一是买到便宜商品的快乐，第二就是玩游戏的快乐，因为他们可能一辈子都没有玩过什么游戏，拼多多上的一些简单游戏可以让用户觉得快乐。因此徐新认为，需要把标的公司的东西都研究完，也就是所谓的"赢家合伙人研究"（winner partner study）。像徐新这样的成功投资人，在职业生涯中不乏成功的经验，当然也有失败的教训。经过反思后，徐新对自己的投资原则进行了修正，其中重要的一条就是做"赢家合伙人研究"，把创始人的演讲全部看一遍，真正看懂创始人的商业模式，然后再进行具体的投资决策。

显然，徐新受"价值投资"理念的影响较大，最典型的一点就是，她能够"看懂"标的公司的生意，换句话说，能够在没有报表的情况下，看懂、看好创始人及其生意。对融资一方而言，要能取得投资人的青睐，也需要说投资人听得懂的话，比如查理·芒格劝说巴菲特投资比亚迪时，生动地将王传福比喻成"韦尔奇和爱迪生的合体"；小米创始人雷军生动地将公司的学习对象概

⊖　"风投女王徐新：错过抖音可以理解，实在不该 miss 掉拼多多"，哔哩哔哩，2023 年 9 月 30 日。

括为同仁堂、开市客和海底捞，如果投资人对耳熟能详的标杆企业有很好的了解，那么对标的公司的理解就更鲜活，对报表所反映的事项的理解也有望生动起来。

8.3.3 回归本源，化繁为简

对一家公司来说，财务报表是对其经济业务进行事后反映的结果，一份年报动辄数百页，提供的信息纷繁复杂，如何理解是一个挑战。但回到本源上来，公司的股东投入股本，其目的是获得回报，而回报的基础是公司能够赚钱，最好能赚大钱，还能够稳定地持续赚钱，因此报表的使用者可以将精力聚焦在标的公司的赚钱能力及其潜力上。

以零售行业为例，这是一个竞争非常激烈的领域，虽然随着时间的流逝，很多公司出现又消亡，但其中仍然不乏基业长青的公司，受到投资者青睐、创业者崇拜的公司也不少，开市客就是其中之一。包括亚马逊的创始人贝佐斯[⊖]、小米的创始人雷军，都曾经向其取经和学习，而其竞争对手之一沃尔玛也模仿了开市客的一些基本做法[⊖]。

零售行业竞争激烈，在这个行业里生存、发展、壮大是一件很有挑战性的事情。其中经常被用来比较和使用的一个财务指标是毛利率，这也是分析人员常用来判断标的公司竞争力的指标，毛利率高，通常意味着可以通过降价打击竞争对手，但往往也会因为暴利而失去消费者的信任。因此在实践中有两种不同的竞争路径：一是尽量从消费者手中多赚钱；二是帮助消费者多省钱，从而更好地建立消费者的信任。

当然，也有公司直接将毛利率作为竞争的"导航仪"。比如在 20 世纪六七十年代，美国零售行业的平均毛利率在 45% 左右，沃尔玛进入该行业时的竞争策略是，将毛利率设定为行业的一半，这样就会吸引那些对价格比较敏感

⊖ 斯通.一网打尽：贝佐斯与亚马逊时代 [M].李晶，李静，译.北京：中信出版社，2014.
⊖ "雷军：小米学的是同仁堂、海底捞、沃尔玛"，钛媒体，2016 年 1 月 21 日。

的消费者。问题是，别人都赚 45%，我只赚 22.5%，如何能够活得比较滋润？[⊖]

举个小例子，某款裤子，进价 25 美元一打（12 条），按 10 美元 3 条卖，而山姆找到供应商直接进货，就可以把进价降到 20 美元一打，这样的话就可以按 10 美元 4 条卖。结果这款裤子受到顾客的追捧，虽然售价降低了，但销量增加了 3 倍，原来卖 100 打，可以赚 1 500 美元（10 美元 3 条，40 美元一打，成本 25 美元，1 打赚 15 美元）；现在可以卖 400 打，利润提升到 4 000 美元（10 美元 4 条，30 美元一打，成本 20 美元，1 打赚 10 美元）。山姆尝到了甜头，通过售价和销量之间的权衡，看起来售价降低了，但事实上总利润翻倍了。于是沃尔玛逐渐打败了竞争对手，成为零售行业的霸主。

怎么与沃尔玛竞争呢？后来开市客"杀"入战局，其基本的思考点是：你赚取的毛利率是 22.5%，我能否只赚你的一半——10% 左右？问题是：行业的毛利率是 22.5%，你只有 10%，如何过得滋润？开市客创新性地推行了会员制度，要到开市客的门店来购物，消费者首先需要加入会员。东西绝对好，价格保证公道，消费者自然愿意买账，于是开市客也逐渐发展成为一家极有竞争力的零售巨头，并逐渐对沃尔玛产生了威胁。

表 8-12 列示了开市客 2021～2023 财年的经营成果，从中可以看出，消费者所缴纳的会员费在公司的盈利中占了很大的比重。

表8-12　开市客2021～2023财年经营成果　　　（单位：亿美元）

项目	2023财年	2022财年	2021财年
一、收入总额	2 422.90	2 269.54	1 959.29
其中：会员费收入	45.80	42.24	38.77
二、运营费用	2 341.76	2 191.61	1 892.21
其中：商品成本	2 125.86	1 993.82	1 706.84
销售、行政及管理费用	215.90	197.79	185.37
三、经营利润	81.14	77.93	67.08

⊖　沃尔顿，休伊 . 富甲美国：沃尔玛创始人山姆·沃尔顿自传 [M]. 杨蓓，译 . 南京：江苏文艺出版社，2015.

（续）

项目	2023财年	2022财年	2021财年
⋮	⋮	⋮	⋮
四、净利润	62.92	58.44	50.07
毛利率	12.26%	12.15%	12.88%
会员费占经营利润比重	56.44%	54.20%	57.79%

资料来源：根据上市公司年报整理。开市客的财年报表日通常为每年的8月末或9月初。

　　显然，从表8-12披露的数据可以看出，首先，公司的收入逐年上升，其中2023财年的数据显示，公司会员费的收入增长速度超过了销售商品收入的增长速度；其次，公司的毛利率保持在12%左右的稳定水平上，表明公司的定价策略相对稳定；最后，公司会员费的收入占公司利润的比重很大，按照经营利润计算，超过一半的利润是由会员费创造的，如果按照净利润来计算的话，会员费收入的占比更大，这表明公司主要通过会员费赚钱，会员费对公司经营业绩的贡献甚至超过了销售商品。换句话说，公司不是主要靠卖商品来赚钱的，而是通过建立消费者的信任，以消费者支付的会员费及续费来保持自身的竞争力，甚至可以通过会员费的再投资或理财来获取额外收益。

　　根据公司年报披露的信息，开市客的会员包括个人会员和企业会员，在美国的年度会员费为60美元，在其他国家则有一定的差异，并可能与会员的等级挂钩，所有的付费会员都会有一张免费的家庭卡。从续费情况看，2023财年，开市客在美国、加拿大的会员续费率达到92.7%，在全球范围也达到90.4%，绝大多数的会员都会在其续费日后的6个月内选择续费，从会员数量上看，开市客的会员数量逐年上涨，从2021财年的1.12亿个上升至2023财年的1.28亿个，这部分会员在某种程度上是开市客的铁杆粉丝，每年可以为公司带来可观的会员费收入。换句话说，不考虑公司的日常业务开展，仅仅靠会员费，开市客每年就可以取得四五十亿美元的收入，这部分资金可以成为公司的"浮存金"，管理者可以用来理财，也可以用来改善用户服务，从某种程度上说，开市客能够持续、稳定地赚钱，主要依赖于会员。

在开市客的会员模式取得成功之后，沃尔玛感受到了威胁，先是试图收购开市客，后又开始借鉴开市客的经验，推出山姆会员店等新模式。从公司披露的财务报表看，沃尔玛的收入中，同样出现了会员费的收入（见表8-13）。

表8-13　沃尔玛2021～2023财年经营成果　　（单位：亿美元）

项目	2023财年	2022财年	2021财年
一、收入	6 112.89	5 727.54	5 591.51
其中：会员费及其他利润	54.08	49.92	39.18
二、成本及费用	5 908.61	5 469.12	5 366.03
其中：销售成本	4 637.21	4 290.00	4 203.15
运营、销售、管理及行政费用	1 271.40	1 178.12	1 162.88
三、经营利润	204.28	259.42	225.48
⋮	⋮	⋮	⋮
四、净利润	112.92	139.40	137.06
毛利率	24.14%	25.10%	24.83%
会员费占经营利润比重	26.47%	19.24%	17.38%

资料来源：根据上市公司年报整理。沃尔玛的财政年度结束于每年的1月31日。

由于沃尔玛和开市客的财政年度不同，报表项目也有一定的差异，严格来说并不能简单地将两家公司进行比较。但从基本的数据来看，两家公司仍然存在着一定的相似之处，比如会员费都是对公司利润尤其是净利润贡献比较大的组成部分，两家公司都属于普通消费者购物的重要选择对象，尤其是在会员费的收入额上表现较为相近。

从表8-13可以看出，公司的收入呈现逐年上升的趋势，与开市客类似，会员费及其他利润增长的速度超过销售商品收入的增长速度；与开市客不同的是，会员费占经营利润的比重低于开市客，但呈现出逐年上升的态势。从销售商品的毛利率看，沃尔玛2021～2023财年的毛利率保持在24%以上的水平，基本是开市客的两倍，说明沃尔玛的利润来源仍然主要是商品销售。

从资本市场表现看，开市客的五年累计投资回报要优于沃尔玛，尤其是与标准普尔 500 指数、标准普尔零售业指数相比，开市客的表现都优于沃尔玛。尽管公司的股票市场表现有很多影响因素，但财务指标还是可以提供一些洞察，比如尽管沃尔玛的利润、毛利率都好于开市客，但稳定性欠佳，开市客会员数量的稳定增长以及很高的续费意愿，一定程度上为公司未来业绩的持续增长提供了合理保证，也给了投资者一定的信心。

利益相关者了解公司的一个窗口，是公司的信息披露；作为信息披露的重要一环，年报在消除信息不对称、提高公司透明度上扮演着重要的角色。虽然年报的内容、格式各异，但年报的重要组成部分财务报表却大同小异，资产负债表体现出的实力、利润表体现出的能力、现金流量表体现出的活力，给报表阅读者提供了一份地图，有心者可以从中读取到有用的信息，为透视公司、理解业务、理性决策打下坚实的基础。祝愿每位读者都能够掌握财报语言，能够通过财报来理解公司战略、揭示公司风险、评价公司绩效。

财 务 知 识 轻 松 学

书号	定价	书名	作者	特点
71576	79	IPO 财务透视：注册制下的方法、重点和案例	叶金福	大华会计师事务所合伙人作品，基于辅导 IPO 公司的实务经验，针对 IPO 中最常问询的财务主题，给出明确可操作的财务解决思路
58925	49	从报表看舞弊：财务报表分析与风险识别	叶金福	从财务舞弊和盈余管理的角度，融合工作实务中的体会、总结和思考，提供全新的报表分析思维和方法，黄世忠、夏草、梁春、苗润生、徐珊推荐阅读
62368	79	一本书看透股权架构	李利威	126 张股权结构图，9 种可套用架构模型；挖出 38 个节税的点，避开 95 个法律的坑；蚂蚁金服、小米、华谊兄弟等 30 个真实案例
70557	89	一本书看透股权节税	李利威	零基础 50 个案例搞定股权税收
62606	79	财务诡计（原书第 4 版）	[美] 施利特 等	畅销 25 年，告诉你如何通过财务报告发现会计造假和欺诈
70738	79	财务智慧：如何理解数字的真正含义（原书第 2 版）	[美] 伯曼 等	畅销 15 年，经典名著；4 个维度，带你学会用财务术语交流，对财务数据提问，将财务信息用于工作
67215	89	财务报表分析与股票估值（第 2 版）	郭永清	源自上海国家会计学院内部讲义，估值方法经过资本市场验证
73993	79	从现金看财报	郭永清	源自上海国家会计学院内部讲义，带你以现金的视角，重新看待财务报告
67559	79	500 强企业财务分析实务（第 2 版）	李燕翔	作者将其在外企工作期间积攒下的财务分析方法倾囊而授，被业界称为最实用的管理会计书
67063	89	财务报表阅读与信贷分析实务（第 2 版）	崔宏	重点介绍商业银行授信风险管理工作中如何使用和分析财务信息
58308	69	一本书看透信贷：信贷业务全流程深度剖析	何华平	作者长期从事信贷管理与风险模型开发，大量一手从业经验，结合法规、理论和实操融会贯通讲解
75289	89	信贷业务全流程实战：报表分析、风险评估与模型搭建	周艺博	融合了多家国际银行的信贷经验；完整、系统地介绍公司信贷思维框架和方法
75670	89	金融操作风险管理真经：来自全球知名银行的实践经验	[英] 埃琳娜·皮科娃	花旗等顶尖银行操作风险实践经验
60011	99	一本书看透 IPO：注册制 IPO 全流程深度剖析	沈春晖	资深投资银行家沈春晖作品；全景式介绍注册制 IPO 全貌；大量方法、步骤和案例
65858	79	投行十讲	沈春晖	20 年的投行老兵，带你透彻了解"投行是什么"和"怎么干投行"；权威讲解注册制、新证券法对投行的影响
73881	89	成功 IPO：全面注册制企业上市实战	屠博	迅速了解注册制 IPO 的全景图，掌握 IPO 推进的过程管理工具和战略模型
70094	129	李若山谈独立董事：对外懂事，对内独立	李若山	作者获评 2010 年度上市公司优秀独立董事；9 个案例深度复盘独董工作要领，既有怎样发挥独董价值的系统思考，还有独董如何自我保护的实践经验
68080	79	中小企业融资：案例与实务指引	吴瑕	畅销 10 年，帮助了众多企业；从实务层面，帮助中小企业解决融资难、融资贵问题
74247	79	利润的 12 个定律（珍藏版）	史永翔	15 个行业冠军企业，亲身分享利润创造过程；带你重新理解客户、产品和销售方式
69051	79	华为财经密码	杨爱国 等	揭示华为财经管理的核心思想和商业逻辑
73113	89	估值的逻辑：思考与实战	陈玮	源于 3000 多篇投资复盘笔记，55 个真实案例描述价值判断标准，展示投资机构的估值思维和操作细节
62193	49	财务分析：挖掘数字背后的商业价值	吴坚	著名外企财务总监的工作日志和思考笔记；财务分析视角侧重于为管理决策提供支持；提供财务管理和分析决策工具
74895	79	数字驱动：如何做好财务分析和经营分析	刘冬	带你掌握构建企业财务与经营分析体系的方法
58302	49	财务报表解读：教你快速学会分析一家公司	续芹	26 家国内外上市公司财报分析案例，17 家相关竞争对手、同行业分析，遍及教育、房地产等 20 个行业；通俗易懂，有趣有用